I0345956

Kamaan Shuwayya 'An Nafsi

كمان شوية عن نفسي

Listening, Reading, and Expressing Yourself in Egyptian Arabic

Matthew Aldrich

lingualism

revised 2021

Cover art: Mona Mohamed

ISBN: 978-0-9986411-5-7

website: www.lingualism.com

email: contact@lingualism.com

Table of Contents

Introduction iii

How to Use This Book iv

1 How do you get around? 1

2 What are you studying or what did you study in college? 6

3 What do you like to do in your free time? 11

4 What did you do yesterday? 16

5 What can be found in your neighborhood? 21

6 How is your family? Do you have a big family? 26

7 Do you like traveling? 31

8 What did you do this week? 36

9 When did you last go to the movies? 41

10 Do you like to cook? 46

11 Where do you go grocery shopping? 51

12 What was your first job? 56

13 What really annoys you? 61

14 Do you like to read? Why? 66

15 Can you describe your appearance? 71

16 What was your favorite subject at school? 76

17 When was the last time you worked incredibly hard? 81

18 What do you do when you go out with your friends? 86

19 What's the most useful thing you own? 91

20 Where is the most beautiful place you have been? 96

21 What do you bring with you everywhere you go? 101

22 What's the best show currently on TV? 106

23 Do you prefer fiction or non-fiction books? 111

24 What restaurant do you eat at most? 116

25 Do you care about fashion? What style of clothes do you usually wear? 121

26 How often do you stay up past 3 a.m.? 126

27 Would you like to be famous? 131
28 What kind of house do you live in? 136
29 When do you feel the happiest? 141
30 What do you do after you get up in the morning? 146
31 What is your favorite drink? 151
32 What is the character trait that you value the most in someone? 156
33 What is the craziest thing you've ever done? 161
34 What is your dream job? 166
35 Do you like children or pets? 171
36 Who would you like to talk to right now? What would you say to them? 176
Appendix A: Pronunciation 181
Appendix B: The Egyptian Arabic Texts 184
Appendix C: Modern Standard Arabic Translations 220
Appendix D: Glossary 256

Introduction

Kamaan Shuwayya 'An Nafsi (كمان شُوَيّة عن نفْسي *kamān šuwáyya 3an náfsi* **A Little More About Myself**) will be of tremendous help to independent language learners who want to develop their conversational skills and increase their Arabic vocabulary.

Kamaan Shuwayya 'An Nafsi presents the results of a survey given to 10 Egyptians. Each of the 36 sections in the book begins with a question from the survey followed by the 10 responses and a breakdown of the vocabulary and concludes with a page where you are encouraged to give your own answer to the question using newly learned words and phrases.

This book is the second of a two-part series. If you are not yet at an intermediate level of Egyptian Arabic, it is advised that you complete the first book, *Shuwayya 'An Nafsi* (which includes features to assist elementary-level learners: phonemic transcriptions for the texts and even the most basic words are introduced in the chapter glossaries) before moving on to *Kamaan Shuwayya 'An Nafsi.* In *Kamaan Shuwayya 'An Nafsi,* only glossed words include phonemic transcriptions. Common words which appear numerous times throughout the book do not appear in the chapter glossaries. However, they can still be found in the glossary in the back of the book.

The accompanying MP3s, free to download from www.lingualism.com/ksan, make up an invaluable part of the learning process, allowing you to hear and mimic native speakers' pronunciation, pitch, intonation, and rhythm.

The author would like to thank all of the contributors for their participation in the *Shuwayya 'An Nafsi* project.

- Visit www.lingualism.com/ksan, where you can find:
- free accompanying audio to download or stream (at variable playback rates)
- a guide to the Lingualism orthographic (spelling and tashkeel) system
- links to accompanying materials (Anki flashcards, Premium Audio)

How to Use This Book

The sections are numbered, but that does not mean you have to do them in order. Sections do not build on previous sections, and words and phrases found in each section are given even if they appear in other sections.

Each section begins with a question presented in the masculine singular form, as is the norm on surveys.

The feminine form appears below in the glossary, marked with ♀. On the audio tracks, you will hear both the masculine and feminine versions of the question.

Vocabulary from the question.

Nouns *Irregular plurals are normally given.*

Verbs *The corresponding conjugation table from the book* Egyptian Colloquial Arabic Verbs *is given in small square brackets.*

Adjectives

Adverbs

Function Words *Other parts of speech, such as conjunctions, prepositions, and pronouns.*

Vocabulary unique to each response appears in order of appearance.

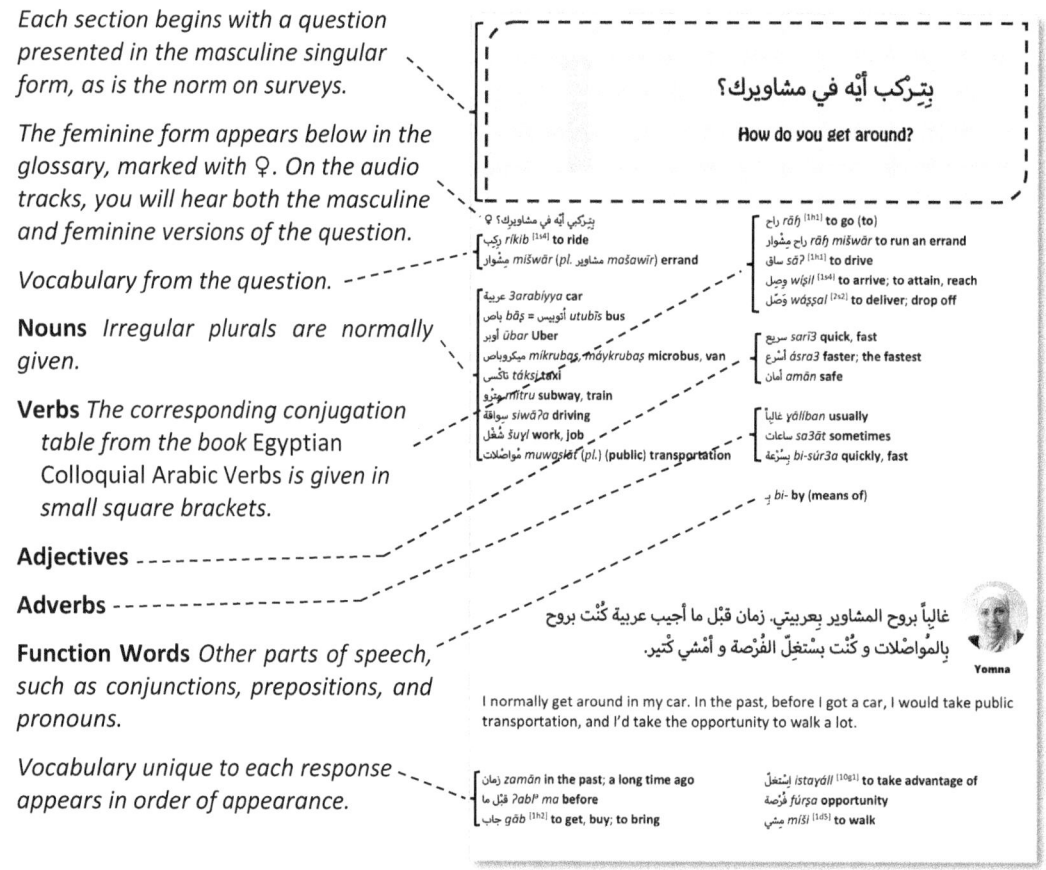

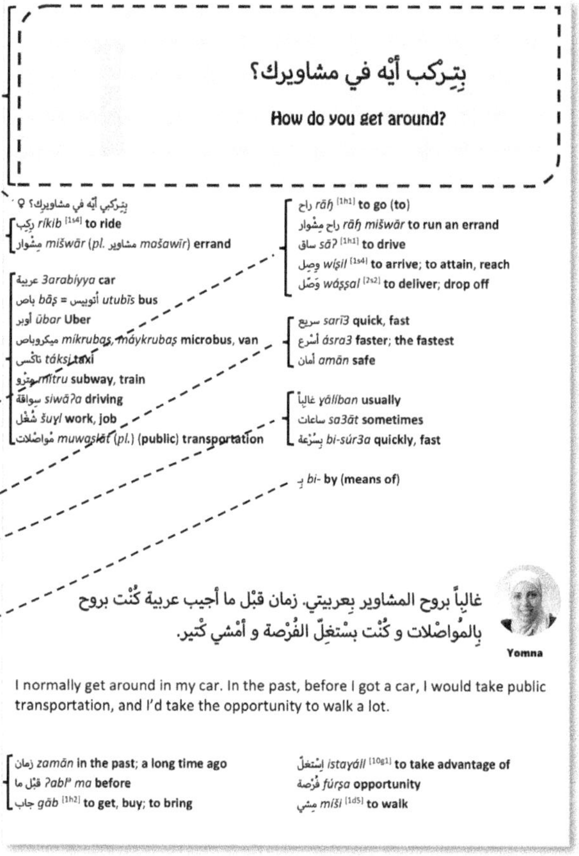

بتِـركب أيْه في مشاويرك؟

How do you get around?

بتِركبي أيْه في مشاويرِك؟ ♀

ركِب *ríkib* [1s4] to ride
مِشْوار *mišwār* (*pl.* مشاوير *mašawīr*) errand

عربية *3arabíyya* car
باص *bāṣ* = أتوبيس *utubīs* bus
أوبر *ūbar* Uber
ميكروباص *míkrubaṣ*, *máykrubaṣ* microbus, van
تاكْسى *táksi* taxi
مِترْو *mítru* subway, train
سِواقة *siwāʔa* driving
شُغْل *šuɣl* work, job
مُواصْلات *muwaṣlāt* (*pl.*) (public) transportation

راح *rāḥ* [1h1] to go (to)
راح مِشْوار *rāḥ mišwār* to run an errand
ساق *sāʔ* [1h1] to drive
وِصِل *wíṣil* [1s4] to arrive; to attain, reach
وَصّل *wáṣṣal* [2s2] to deliver; drop off

سريع *sarī3* quick, fast
أسْرع *ásra3* faster; the fastest
أمان *amān* safe

غالِباً *ɣālíban* usually
ساعات *sa3āt* sometimes
بِسُرْعة *bi-súr3a* quickly, fast

بِـ *bi-* by (means of)

غالِباً بروح المشاوير بِعربيتي. زمان قبْل ما أجيب عربية كُنْت بروح بِالمُواصْلات و كُنْت بسْتغِلّ الفُرْصة و أمْشي كْتير.

Yomna

I normally get around in my car. In the past, before I got a car, I would take public transportation, and I'd take the opportunity to walk a lot.

زمان *zamān* in the past; a long time ago
قبْل ما *ʔablᵃ ma* before
جاب *gāb* [1h2] to get, buy; to bring

اِسْتغلّ *istaɣáll* [10g1] to take advantage of
فُرْصة *fúrṣa* opportunity
مِشي *míši* [1d5] to walk

Study the responses. Listen to the MP3s and read the responses. Notice how words are used together. Making note of (or highlighting) groups of words used together in meaningful chunks and memorizing them will help you to produce more natural, idiomatic language. *(Note on MP3s: There is a three-second pause between each response—not enough time for you to repeat it, but this should give you time to pause the audio.)*

Give your own response. At the end of each section, there is a page where you can practice using words and phrases you have learned. First, write out the question in the "arrow" box. Then write your own personal response to the question. As you can see, there are places for two more responses. Whose? Be creative:

- Interview an Egyptian friend.
- Interview your teacher or a classmate.

- Use the questions to talk to Egyptians online on a language exchange web site or chat room.
- Interview a friend or family member (in English!), and translate (or paraphrase) their answers in Egyptian Arabic.
- Imagine you are interviewing a celebrity or public figure. What might their answers be? Use what you know about them, find out more online (Wikipedia, etc.), or just be imaginative.
- Create your own fictional character from Egypt to answer the questions!

Try your best when answering, but don't worry about making mistakes. These are part of the learning process. The book *Egyptian Colloquial Arabic Vocabulary* (available from Lingualism) contains additional words and phrases you may want in order to write your responses. You can also use other references, of course, such as a dictionary or native speakers. If you still cannot find the word you are looking for, go ahead and substitute it in your sentence with the Modern Standard Arabic word or even the English translation. Perhaps later you will have an opportunity to improve your responses.

Practice reading. The questions and responses appear again in Appendix B, written without voweling and without the distraction of the phonemic transcriptions, translations, and glossaries. Practice reading them (with or without the audio).

Appendix B: The Egyptian Arabic Texts

1

بتركب أيه في مشاويرك؟
بتركبي أيه في مشاويرك؟

يمنى: غالبا بروح المشاوير بعربيتي. زمان قبل ما أجيب عربية كنت بروح بالمواصلات و كنت بستغل الفرصة و أمشي كتير.

محمد: غالبا بركب عربيتي. بس ساعات أروح الشغل بالباص بتاع الشغل و ساعات بركب أوبر لما بكون مكسل أسوق.

داليا: أنا شغلي جنب البيت فا مش بركب حاجة و أنا رايحة لكن لما كنت بروح الجامعة كان لازم أركب ميكروباص لهناك و لو مع صحابي بتكون ميكروباص برضه.

أندرو: أغلبية الوقت الميكروباص لإنه سهل و سريع بغض النظر عن السواقة المتهورة، بس على الأقل بيوصل بسرعة و بيكون ليا كرسي.

آيه: بركب عربيتي. بحب أروح بيها كل مشاويري عشان أمان ليا محدش بيدايقني و هي أقل من تكاليف التاكسي.

محمود: بركب الميكروباص. هو أسرع و أرخص وسيلة مواصلات في مصر بس مشكلته إنه مش أمان.

رباب: لو هروح في حتة مع جوزي بركب عربيتنا و هو اللي بيسوق طبعا، و لو لوحدي بركب أوبر أو كريم (زي التاكسي بس مضمون).

تامر: أنا بحب أريح نفسي و أركب مواصلات عشان مبحبش السواقة بس للأسف حتى المواصلات في مصر مقرفة برضه.

شروق: معظم مشاويري بتاخد ميكروباص و بعدين مترو و قليل أوي لما بستخدم الأتوبيس. أما التاكسي فا لو الوقت متأخر بركبه عشان بيوصلني لحد البيت.

فؤاد: غالبا بركب ميكروباص أو مترو و ساعات ممكن أركب مع أخويا لو رايح نفس المشوار في عربية ملاكي و لو مشوار بعيد أوي بركب أوبر.

Abbreviations

coll.	collective noun
f.	feminine
invar.	invariable
lit.	literally
m.	masculine
pl.	plural

بتِـرْكب أيْه في مشاويرك؟

How do you get around?

بتِـرْكبي أيْه في مشاويرِك؟ ♀
ركِب *ríkib* [1s4] **to ride**
مِشْوار *mišwār* (*pl.* مشاوير *mašawīr*) **errand**

عربية *3arabíyya* **car**
باص *bāṣ* = أُتوبيس *utubīs* **bus**
أوبر *ūbar* **Uber**
ميكروباص *míkrubaṣ, máykrubaṣ* **microbus, van**
تاكْسى *táksi* **taxi**
مِتْرو *mítru* **subway, train**
سِواقة *siwāʔa* **driving**
شُغْل *šuɣl* **work, job**
مُواصْلات *muwaṣlāt* (*pl.*) **(public) transportation**

راح *rāḫ* [1h1] **to go (to)**
راح مِشْوار *rāḫ mišwār* **to run an errand**
ساق *sāʔ* [1h1] **to drive**
وِصِل *wíṣil* [1s4] **to arrive; to attain, reach**
وَصّل *wáṣṣal* [2s2] **to deliver; drop off**

سريع *sarī3* **quick, fast**
أسْرع *ásra3* **faster; the fastest**
أمان *amān* **safe**

غالِباً *ɣālíban* **usually**
ساعات *sa3āt* **sometimes**
بِسُرْعة *bi-súr3a* **quickly, fast**

بِ *bi-* **by (means of)**

Yomna

غالِباً بروح المشاوير بِعربيتي. زمان قبْل ما أجيب عربية كُنْت بروح بِالمُواصْلات و كُنْت بسْتغِلّ الفُرْصة و أمْشي كْتير.

I normally get around in my car. In the past, before I got a car, I would take public transportation, and I'd take the opportunity to walk a lot.

زمان *zamān* **in the past; a long time ago**
قبْل ما *ʔablᵊ ma* **before**
جاب *gāb* [1h2] **to get, buy; to bring**
اِسْتغلّ *istaɣáll* [10g1] **to take advantage of**
فُرْصة *fúrṣa* **opportunity**
مِشي *míši* [1d5] **to walk**

Mohamed

غالِباً بركْب عربيتي. بسّ ساعات أروح الشُّغْل بِالباص بِتاع الشُّغْل و ساعات
بركْب أوبر لمّا بكون مِكسِّل أسوق.

I usually take my car. But sometimes I take the company [service] bus, and sometimes I take Uber when I'm too lazy to drive.

بِتاع *bitā3* **belonging to; of**

مِكسِّل *mikássil* **lazy**

Dalia

أنا شُغْلي جنْب البيْت فا مِش بركْب حاجة و أنا رايْحة لكِن لمّا كُنْت بروح
الجامْعة كان لازِم أرْكب ميكروباص لِهِناك و لَوْ معَ صُحابي بِتْكون
ميكروباص برْضُه.

I work right by my house, so I don't have to take anything [any transportation] to get there. But when I was going to college, I had to take a microbus there, and if I'm with friends, it's the microbus, too.

جامْعة *gám3a* **university, college**

كان لازِم *kān* [1h1] *lāzim* **had to**

صاحِب *ṣāḥib* (*pl.* صُحاب *ṣuḥāb*, أَصْحاب *aṣḥāb*) **friend**

Andrew

أغْلبِيّةْ الوَقْت الميكروباص لإِنُّه سهْل و سريع بِغضّ النّظر عن السّواقة
المُتهوِّرة، بسّ على الأقلّ بِيوْصل بِسُرْعة و بِيْكون لِيّا كُرْسي.

Most of the time, a microbus because it's easy and fast, in spite of the reckless driving. But at least it gets there fast, and I get a seat.

أَغْلبِيّةْ الوَقْت *aɣlabíyyit ilwáʔt* **most of the time**

سهْل *sahl* **easy**

بِغضّ النّظر عن *bi-ɣáḍḍ innáẓar 3an* **despite**

مُتهوِّر *mutaháwwir* **reckless**

على الأقلّ *3ála -lʔaʔáll* **at least**

كُرْسي *kúrsi* (*pl.* كراسي *karāsi*) **chair, seat**

Aya

برْكب عربيتي. بحِبّ أروح بيها كُلّ مشاويري عشان أمان لِيّا محدِّش
بِيْضايِقْني و هِيَّ أقلّ مِن تكاليف التّاكْسي.

I go by car. I like going everywhere in it because it's safe for me, no one bothers me, and it's cheaper than taxi fares.

محدِّش *ma-ḫáddiš* **nobody**
ضايِق *d̲āyiʔ* [3s] **to bother, disturb**
أقلّ مِن *aʔáll min* **less than**
تكْليف *taklīf* (*pl.* تكاليف *takalīf*) **expense, cost**

Mahmoud

برْكب المَيْكروباص. هُوَّ أسْرع و أرْخص وَسيلةْ مُواصْلات في مصْر بسّ
مُشْكِلْتُه إنُّه مِش أمان.

I take the microbus. It's the fastest and cheapest means of transportation in Egypt, but the problem is that it's not safe.

رِخيص *rixīṣ* **cheap**
أرْخص *árxaṣ* **cheaper; the cheapest**
مُشْكِلة *muškíla* (*pl.* مشاكِل *mašākil*) **problem**
وَصيلة *waṣīla* **means, way**

Rabab

لَوْ هروح في حِتّة معَ جوْزي برْكب عربِيِّتْنا و هُوَّ اللي بِيْسوق طبْعاً، و لَوْ
لِوَحْدي برْكب أوبر أَوْ كريم (زيّ التّاكْسي بسّ مضْمون.)

If I'm going somewhere with my husband, we take our car, and he drives, of course. And if I'm on my own, I take an Uber or Careem (like a taxi but guaranteed.)

حِتّة *ḫitta* **place; somewhere**
جوْز *gōz* **husband**
لِوَحْدُه *li-wáḫdu* **alone, by oneself, on one's own**
كريم *karīm* **Careem** (company name)
مضْمون *mad̲mūn* **guaranteed**

Tamer

أنا بحِبّ أريّح نفْسي و أرْكب مُواصْلات عشان مبحِبِّش السِّواقة بسّ لِلأسف
حتّى المُواصْلات في مصْر مُقْرِفة برْضُه.

I like to relax and take public transportation because I don't like driving, but unfortunately, even public transportation in Egypt is repelling.

ريّح نفْسُه *ráyyaħ* [2s2] *náfsu* **to relax**
لِلأسف *li-lʔásaf* **unforunately**
حتّى *ħátta* **even**
مُقْرِف *múʔrif* **repulsive, disgusting**

Shorouk

مُعْظم مشاويري بْتاخُد ميكْروباص و بعْديْن مِترْو و قُليِّل أوي لمّا بسْتِخْدِم
الأُتوبيس. أمّا التّاكْسي فا لَوْ الوَقْت مِتْأخّر برْكبُه عشان بِيْوَصّلْني لِحدّ البيْت.

I mostly get around by microbus or the subway, and very seldom the bus. And taxis? I'll take one if it's late because it will drop me off in front of my house.

مُعْظم *mú3ẓam* (+ noun) **most of, the majority of**
قُليِّل *ʔuláyyil* **little, not much**
اِسْتخْدم *istáxdam* [10s1] **to use**
أمّا... فا *ámma... fa* **as for**
مِتْأخّر *mitʔáxxar* **late**
لِحدّ *li-ħadd* **until, as far as**

Fouad

غالِباً برْكب ميكروباص أَوْ مِترْو و ساعات مُمْكِن أرْكب معَ أخويا لَوْ رايِح
نفْس المِشْوار في عربية ملاكي و لَوْ مِشْوار بِعيد أوي برْكب أوبر.

I usually take a microbus or the subway, and sometimes I might go with my brother by car if he's going to the same place. And if I have to go far, I'll take Uber.

أخّ *axx* **brother**; أخويا *axūya* **my brother**
عربية ملاكي *3arabíyya malāki* **private car** (as opposed to taxis, etc.)
بِعيد *bi3īd* **far**

بِتِدْرِس أَوْ درسْت أيْه في الجامْعة؟

أَوْ درسْت أيْه بعْد المدْرسة؟

What are you studying, or what did you study in college? Or, what did you study after high school?

بِتِدْرِسي أَوْ درسْتي أيْه في الجامْعة؟ أَوْ درسْتي أيْه بعْد المدْرسة؟ ♀

درس *dáras* [1s2] **to study**

جامْعة *gám3a* **university, college**

مدْرسة *madrása* (*pl.* مدارِس *madāris*) **school**

هنْدسة *handása* **engineering**

كُلِّيّة *kullíyya* **faculty, department; college**

قِسْم *qism* (*pl.* أقْسام *aqsām*) **department**

مجال *magāl* **domain, field, area**

عِلْم *3ilm* **knowledge, information; -ology, the study of __**

عُلوم *3ulūm* (*pl.*) **science**

حاسِب *ħāsib* **computer**

كُمْبْيوتر سايِنْس *kumbyūtar sāyins* = عُلوم حاسِب *3ulūm ħāsib* **computer science**

أداب *adāb* (*pl.*) **literature; arts**

تخصُّص *taxáṣṣuṣ* **major, specialization**

شبكة *šábaka* **network**

ثانَوي *sānawi* **secondary; high school**

عامّ *3āmm* **public, governmental**

ثانَوية عامّة *sanawíyya 3āmma* **high school diploma; senior year of high school**

دخل *dáxal* [1s3] **to enter, go into**

أمْريكي *amrīki* **American**

أوروبّي *urúbbi* **European**

حالِيّاً *ħalíyyan* **presently, currently, now**

مِنْها *mínha* **inclduing, from among which**

خِلال *xilāl* **during, for**

درسْت الهنْدسة المِعْمارية في كُلِّيّةْ الهنْدسة، جامْعِةْ القاهِرة. و مُؤخّراً عملْت بعْض الدِّراسات الحُرّة في مجال الترّبْية والتّنْمية البشرية.

Yomna

I studied architecture in the faculty of engineering at the University of Cairo. And recently, I've done some liberal studies on my own in the field of education and human development.

مِعْماري *mi3māri* **architectural**

مُؤخّراً *muʔáxxaran* **recently, lately**

دِراسة *dirāsa* **studying; studies**

حُرّ *ħurr* **free**

ترْبية *tarbíyya* **education**

تنْمية *tanmíyya* **development**

بشري *bášari* **human-**

Mohamed

أنا درسْت حاجات كِتيرة مِنْها الهنْدسة و التّسْويق و المُحاسْبة و التّرْجمة و كُمْبْيوتر سايِنْس.

I've studied many things, including engineering, marketing, accounting, translating, and computer science.

تسْويق *taswīʔ* **marketing**
محاسْبة *muḫásba* **accounting**
ترْجمة *targáma* **translating; translation**

Dalia

أنا درسْت في أداب إنْجْليش. كُنْت باخُد مَوادّ كْتير زيّ الشِّعْر و الدِّراما و الرِّوايَة و المقال و التّاريخ الأمْريكي و الأدب المُقارِن و كُنْت في جامْعِةْ القاهِرة.

I studied English literature. I took a lot of subjects, such as poetry, drama, novels, articles, American history, and comparative literature. I was at the University of Cairo.

إنْجْليش *ingliš* = إنْجِليزي *ingilīzi* **English**
مادّة *mádda* (*pl.* مَوادّ *mawádd*) **subject**
شِعْر *ši3r* **poetry**
دِراما *d(i)rāma* **drama**
رِوايَة *riwāya* **novel**
مقال *maqāl* **article**
تاريخ *tarīx* **history**
مُقارِن *muqārin* **comparative**

Andrew

أنا كُنْت في جامْعِةْ عيْن شمْس و اِتْخرّجْت مِن كُلِّيّةْ الأداب قِسْم الإعْلام سنِةْ ٢٠٠٨. درسْت خِلال ٤ سِنين كُلّ ما هُوَّ ليه علاقة بِالإذاعة و التّليفِزْيوْن و الصّحافة.

I went to Ain Shams University and graduated from the faculty of arts, media department, in 2008. For four years, I studied everything that had to do with radio, television, and journalism.

اِتْخرّج مِن *itxárrag* [5s2] *min* **to graduate from**
إعْلام *i3lām* **media**
إذاعة *izā3a* **broadcasting, radio**
ليه علاقة بِـ *lī 3alāqa bi-* **to have to do with, be related to;** علاقة *3alāqa* **relationship**
تِليفِزْيوْن *tilivizyōn* **television**
صحافة *ṣaḫāfa* **journalism, press**

Aya

درسْت اِقْتِصاد و عُلوم سِياسية و إحْصاء. و درسْتُه في الجامْعة. تخصُّصي كان في الإحْصاء و اِتْعلِّمْت فيه إزّاي مُمْكِن أجمّع و أحلِّل و أشْرح البَيانات.

I studied economics, political science, and statistics. I studied this in college. My specialization was in statistics, where I learned how to collect, analyze, and explain data.

اِقْتِصاد *iqtiṣād* **economics**
سِياسي *siyāsi* **political**
إحْصاء *iḫṣāʔ* **statistics**
اِتْعلِّم *it3állim* [5s1] **to learn**
جمّع *gámma3* [2s2] **to collect, gather**
حلِّل *ḫállil* [2s1] **to analyze**
شرح *šáraḫ* [1s1] **to explain**
بَيانات *bayanāt* (*pl.*) **data**

Mahmoud

بعْد ما خلّصْت ثانَوية عامّة دخلْت جامْعِةْ حِلْوان و بدْرِس فيها هنْدسة قِسْم ميكانيكا تخصُّص ميكاتْرونِكْس.

After I finished high school, I got into the University of Helwan, where I am studying engineering in the department of mechanics, specializing in mechatronics.

خلّص *xállaṣ* [2s2] **to finish**
ميكانيكا *mikanīka* **mechanics**
ميكاتْروْنِكْس *mikatrōniks* **mechatronics**

Rabab

درسْت في كُلِّيّةْ هنْدسة قِسْم كهْربا اتِّصالات. أنا درسْت مَوادّ كْتيرة أوي مِنْها رِياضة و دَوائِر كهْربية و إشارات و شبكات.

I studied in the faculty of engineering, department of telecommunications. I studied a lot of subjects, including mathematics, electronic circuitry, signals, and networks.

كهْربا *kahrába* **electricity; electronics**
اِتِّصالات *ittiṣalāt* (*pl.*) **communications**
رِياضة *riyāḍa* **mathematics**
دَوائِر *dawāʔir* **circuitry**
كهْربي *kahrábi* **electric, electronic**
إشارة *išāra* **signal**

Tamer

أنا معايا بكالورْيوس هنْدسة، عُلوم حاسِب. و درسْت ثانَوية عامّة قبْلها في مدْرسِةْ لُغات و بعْد الدِّراسة اِنْشغلْت بِالشِّهادات بِتاعِةْ مجال شُغْلي في الشّبكات و الحاسِب.

I have a Bachelor's degree in engineering, computer science. I studied in high school before that in the school of languages, and after my [university] studies, I've been busy getting certificates in my field of work in networks and computers.

معايا *ma3āya* **I have; with me**
بكالورْيوس *bakalúryus* **Bachelor's degree**
قبْل ما *ʔablᵊ ma* **before**
لُغة *lúɣa* **language**
اِنْشغل بِـ *inšáɣal* [7s2] *bi-* **to be occupied with**
شِهادة *šihāda* **degree, certificate**

Shorouk

درسْت إيطالي و يوناني و يوناني قديم و روماني. بسّ لمّا حوِّلْت مِن قِسْم حضارة أوروبّية في الكُلِّية لِعِلْم اِجْتِماع فا حالِيّاً بدْرِس مشاكِل المُجْتمع.

I studied Italian, Greek, ancient Greek, and Romanian. But then I changed from the department of European civilization to sociology, and now I'm studying social issues.

إيطالي *iṭāli* **Italian**
يوناني *yunāni* **Greek**
قديم *ʔadīm* **old, ancient**
روماني *rumāni* **Romanian**
حوِّل *ħáwwil* [2s1] **to transfer, change**
حضارة *ħaḍāra* **civilization**
اِجْتِماع *igtimā3* **sociology**
مُجْتمع *mugtáma3* **society**

Fouad

أنا كُنْت ثانَوية عامّة عِلْمي رِياضة و دخلْت هنْدسة قِسْم عِمارة و خِلال دِراسْتي بِالكُلِّية اِتْشدّيْت أوي لِلرّسْم و خُصوصاً رسْم الشّخْصِيّات لإِنّ قِسْم عِمارة أغْلبُه رسْم.

In high school, I studied mathematics. And I went into engineering, department of architecture. During my studies at college, I doubled down on drawing and especially on drawing figures because the department of architecture is mostly about drawing.

عِمارة *3imāra* **architecture**
اِتْشدّ لِـ *itšádd* [7g1] *li-* **to double down on, increase resolve for**
رسْم *rasm* **drawing**
شخْصية *šaxṣíyya* **character, personality**
أغْلب *áɣlab* **majority**; أغْلبُه *aɣlábu* **most of it**

بِتْحِبّ تِعْمِل أيْه في وَقْتك الفاضي؟

What do you like to do in your free time?

بِتْحِبّي تِعْمِلي أيْه في وَقْتِك الفاضي؟ ♀
فاضي *fāḍi* **empty**; **unoccupied, free**

كِتاب *kitāb* (*pl.* كُتُب *kútub*) **book**
فيلْم *film* (*pl.* أفْلام *aflām*) **movie, film**
صاحِب *ṣāḥib* (*m.*), صاحْبة *ṣáḥba* (*f.*) (*pl.* صُحاب *ṣuḥāb*, أصْحاب *aṣḥāb*) **friend**
أُغْنية *uɣníyya* (*pl.* أغاني *aɣāni*) **song**
جيْمْز *gēmz* (**computer**) **games**
أوْن لايْن *ōn lāyn* **online**
جِديد *gidīd* **new**

قرا *ʔara* [1d1] **to read**
كلِّم *kállim* [2s1] **to talk to**; **to call, phone**
اِتْفرّج على *itfárrag* [5s2] *3ála* **to watch**; فُرْجة *fúrga* **watching**
سِمِع *sími3* [1s4] **to listen** (**to**)
لِعِب *lí3ib* [1s4] **to play**

Yomna

حاليّاً وَقْتي الفاضي قُليِّل أوي. بسّ لَوْ أُتيحْلي وَقْت مُمْكِن أقْرا كِتاب أَوْ أعْمِل سْكوبيدو أَوْ أقْعُد أفكّر أَوْ أتِّصِل بِحدّ مكلِّمْتوش مِن زمان.

Currently, I have little free time, but when I do have some time, I might read a book or make scoubidou, or just sit and think, or call somebody I haven't talked to in a long time.

حاليّاً *ḥalíyyan* **presently, currently, now**
قُليِّل *ʔuláyyil* **little, not much**
أُتيح لِـ *utīḥ* [4hp] *li-* **to be allowed for**
سْكوبيدو *skubidū* **scoubidou** (knotting craft)
فكّر *fákkar* [2s2] **to think**
اِتّصل بِـ *ittáṣal* [8s1] *bi-* **to call**
زمان *zamān* **a long time**

Mohamed

غالباً وَقْتي الفاضي بيِبْقى ما بيْن إنيّ بتْفرّج على فيلْم أَوْ إنيّ بقْرا كِتاب أَوْ بعْزِف عَ الجيتار.

I often spend my free time either watching a movie, reading a book, or playing the guitar.

بيْن *bēn* **between**
عزف على *3ázaf* [1s2] *3ála* **to play** (an instrument)
جيتار *gitār* **guitar**

Dalia

في وَقْتي الفاضي بحِبّ أكلِّم صُحابي و أخْرُج معاهُم نِتْفسّح شُوَيّة و بحِبّ أقْعُد معَ ماما نِتْكلِّم لإِنّ هِيَّ كمان صاحْبِتي و أَوْقات بحِبّ أقْعُد لِوَحْدي أَسْمع أغاني.

During my free time, I like calling my friends and going out to hang out with them a bit. And I like sitting and talking with my mom because she's also my friend, and sometimes I like to be alone and listen to music.

خرج معَ *xárag* [1s3] *má3a* **to go out with**
اِتْفسّح *itfássaħ* [5s2] **to hang out, enjoy leisure time**
ماما *māma* **mom**
اِتْكلِّم *itkállim* [5s1] **to talk**
أَوْقات *awʔāt* **sometimes**
لِوَحْدُه *li-wáħdu* **alone, by oneself**

Andrew

بكلِّم أصْحابي و عيلْتي اللي بقالي كِتير مِش بتْواصِل معاهُم، و بلْعب جيْمْز على الكُمْبيوتر و ساعات بقضّيها فُرْجة على البرامِج الكوميدية على اليوتْيوب.

I call my friends and my relatives I haven't called in a long time; I play computer games, and sometimes I spend my free time watching comedy programs on YouTube.

عيلْة *3ēla* **family**
بقالُه كْتير *baʔālu ktīr* (+ negative bi-imperfect) **hasn't __ in a long time**
اِتْواصِل معَ *itwāṣil* [6s] *má3a* **to contact**
كُمْبيوتر *kumbyūtar* **computer**
قضّى *ʔáḍḍa* [2d] **to spend (time)**
بِرْنامِج *birnāmig* (*pl.* برامِج *barāmig*) **program**

في وَقْتي الفاضي بحِبّ أسْمع الأغاني اللي بحِبّها أَوْ بحِبّ أتْفرّج على أفْلام و كمان بحِبّ ألوِّن في كُتُب التّلْوين.

Aya

During my free time, I like to listen to songs I like, or I like to watch movies, and I also like coloring in coloring books.

لوِّن *láwwin* [2s1] **to color**

تلْوين *talwīn* **coloring**

آخُد كورْسات مِن على النّت. دي الحاجة اللي بِتْعرّفْني على مجالات جِديدة و بِتْوَسّع الفِكْر.

Mahmoud

I take online courses. This helps me discover new fields and expand my knowledge.

كورْس *kurs* **course**
على النّت *3ála -nnet* **on the (inter)net**
عرّف __ على *3árraf* [2s2] __ *3ála* **to introduce __ to**
مجال *magāl* **domain, field, area**

وَسّع *wássa3* [2s2] **to expand, widen**
فِكْر *fikr* **thought(s), thinking**

معنْديش وَقْت فاضي. وَقْتي كُلُّه لِلشُّغْل و البيْت و جوْزي و أهْلي. مِش بلاقي وَقْت أعْمِل أيّ حاجة زِيادة.

Rabab

I don't have free time. All my time is dedicated to my work, my home, my husband, and my family. I don't have extra time to do anything else.

جوْز *gōz* **husband**
أهْل *ahl* **family**
لاقى *lāʔa* [i4] **to find**

أيّ *ayy* **any**; أيّ حاجة *ayy*^{ə} *ḥāga* **anything**
زِيادة *ziyāda* (*invar.*) **additional**

Tamer

بحِبّ ألْعب معَ وِلادي و كمان بحِبّ أتّابِع مُسلْسلات أمْريكية جِدّاً أَوْ أتْفرّج على فيلْم أجْنبي جِديد.

I like playing with my kids. And I also really like following American series, or watching a new foreign film.

وَلد *wálad* (*pl.* وِلاد *wilād,* أَوْلاد *awlād*) **child**
اِتّابِع *ittābi3* [6s] **to follow**
مُسلْسل *musálsal* (**TV**) **series**
أمْريكي *amrīki* **American**
أجْنبي *agnábi* **foreign**

Shorouk

يا إمّا بحِبّ ألْعب جيْمْز أوْن لايْن معَ صُحابي يا إمّا بتْفرّج على أنمِيْ و ساعات بِييجيلي مزاج أقْعُد أرْسِم أَوْ أشغّل أغاني و أقْعُد أرْقُص عليْها.

I either play online games with my friends or watch animé. And sometimes I feel like painting or putting on music and dancing.

يا إمّا... يا إمّا *ya ʔímma... ya ʔímma* **either... or**
أنمِيْ *animē* **anime** (animation)
جِه *gih* [i1] **to come**; جالُه *gā-lu* **to come to one**
مزاج **mood**; جالُه مزاج *gā-lu mazāg* **to feel like**
رسم *rásam* [1s2] **to draw**
شغّل *šáɣɣal* [2s2] **to play** (music, etc.)
رقص *ráʔaṣ* [1s3] **to dance**

Fouad

بحِبّ ألْعب لِعْبة أوْن لايْن إسْمها "دوْتا" ... دي لِعْبة ناس في مصْر كِتير بِيِلْعبوها هِيَّ و لِعْبة تانْيَة إسْمها "ليج أوْف ليْجنْدْز".

I like playing the online game *Dota*. It's a game a lot of people in Egypt play, along with another game called *League of Legends*.

لِعْبة *lí3ba* (*pl.* ألْعاب *al3āb*) **game**; **toy**

عملْت أيْه إمْبارِح؟

What did you do yesterday?

عملْتي أيْه إمْبارِح؟ ♀
دُكْتور *duktūr* (*pl.* دكَتْرة *dakátra*) **doctor**
ساعة *sā3a* **hour**
أكْل *akl* **food**
صاحِب *ṣāħib* (*pl.* صُحاب *ṣuħāb*, أصْحاب *aṣħāb*) **friend**

أكل *ákal* [i3] **to eat**
فِطِر *fíṭir* [1s4] **to have breakfast**
اِتْغدّى *itɣádda* [5d] **to have lunch**
اِتْعشّى *it3ášša* [5d] **to have dinner**

روّح *ráwwaħ* [2s2] **to go back; to go home**
طِلِع على *ṭíli3* [1s4] *3ála* **to go (out) to**
نام *nām* [1h3] **to sleep**
نِزِل *nízil* [1s5] **to go (out of the house)**
لاقى *lāʔa* [i4] **to find**
بسط *básaṭ* [1s2] **to please, make happy**

بعْدها *ba3dáha* = بعْديها *ba3dīha* **after that, afterward**

Yomna

إمْبارِح رُحْت شُغْلي و بعْديْن رُحْت عالِجْت أسْناني. و بعْديْن رُحْت البيْت، عملْت حلّة محْشي صُغيرّة و اِتْغدّيْنا. بعْدها شُفْنا فيلْم عن القِرْش الأبْيَض الكِبير على ناشْيونال جيوجْرافيك.

Yesterday, I went to work, and then I went to the dentist. After that, I went back home and made a pot of stuffed vegetables, and we had lunch. Afterward, we watched a documentary about great white sharks on National Geographic.

عالج *3ālig* [3s] **to treat** (medically)
سِنّ *sinn* (*pl.* اسْنان *asnān*) **tooth**
حلّة *ħálla* **cooking-pot**
محْشي *máħši* **stuffed vegetables**

شاف *šāf* [1h1] **to see**
قِرْش *ʔirš* (*coll.*) **sharks**; قِرْش أبْيَض كِبير *ʔirš ábyaḍ kibīr* **great white sharks**

Mohamed

إمْبارِح رُحْت الشُّغْل الصُّبْح. بعْديها طِلِعْت على الجيم و رُحْت أكلْت حاجة خفيفة و نمْت.

Yesterday morning, I went to work. Then I went to the gym, ate a light meal, and went to bed.

جيم *žīm* **gym**

خفيف *xafīf* **light**

Dalia

إمْبارِح كان يوْم ملْيان جِدّاً لإِنّي رُحْت معَ ماما لِلدُّكْتور لإِنّها كانِت تعْبانة و بعْديْن خرجْت معاها رُحْنا فِطِرْنا في مطْعم و اِشْتريْنا حاجات و روّحْت اِشْتغلْت.

Yesterday was a very busy day as I went to the doctor with my mom because she was ill. And then we went out to a restaurant for breakfast, and we bought some stuff, and I went back to work.

ملْيان *malyān* **full**; **busy**
تعْبان *ta3bān* **sick**, **ill**; **tired**, **worn out**
خرج *xárag* [1s3] **to go out**

مطْعم *máṭ3am* (*pl.* مطاعِم *maṭā3im*) **restaurant**
اِشْترى *ištára* [8d] **to buy**
اِشْتغل *ištáɣal* [8s2] **to work**

Andrew

إمْبارِح كان يوْم التّلات و ده نُصّ الإِسْبوع و بِيِبْقى أكْتر يوْم فيه شُغْل بسّ أكْتر حاجة بسطِتْني لمّا رِجِعْت البيْت و لقيْت بِنْت أخويا اللي عنْدها شهْريْن.

Yesterday was Tuesday, and this means the middle of the week, which is the busiest day; but the thing that made my day was finding my two-month-old niece when I got back home.

يوْم التّلات *yōm ittalāt* **Tuesday**
نُصّ *nuṣṣ* **middle**; **half**
إسْبوع *isbū3* **week**

رِجِع *rígi3* [1s4] **to go back**, **return**
بِنْت أخّ *bintᵊ axx* **niece** (*lit.* brother's daughter)
شهْر *šahr* (*pl.* شُهور *šuhūr*) **month**

Aya

إمْبارِح رُحْت الشُّغْل لكِن تِعِبْت فيه فا بعْد ما رُحْت البيْت أكلْت كُويِّس و
نِزِلْت أروح لِلدُّكْتور. الجوّ اليومينْ دوْل مِتْقلِّب و ناس كِتير عيّانة زيِّي.

Yesterday, I went to work, but I started to feel unwell. So, after getting back home, I ate well and went to the doctor's. The weather is changeable these days, so many people are under the weather, like me.

تِعِب *tí3ib* [1s4] **to fall ill; to get tired**
بعْد ما *ba3dᵊ ma* **after**
جوّ *gaww* **weather**
اليومينْ دوْل *ilyumēn dōl* **these days**
مِتْقلِّب *mitʔállib* **changeable**
عيّان *3ayyān* **sick, ill**
زى *zayy* **like, as;** زيِّي *záyyi* **like me**

Mahmoud

رُحْت الكُلِّية الصُّبْح، بعْديْن روَّحْت و نِمْت ساعة. بعْديْن صِحيت و قعدْت
أذاكِر. بعْد كِده نِزِلْت التَّمْرين.

I went to university in the morning. After that, I went home and slept for an hour. Then I woke up and studied. And after that, I went to work out.

كُلِّية *kullíyya* **college**
صِحي *ṣíḫi* [1d4] **to wake up**
ذاكِر *zākir* [3s] **to study**
بعْد كِده *ba3dᵊ kída* **after that, afterward**
تمْرين *tamrīn* (*pl.* تمارين *tamarīn*) **working out, exercise**

Rabab

إمْبارِح كان عيد ميلاد جوْزي. اِحْتفلْت بيه و اِتْعشّيْنا برّه في باخِرة على
النّيل. كان يوْم جميل جِدّاً.

Yesterday was my husband's birthday. I celebrated it, and we went out for a dinner cruise on the Nile. It was a very nice day.

عيد ميلاد *3īd milād* **birthday**
جوْز *gōz* **husband**
اِحْتفل بِـ *iḫtáfal* [8s1] *bi-* **to celebrate**
برّه *bárra* **outside**
باخِرة *bāxíra* **steamboat**
النّيل *innīl* **the Nile**
جميل *gamīl* **nice; beautiful**

Tamer

إمْبارِح كان عنْدي عزومة. جيت بعْد الشُّغْل و مِراتي كانِت مِحْتاسة في تحْضير الأكْل و زمايْلي اللي أنا عازِمْهُم جُم السّاعة ٧ و سِهْروا معايا شْوَيّة.

Yesterday, I had company over. I went back home after work, and my wife was busy preparing the meal. My colleagues that I had invited arrived at 7 p.m., and they spent the evening with us.

عزومة *3azūma* **company, guests**
مِراتُه *mirātu* **one's wife**
مِحْتاس *miђtās* **running around busy (and frazzled)**
تحْضير *taђḍīr* **preparation**
زميل *zamīl* (*pl.* زمايِل *zamāyil*) **colleague, coworker**
عزم *3ázam* [1s2] **to invite**
سِهِر *síhir* [1s4] **to stay up late**

Shorouk

الصُّبْح رُحْت تدْريبي تبع الكُلّية. بعْديْن طِلِعْت على مهْرجان إسْمُه ميْكرْز فيْر بِيِتْكلِّم عن كُلّ حاجة بِتِتْصِنِع سَوا كانِت إخْتِراعات أَوْ حاجات يَدَوية و عملْت كوسْبْلاي.

In the morning, I attended university training. Then I went to an event called *Makers' Fair,* which is about making products, whether inventions or crafts; and I did some cosplay.

تدْريب *tadrīb* **training**
تبع *tába3* **of, belonging to**
مهْرجان *mahragān* **fair, festival**
اِتْكلِّم عن *itkállim* [5s1] *3an* **to be about, talk about**
اِتْصنع *itṣána3* [7s1] **to be produced/made**
سَوا كان *sáwa kān* **whether it be**
إخْتِراع *ixtirā3* **invention**
يَدَوى *yádawi* **handmade**

Fouad

فكّيْت الغُرز اللي كانِت معْمولة لِضِرْسي. و بعْدها قابِلْت واحِد صاحْبي صُدْفة في الطّريق و لقيْت إنُّه اتْغيرّ لِلأحْسن و دي حاجة بسطِتْني.

I had the stitches from my molar removed. And then I ran into a friend of mine. I found that he'd changed for the better, and this made me glad.

فكّ *fakk* [1g2] **to release, loosen**
غُرْزة *ɣúrza* (*pl.* غُرز *ɣúraz*) **stitch**
ضِرْس *ḍirs* **molar**
قابِل *ʔābil* [3s] **to meet**
صُدْفة *ṣúdfa* **by chance**
طريق *ṭarīʔ* **way, street**
اِتْغيرّ *itɣáyyar* [5s2] **to change**
أحْسن *áђsan* **better; the best**

5

بِتْلاقي أيْه في منْطِقْتك؟

What can be found in your neighborhood?

بِتْلاقي أيْه في منْطِقْتِك؟ ♀
لاقى *lāʔa* [i4] **to find**
منْطِقة *mantíʔa* (*pl.* مناطِق *manāṭiʔ*) **neighborhood, area, region**

بِقالة *biʔāla* = بقّال *baʔʔāl* **grocery store**
مسْجِد *másgid* (*pl.* مساجِد *masāgid*) = جامِع *gāmi3* (*pl.* جَوامِع *gawāmi3*) **mosque**
كافيْه *kafēh* **café**
نادي *nādi* (*pl.* نَوادي *nawādi*) (**country**) **club** (with swimming pool, tennis courts, etc)
مدْرسة *madrása* (*pl.* مدارِس *madāris*) **school**
سوبِر مارْكِت *sūbir márkit* **supermarket**
محلّ *maḫáll* **shop, store**
كنيسة *kanīsa* (*pl.* كنايِس *kanāyis*) **church**
قهْوَة بلدي *ʔáhwa báladi* (**traditional**) **coffee house**
لِبْس *libs* **clothes, clothing**
أوِّل *áwwil* **beginning**

مطْعم *máṭ3am* (*pl.* مطاعِم *maṭā3im*) **restaurant**
بنْك *bank* (*pl.* بُنوك *bunūk*) **bank**
سوق *sūʔ* (*pl.* أسْواق *aswāʔ*) **market**

مَوْجود *mawgūd* **present, existing**

Yomna

فيه قُدّام بيْتي مسْجِد و جنْبُه بِقالة و كافيْه. مِن أجْمل الحاجات إنّ بلكونْتي بِتْطُلّ على منْطِقة مزْروعة شجر و نخْل. بسْتمْتِع بِالقعْدة فيها لمّا بِيْكون الجوّ حِلْو.

Across the street from my house, there is a mosque, next to which there is a grocery store and a café. One of the best things is that my balcony overlooks an area planted with trees and palms. I enjoy sitting there when the weather is nice.

أجْمل *ágmal* **nicest, best; most beautiful**
بلكوْنة *balakōna* **balcony**
طلّ على *ṭall* [1g2] *3ála* **to overlook**
مزْروع *mazrū3* **planted with**

شجر *šágar* **trees**; نخْل *naxl* **palm trees**
اِسْتمْتع بِـ *istámta3 bi-* [10s2] **to enjoy**
قعْدة *ʔá3da* **sitting; session**
جوّ *gaww* **weather**

Mohamed

الحمْدُ لله المنْطِقة فيها كُلّ حاجة. النّادي بِتاعي جنْبي. و فيه كذا مدْرسة و
كذا سوبِر مارْكِت.

Thank God, there is everything in my neighborhood. My club is just next door. There are also several schools and supermarkets.

الحمْدُ لله *ilḥámdu li-llāh* **thank God** | كذا *káza* (+ noun) **several**

Dalia

منْطِقْتي فيها حاجات كِتير أوي. فيها مساجِد كِتير و محلّات. فيه مدْرسة بسّ
بِعيد شُوَيَّة و فيه كنيسة و فيه مِصوّراتي و فيه قهْوَة بلدي.

There are so many things in my neighborhood. There are many mosques and shops. There is a school, but it's a bit far. And there is a church, a photography studio, and a coffee shop.

بِعيد *bi3īd* **far** | مِصوّراتي *miṣawwarāti* **photographer**

Andrew

منْطِقْتي علشان قديمة شُوَيَّة مَوْجود فيها كُلّ حاجة مِنْها المساجِد و
الكنايِس و المدارِس و البِقالة و محلّات الأكْل بِمُخْتلِف أنْواعْها و محلّات
اللِّبْس و كُلّ حاجة إنْتَ مِحْتاجْها.

As my neighborhood is a bit old, you can find everything there like mosques, churches, schools, grocery stores, various food stores, clothing shops, and everything you need.

أكْل *akl* **food** | نوْع *nō3* (*pl.* أنْواع *anwā3*) **kind**, **type**, **sort**
مُخْتلِف *muxtálif* (+ plural noun) **different**, **various** | مِحْتاج *miḥtāg* **needing**, **in need of**

Aya

بلاقي في منْطِقْتي أغْلب الخدمات: مدْرسة، محلّات لِبْس و أَكْسسْوارات و
موبايْلات، مسْجِد، بقّال، خُضْرَواتي، فكهاني، جزّار، فرارْجي. بحِبّ منْطِقْتي
جِدّاً عشان فيها خدمات كِتير.

Most amenities are available in my neighborhood: a school, clothing shops, accessories, mobile phones, a mosque, a grocery store, greengrocers, a butcher, a poultry butcher. I like my neighborhood so much, as it has lots of amenities.

أغْلب *áɣlab* (+ plural noun) **most**
خِدْمة *xídma* (*pl.* خدمات *xadamāt*) **service**
أكْسسْوارات *aksaswarāt* **accessories**
موبايْل *mubáyl* **cell phone**
خُضْرَواتي *xuḏrawāti* **vegetable seller**
فكهاني *fakahāni* **fruit seller**
جزّار *gazzār* **butcher**
فرارْجي *farárgi* **poultry seller**

Mahmoud

في منْطِقْتي فيها كُلّ حاجة زيّ مدْرسْةْ الحيّ السّابِع و مَوْجود سنْترِيْن فيهُم
محلّات سوبِر مارْكِت و لِبْس و ٣ مساجِد.

There is everything in my neighborhood, like the *7th Zone School,* two [shopping] centers that include supermarkets and clothing shops, and three mosques.

حيّ *ɦayy* (*pl.* أحياء *aɦyāʔ*) **district, zone**
سابِع *sābi3* **seventh**
سنْتر *sántar* **center**

Rabab

كُلّ حاجة مَوْجودة، مدارِس و محلّات هُدوم و سوبِر مارْكِت و مسْجِد و
كنيسة و نَوادي.

Everything is present: schools, clothing shops, a supermarket, a mosque, a church, and clubs.

هُدوم *hudūm, hidūm* (*pl.*) **clothes, clothing**

Tamer

على أوِّل شارِعْنا فيه جامِع و جنْبُه على طول فيه قهْوَة. و جنْب البيْت عنْدي وَرْشِةْ نِجارة مِصدّعاني دايْماً بسّ مفيش مدارِس قُرَيِّبة لِلأسف.

At the beginning of our street, there is a mosque. Next to it, there is a coffee shop. And near the house, there is a noisy carpenter workshop. But unfortunately, there aren't any schools nearby.

شارِع *šāri3* (*pl.* شَوارِع *šawāri3*) **street**
وَرْشة *wárša* **workshop**
نِجارة *nigāra* **carpentry**
صدّع *ṣádda3* [2s2] **to give a headache to**
قُريِّب *ʔuráyyib* **near**
لِلأسف *li-lʔásaf* **unfortunately**

Shorouk

جنْبي فيه مدْرسِةْ حضانة و إبْتِدائي و ثانَوي و فيها مسْجِد و علي أوِّل الشّارِع مسْجِد تاني و قُدّامي مكْتبة و في العِمارة اللي جنْبي بِقالة.

Close to me, there is a nursery school, a primary school, a high school, and a mosque. And at the beginning of the street, there is another mosque. Across the street from me, there is a library, and in the building next to me, there is a grocery store.

حضانة *ḥaḍāna* **nursery school, kindergarten**
اِبْتِدائي *ibtidāʔi* **elementary, primary (school)**
ثانَوي *sānawi* **high school, secondary school**
تاني *tāni* **another; second**
مكْتبة *maktába* **library**
عِمارة *3imāra* **apartment building**

Fouad

في منْطِقْتي فيه مُجمّع البُنوك و مُجمّع المطاعِم و المركْز الطِّبّي. و جنْبي جامِع و سوق تُجاري و الفضْل يِرْجع لِلوَالِد في اخْتِياره مكان زيّ كِده لِلسّكن.

In my neighborhood, there is a bank complex, a restaurant complex, and a medical center. And next to me, there is a mosque and a shopping center. And it is thanks to my father, who chose a place like this to live in.

مُجمّع *mugámma3* **complex, center**
مرْكز *márkaz* (*pl.* مراكِز *marākiz*) **center**
طِبّي *ṭíbbi* **medical**; تُجاري *tugāri* **commercial**
فضْل *faḍl* **grace, kindness; thanks**
رِجِع لِـ *rígi3 li-* **to go back to, be attributed to**
والِد *wālid* **father**
اِخْتِيار *ixtiyār* **choice, choosing**
سكن *sákan* **living**

أخْبار العيْلة أيْه؟ عنْدك عيْلة كْبيرة؟

How is your family? Do you have a big family?

أخْبار العيْلة أيْه؟ عنْدِك عيْلة كْبيرة؟ ♀
أخْبار *axbār* (*pl.*) **news**
عيْلة *3ēla* = أُسْرة *úsra* **family**

وَلد *wálad* (*pl.* وِلاد *wilād*, أَوْلاد *awlād*) **child**
أخّ *axx* (*pl.* إخْوات وِلاد *ixwāt wilād*) **brother**
أُخْت *uxt* (*pl.* إخْوات بنات *ixwāt banāt*) **sister**
إخْوات *ixwāt* (*pl.*) **siblings, brothers and sisters**
خال *xāl* (*pl.* خِلان *xilān*) **maternal uncle** (mother's brother)
عمّ *3amm* (*pl.* أعْمام *a3mām*) **paternal uncle** (father's brother)
عمّة *3ámma* **paternal aunt** (father's sister)
بابا *bāba* = أبّ *abb* = والِد *wālid* **father**
ماما *māma* = أمّ *umm* = والْدة *wálda* **mother**
فرْد *fard* (*pl.* أفْراد *afrād*) **individual**

اِتْوَفّى *itwáffa* [5d] **to pass away**

مِتْجوِّز *mitgáwwiz* **married**
عايِش *3āyiš* **living**

الأيّام دي *il?ayyām di* = اليومينْ دوْل *ilyumēn dōl* **these days**

Yomna

أُسْرِتي مُكوّنة مِنّي أنا و جوْزي و أَوْلادي الاِتْنينْ. أنا عنْدي أخّينْ و جوْزي عنْدُه ٣ إخْوات. و لينا خِلان و أعْمام. يَعْني لَوْ حسبْنا العيلْتينْ هتْكون عيْلة كْبيرة فِعْلاً.

My family consists of me, my husband, and my two sons. I have two brothers, and my husband has three siblings. We also have (paternal and maternal) aunts and uncles. So, if we combine the two families, it's a big family, indeed.

مُكوّن مِن *mukáwwan min* **consisting of**
جوْز *gōz* **husband**

حسب *ḥásab* [1s2] **to calculate, take into consideration**

مِش أوي. يَعْني أنا لِيّا أخّ واحِد، بسّ بابا و ماما عنْدُهُم إخْوات كِتير و كِدِه.

Mohamed

Not really. I mean, I have just one brother, but my parents have many siblings.

و كِده *wi kída* **and what not; and so on**

العيْلة الأيّام دي حزينة لإنّ الفتْرة اللي فاتِت كان فيه حالِةْ وَفاة و خالي اتْوَفّى و الحقيقة إنّي معنْديش عيْلة كْبيرة لإنّي مليش غيْر أخّ واحِد بسّ.

Dalia

These days my family members are sad because recently we've lost someone; my uncle has passed away. Actually, I don't have a big family because I only have one brother.

حزين *ɧazīn* **sad**
فتْرة *fátra* **period, time**
الفتْره اللي فاتِت *ilfátra ílli fātit* **recently**
حالة *ɧāla* **case, incident; state**
وَفاة *wafāh* **death, passing-away**
الحقيقة *ilɧaʔīʔa* **really, actually**
غيْر *ɣēr* (negative +) **only** (*lit.* not... except)

عيلْتي صْغيرّة. عِبارة عن أبّ و أُمّ و أخّ و أُخْت و أنا. حالِيّاً علشان مِش مِتْجوِّز عايِش معَ بابا و ماما.

Andrew

My family is small and is made up of a father, a mother, a brother, a sister, and me. Presently, I live with my mom and dad because I'm not yet married.

عِبارة عن *3ibāra 3an* **consisting of**
حالِيّاً *ɧalíyyan* **presently, currently, now**

عنْدي عيْلة كْبيرة. أنا لِيّا ٥ إخْوات بنات و مِنْهُم مِتْجوِّزين و مِخلِّفين فا لِيّا وِلاد و بنات أُخْت. كمان لِيّا أعْمام و عمّات كِتير.

Aya

I have a big family. I have five sisters. Some of them are married and have children, so I have nieces. I also have uncles and aunts on my father's side.

خلِّف *xállif* [2s1] **to have children**
مِخلِّف *mixállif* **who have children**
بِنْت أُخْت *bint uxt* (*pl.* بنات أُخْت *banāt uxt*) **niece**

كُوَيِّسين الحمْدُ لله. لا عيلْتي مِتْوَسِّطة، مِش كِبيرة. مُعْظم العيلات في مصْر بِيْتْراوَح عددْها مِن ٥ إلى ٨ أفْراد.

Mahmoud

They are fine, praise God. No, my family is not that big. Most families in Egypt range from five to eight members.

الحمْدُ لله *ilħámdu li-llāh* **thank God**
مِتْوَسِّط *mitwássiṭ* **average, medium**
مُعْظم *mú3ẓam* (+ noun) **most of, the majority of**
اِتْراوَح مِن... إلى... *itráwwaħ* [5s1] *min... íla...* **to range from... to...**

أه عنْدي عيْلة كْبيرة و كُنّا زمان على طول بِنِتْجمّع لِحدّ ما جِدِّتي و جِدّي اتْوَفّوا. كُلُّه مبقاش فاضي يِتْجمّع.

Rabab

Yes, I have a big family. We used to meet all the time until my grandparents passed away. Nobody has time to meet anymore.

على طول *3ála ṭūl* **always, constantly**
اِتْجمّع *itgámma3* [5s2] **to get together**
لِحدّ ما *li-ħádd^ə ma* **until**
جِدّة *gídda* **grandmother**
جِدّ *gidd* **grandfather**
فاضي *fāḍi* **unoccupied, free; empty**

Tamer

العيْلة زيّ الفُلّ، كُلُّهُم تمام. و عيلْتي كبيرة. عنْدي ٥ أعْمام. المُفضّل ليّا الصُّغيرّ و عنْدي ٦ خِلان، خال مِنْهُم كان عايِش معانا طول عُمْرُه.

My family is perfectly well; everyone's fine. I have a big family. I have five uncles on my dad's side. The closest to my heart is the youngest one. And I have six uncles on my mom's side. One of them used to live with us.

فُلّ *full* **jasmine**
زيّ الفُلّ *zayy ilfúll* **perfect(ly)**
تمام *tamām* **okay, fine**
مُفضّل *mufáḍḍal* **favorite**
طول عُمْرُه *ṭūl 3úmru* **all one's life**

Shorouk

عيلْتي مِش كِبيرة أوي. عنْدي مِن ناحْيِةْ بابا عمِّتينْ اِتْنينْ و ٥ أعْمام مِنْهُم اِتْنينْ مِتْوَفِّيين مشُفْتُهُمْش و مِن ناحْيِةْ ماما خال و ٣ خالات و تيْتة.

My family is not very big. On my dad's side, I have two aunts and five uncles, two of whom passed away and I'd never met. And on my mom's side, I have an uncle, three aunts, and a grandma.

ناحْيِة *náḥya* **side**
تيْتة *tēta* **grandma**

Fouad

لَوْ عيلْتي أنا فا إحْنا ٥ أفْراد. والْدِتي و والْدي و إخْواتي الاِتْنينْ. والْدي ليه ٣ إخْوات و والْدِتي ليها ٦ إخْوات و الواحِد بِيْلاحِظ إنّ معَ كُلّ جيل جِديد عدد الأفْراد بِيْقِلّ.

As for my family, there are five of us. My mother, my father, and my two siblings. My father has three siblings, and my mother has six. One can notice that the number of family members is decreasing generation after generation.

لاحِظ *lāḥiẓ* [3s] **to notice, observe**
جيل *gīl* (*pl.* أجْيال *agyāl*) **generation**
جِديد *gidīd* **new**
عدد *3ádad* (*pl.* أعْداد *a3dād*) **number**
قلّ *ʔall* [1g3] **to decrease, become less**

بِتْحِبّ السّفر؟

Do you like traveling?

بِتْحِبّي السّفر؟ ♀
سفر *sáfar* **traveling**

برّه *bárra* **abroad**
جُوّه مصْر *gúwwa maṣr* **inside Egypt**

مَوْضوع *mawḍū3* (*pl.* مَواضيع *mawaḍī3*) **situation; subject, topic**
طِفْل *ṭifl* (*pl.* أطْفال *aṭfāl*) **child**
بلد *bálad* (*pl.* بِلاد *bilād*) = دَوْلة *dáwla* (*pl.* دُوَل *dúwal*) **country**
سفرية *safaríyya* **trip, journey**
مدينة *madīna* (*pl.* مُدُن *múdun*) **city**
ثقافة *saqāfa* **culture**
أكْل *akl* **food**

سافِر *sāfir* [3s] **to travel**
نِفْسُه *nífsu* (+ imperfect) **want to**
رِجِع *rígi3* [1s4] **to return, go back**

مُخْتلِف *muxtálif* **different**

Yomna

بحِبّ السّفر جِدّاً. روْح المُغامْرة و اِكْتِشاف مكان جِديد بِتِسْتهْويني. طبْعاً المَوْضوع بِيْكون مُخْتلِف شُوَيّة معَ وُجود أطْفال معايا لكِنُّه يَظلّ مُمْتِع جِدّاً لينا كُلِّنا.

I really like traveling. The spirit of adventure and of discovering new places attracts me. Of course, it's a bit different when I have my children with me, but it remains something very enjoyable for all of us.

روْح *rōḥ* (*f.*) (*pl.* أرْواح *arwāḥ*) **spirit**
مُغامْرة *muɣámra* **adventure**
اِكْتِشاف *iktišāf* **dicovery**
اِسْتهْوى *istáhwa* [10d2] **to appeal to, attract**

وُجود *wugūd* **presence, existence**
طِفْل *ṭifl* (*pl.* أطْفال *aṭfāl*) **child**
ظلّ *ẓall* [1g1] **to remain, continue to be**
مُمْتِع *múmti3* **wonderful, great**

Mohamed

بحِبّ السّفر جِدّاً. لِحدّ دِلْوَقْتي أنا سافِرْت أكْتر مِن ٥ بِلاد مُخْتلِفة و حِلْمي إنّي الِفّ العالم كُلُّه.

I like traveling a lot. So far, I've visited more than five different countries; and my dream is to travel around the world.

لِحدّ دِلوَقْتى *li-ḫádd^{a} dilwáʔti* **up to now**
حِلْم *ḫilm* (*pl.* أحْلام *aḫlām*) **dream**
لفّ *laff* [1g3] **to roam, go around**
عالم *3ālam* (*pl.* عَوالِم *3awālim*) **world**
العالم كُلُّه *il3ālam kúllu* **the entire world**

Dalia

بحِبّ السّفر جِدّاً و نِفْسي أسافِر دُوَل كِتير أوي. نِفْسي أسافِر و أروح باريس و كورْيا الجنوبية و الصّين و ألْمانْيا و أسْبانْيا جُزُر المالْديف و جُزُر البهاما و نِفْسي أروح ديزْني لانْد.

I like traveling very much. I want to travel to many countries. I want to travel to Paris, South Korea, China, Germany, Spain, the Maldives, and the Bahamas. And I want to go to Disney Land.

باريس *bāris* **Paris**
كورْيا الجنوبية *kúrya -lganubíyya* **South Korea**
الصّين *iṣṣīn* **China**
ألْمانْيا *almánya* **Germany**
أسْبانْيا *asbánya* **Spain**
جزيرة *gizīra* (*pl.* جُزُر *gúzur*) **island**
المالْديف *ilmaldīf* **the Maldives**
البهاما *ilbahāma* **the Bahamas**

Andrew

أكيد بسّ لِلأسف مفيش فُرْصة أسافِر برّه لإِنّ عادةً الفيزا بِتِترْفِض و علشان كِده بسافِر جُوّه مصْر بسّ و أحْلى السّفرِيّات بِتِبْقى في مدينةْ مرْسى مطْروح.

Sure. But unfortunately, I have no chance to travel abroad because the visa is usually denied. That's why I only travel inside Egypt, and the best trips are those in the town of Marsa Matrouh.

أكيد *akīd* **sure, certainly**
لِلأسف *li-lʔásaf* **unforunately**
فُرْصة *fúrṣa* **opportunity**
عادةً *3ādatan* **usually**
فيزا *vīza* **visa**
اِتْرفض *itráfaḍ* [7s1] **to be denied**
علشان كِده *3alašān kída* **so, for that reason**
أحْلَى *áḫla* **nicest, best**
مرْسى مطْروح *mársa maṭrūḫ* **Marsa Matrouh**

Aya

أه، بحِبّ السّفر جِدّاً. في السّفر، الواحِد بيِتْعرّف على أماكِن و ثقافات و ناس جِديدة و بيِجرّب أكْل مُخْتلِف و بيْغيرّ روتين حَياتُه.

Yes, I really like traveling. While traveling, one gets to know new places, cultures, and people; and to try different food, and it changes up one's routine in life.

الواحِد *ilwāɧid* (impersonal pronoun) **one**
اِتْعرّف على *it3árraf* [5s2] *3ála* **to get to know, be introduced to**
جرّب *gárrab* [2s2] **to try (out)**
غيرّ *ɣáyyar* [2s2] **to change**
روتين *rutīn* **routine**
حَياة *ɧáya* **life**

Mahmoud

أه، السّفر هُوَّ اللي بيِخلّيك تِعْرف ثقافات جِديدة، تِتْعامِل معَ ناس جِديدة، تِشوف أماكِن عُمْرك ما شُفْتها وَلا حتّى في الصُّوَر.

Yes, traveling lets you discover new cultures, interact with new people, and see places you've never even seen in photos.

خلّى *xálla* [2d] **to let, allow; make, cause**
عِرِف *3írif* [1s4] **to know**
اِتْعامِل معَ *it3āmil* [6s] *má3a* **to deal with**
شاف *šāf* [1h1] **to see**
عُمْرُه ما *3úmru ma* (+ perfect) **never**
وَلا *wála* **not**
حتّى *ɧátta* **even**
صورة *ṣūra* (*pl.* صُوَر *ṣúwar*) **picture, photo**

Rabab

جِدّاً. أنا سافِرْت تايْلانْد و هولانْدا و تنْزانْيا و جُوّه مصْر سافِرْت الجوْنة و الأُقْصُر و أسْوان.

Very much. I've traveled to Thailand, the Netherlands, and to Tanzania. And in Egypt, I've visited El Gouna, Luxor, and Aswan.

تايْلانْد *táyland* **Thailand**
هولانْدا *hulánda* **the Netherlands**
تنْزانْيا *tanzánya* **Tanzania**
الجوْنة *ilgōna* **El Gouna**
الأُقْصُر *ilʔúʔṣar* **Luxor**
أسْوان *aswān* **Aswan**

أنا مِش بحِبّ الاِنْتِقال كِتير و بِالرَّغْم مِن إنّي بحِبّ تغْيير الأماكِن و الوُشوش
لكِن لِفتْرة بسيطة، أرْجع بعْدها لِبيْتي.

Tamer

I don't like moving around too much. Although I like changing places and faces, only for a short time, and then I go back home.

اِنْتِقال *intiqāl* **changing location, movement**
بِالرَّغْم مِن *bi-rráɣm^{ə} min* **in spite of**
تغْيير *taɣyīr* **change**
وِشّ *wišš* (*pl.* وُشوش *wušūš*) **face**
فتْرة *fátra* **period, time**
بسيط *basīṭ* **basic**
بعْدها *ba3dáha* **afterward, after that**

أه جِدّاً. أصْلاً أنا كُنْت عايْشة في الإمارات و بعْديْن جيْت على مصْر مِن ٩
سِنين و نِفْسي أرْجعْلها تاني و يا سلام لَوْ رُحْت اليابان.

Shorouk

Yes, so much. I was actually living in the Emirates. I came to Egypt nine years ago, and I would like to go back to the Emirates again. It would also be wonderful if I could go to Japan.

أصْلاً *áṣlan* **originally**
عايِش *3āyiš* **living**
الإمارات *ilʔimarāt* **the Emirates, the U.A.E.**
جِهْ *gih* [i1] **to come**
تاني *tāni* **again**
يا سلام *ya salām* **wow, oh my God**
اليابان *ilyabān* **Japan**

أنا مسافِرْتِش برّه مصْر بسّ دي حاجة هعْمِلْها قُدّام إن شاء الله. في مصْر
كُنْت بسافِر لِلعيْن السُّخْنة عشان لينا شاليْه هِناك.

Fouad

I've never traveled abroad, but it's something I'll do in the future, hopefully. Inside Egypt, I used to go to the Ain Sokhna because we have a summer home there.

قُدّام *ʔuddām* **foreward, in the future; in front of**
إن شاء الله *in šāʔ allāh* **God willing, hopefully**
العيْن السُّخْنة *il3ēn issúxna* **Ain Sokhna**
شاليْه *šalēh* **summer home, beach house** (apartment in a seaside town)

عملْت أيْه الإسْبوع ده؟

What did you do this week?

عملْتي أيْه الإسْبوع ده؟ ♀
عمل *3ámal* [1s2] **to do**
إسْبوع *isbū3* (*pl.* أسابِع *asābi3*) **week**

أيّام إسْبوع *ayyām isbū3* (*pl.*) **weekdays**
صاحِب *ṣāḥib* (*pl.* صُحاب *ṣuḥāb*, أصْحاب *aṣḥāb*) **friend**
جوْز *gōz* **husband**
مِراتُه *mirātu* **one's wife**
روتين *rutīn* **routine**
أجازة *agāza* **vacation**
كوْرس *kurs* **course, class**
أكْل *akl* (*pl.* اكلات *akalāt*) **food**
كوسْبْلاي *kusplē* **cosplay** (costume play)

يَوْمي *yáwmi* **daily**
مِعْتاد *mi3tād* **habitual, customary**
يِمْكِن *yímkin* **maybe, may, might**

اِتْعلِّم *it3állim* [5s1] **to learn**
خرج *xárag* [1s3] **to go out**
حضر *ḥáḍar* [1s3] **to attend**

خِلال *xilāl* **during**

Yomna

خِلال أيّام الإسْبوع مارِسْت الرّوتين اليَوْمي المِعْتاد. يوْم الجُمْعة رُحْنا زُرْنا صاحِب جوْزي. مِراتُه روسية. اِتْكلِّمْت معاها عن حَياتْها في مصْر و حُبّها لِلجلّابِيّات و شُغْل الكُروشيْه.

During the week, I followed my daily routine. On Friday, we visited my husband's friend. His wife is Russian, so I talked with her about her life in Egypt and her love for the galabiya and crochet.

مارِس *māris* [3s] **to practice**
جُمْعة *gúm3a* **Friday**
زار *zār* [1h1] **to visit**
روسي *rūsi* **Russian**
اِتْكلِّم معَ *itkállim* [5s1] *má3a* **to talk with**

حَياة *ḥáya* **life**
حُبّ *ḥubb* **love**
جلّابية *galabíyya* **galabiya**
كُروشيْه *kurūšēh* **crochet**

Mohamed

الإسْبوع ده كُنْت واخِد أجازة في أوِّله. كان عنْدي شُويِّةْ حِوارات في
إسْكِنْدِرية و بعْد كِده رِجِعْت تاني عَ الشُغْل.

I was on vacation at the beginning of this week. I had some interviews in Alexandria, and then I went back to work.

أوِّل *áwwil* **beginning**
حِوار *ḫiwār* **interview; dialogue**
إسْكِنْدِرية *iskindiríyya* **Alexandria**
رِجِع *rígi3* [1s4] **to go back, return**
تاني *tāni* **again**

Dalia

الإسْبوع ده اِتْعلِّمْت أكلات جِديدة مكُنْتِش بعْرف أعْمِلْها و كمان بدأْت
أحمِّل كورْسات صيني عشان أتْعلِّم حاجة جْديدة و اِشْتغلْت طبْعاً و
خرجْت اِشْتريْت هِدية لِماما و فِرْحِت بيها.

This week, I've learned new recipes I did not know before. I also started downloading Chinese courses in order to learn something new. I also worked, of course, and I went out to buy a gift for my mom. She was pleased with it.

عِرِف *3írif* [1s4] **to know**
بدأ *báda?* [1s1] **to start, begin**
حمِّل *ḫámmil* [2s1] **to download**
صيني *ṣīni* **Chinese, Mandarin**
اِشْترى *ištára* [8d] **to buy**
هِدية *hidíyya* **present, gift**
فِرِح بِ *fírih* [1s4] *bi-* **to be happy about**

Andrew

طبْعاً الوَقْت كُلُّه ضايِع في الشُّغْل بسّ مِكمِّل كورْس البرْتُغالي علشان
أتْعلِّمُه بِسُرْعة لإِنّي مُتطوِّع في أولِمْبِياد رِيو دي جانيرو أغُسْطُس الجايّ.

Of course, the whole time was spent on work, but I finished the Portuguese course in order to learn it fast, as I am a volunteer at the Rio De Janeiro Olympics next August.

ضاع *ḍā3* [1h2] **to be wasted; be lost**
كمِّل *kámmil* [2s1] **to complete, finish**
بُرْتُغالي *burtuɣāli* **Portuguese**
بِسُرْعة *bi-súr3a* **quickly, fast**
مُتطوِّع *mutaṭáwwi3* **volunteer**
أولِمْبِياد *ulimbiyād* **Olympics**
رِيو دي جانيرو *ríyu di žanīru* **Rio De Janeiro**
أغُسْطُس *aɣúsṭus* **August**

Aya

الإسْبوع ده رُحْت الشُّغْل و خرجْت معَ أَصْحابي و إخْواتي. كمان حضرت سُبوع إبْن صاحْبِتي مَوْلود جِديد. و خلّصْت مشاوير كِتير.

This week, I went to work, and I went out with my friends and siblings. I also attended the "seventh-day celebration" of my friend's newborn son. And I took care of a lot of errands.

إخْوات *ixwāt* (*pl.*) **siblings**
سُبوع *subū3* (party seven days after a child's birth)
إبْن *ibn* **son**
مَوْلود *mawlūd* **newborn**
خلّص *xállaṣ* [2s2] **to finish, complete**
مِشْوار *mišwār* (*pl.* مشاوير *mašawīr*) **errand**

Mahmoud

الصُّبْح كُنْت بروح الكُلّية و في نُصّ اليوْم بقْعُد أذاكِر، بعْديْن بِللّيْل بروح التّمْرين في النّادي.

In the morning, I went to university. In the afternoon, I studied at home. And then at night, I went to the club to exercise.

في نُصّ اليوْم *fi nuṣṣ ilyōm* **in the middle of the day**
ذاكِر *zākir* [3s] **to study**
ليْل *lēl* **night**
تمْرين *tamrīn* (*pl.* تمارين *tamarīn*) **working out, exercise**
نادي *nādi* (*pl.* نَوادي *nawādi*) (**country**) **club** (with swimming pool, tennis courts, etc)

Rabab

الإسْبوع ده كُلّه كُنْت بخطّط إزّاي أحْتِفِل بِعيد ميلاد جوْزي و أجيبْلُه أيْه و أحِسّ إنُّه فِعْلاً عجبُه.

All week, I was planning my husband's birthday celebration and what to get him. And I think he really liked it.

خطّط *xáṭṭaṭ* [2s2] **to plan**
اِحْتفل بِـ *iḥtáfal* [8s1] *bi-* **to celebrate**
عيد ميلاد *3īd milād* **birthday**
عجب *3ágab* [1s2] **to please**

Tamer

الإسْبوع ده حاوِلْت بِكُلّ الطُّرُق آخُد أجازة مِن الشُّغْل عشان أغيرّ جوّ لكِن
مُديري مرِضيش و يمْكِن الإسْبوع الجاي يِوافِق لإِنّي مِحْتاج أغيرّ جوّ.

I tried hard this week to take some time off for a change of scenery, but my boss refused. Maybe he will agree next week because I need a change of pace.

حاوِل *ħāwil* [3s] **to try, attempt**
بِكُلّ الطُّرُق *bi-kúll iţţúru?* **in every way**
غيرّ *ɣáyyar* [2s2] **to change**
جوّ *gaww* **atmosphere**

مُدير *mudīr* **director, manager, boss**
رِضي *ríḍi* [1d4] **to be willing (to); be satisfied**
وافِق *wāfiʔ* [3s] **to agree**
مِحْتاج *miħtāg* **in need of**

Shorouk

حضرْت تدْريبي و سلّمْت البحْث تبع الكُلّية بِتاعْتي و خالْتو جت مِن السّفر
فا كُنْت بروحْلها كُلّ يوْم أقْعُد معاها شُويّة و حضرْت مهْرجان عملْت فيه
كوسْبْلاي.

I attended my training and handed in my university research. And my aunt came back from abroad, so I went to visit with her a bit every day. I also went to a festival in which I did cosplay.

تدْريب *tadrīs* **training**
سلِّم *sállim* [2s1] **to submit, hand in**
بحْث *baħs* **research**
تبع *tába3* **of, belonging to**

كُلِّية *kullíyya* **college**
خالْتو *xáltu* **aunt, auntie**
سفر *sáfar* **traveling, trip; being abroad**
مهْرجان *mahragān* **fair, festival**

Fouad

خلعْت ضِرْس لِلمرّة التّالْتة. خرجْت معَ صْحاب بقالي كْتير مشُفْتُهُمْش.
ساعِدْت أخويا في عمل أزْياء تنكُّرية بِتِتْسمّى بِالكوسْبْلاي.

I had a molar pulled for the third time. I went out with some friends I hadn't seen for a long time. I helped my brother in making costumes called *cosplay*.

خلع ضِرْس *xála3* [1s1] *ḍirs* **to have a molar pulled**
كْتير *baʔālu ktīr* (+ negative bi-imperfect) **hasn't __ in a long time**
ساعِد *sā3id* [3s] **to help**

أخّ *axx* **brother;** أخويا *axūya* **my brother**
زِيّ *ziyy* (*pl.* أزْياء *azyāʔ*) **uniform, outfit**
تنكُّري *tanakkúri* **masked**
اِتْسمّى *itsámma* [5d] **to be called**

9

إمْتى آخِر مرّة رُحْت اِتْفرّجْت على فيلْم؟

When did you last go to the movies?

♀ إمْتَى آخِر مرّة رُحْتي اتْفرّجْتي على فيلْم؟
آخِر *āxir* (+ noun) **the last __**
مرّة *márra* **time**
اِتْفرّج على *itfárrag* [5s2] *3ála* **to watch**
فيلْم *film* (*pl.* أفْلام *aflām*) **movie, film**

سينِما *sínima* **cinema, movie theater**
مِراتُه *mirātu* **one's wife**
حَيَوان *ɧayawān* **animal**

اِسْتمْتع بِ *istámta3* [10s2] *bi-* **to enjoy**
اِتْكلِّم عن *itkállim* [5s1] *3an* **to be about; to talk about**
عاش *3āš* [1h2] **to live**

لِسّه *líssa* **just; still**

Yomna

أنا مِش مِن هُواةْ السّينِما لإنّي بحِبّ أتْفرّج على الفيلْم بِراحْتي في البيْت.
آخِر فيلْم شُفْتُه The Intern. عجبْني أوي.

I am not much of a movie-goer because I like watching movies in the comfort of my home. The last movie I watched was *The Intern*. I liked it very much.

هاوي *hāwi* (*pl.* هُواهْ *huwāh*) **enthusiast, hobbyist**
راحة *rāɧa* **comfort, ease**
بِراحْتُه *bi-ráɧtu* **at ease**
عجب *3ágab* [1s2] **to please**

Mohamed

لِسّه مِن كام إسْبوع كِده رُحْت أنا و مراتي اتْفرّجْنا على فيلْم مُقْرِف في
السّينِما إسْمُه The Boy.

Just a few weeks ago, I went to the movies with my wife and we watched a horrible film called *The Boy.*

لِسّه *líssa* **just**; **still**
كام *kam* (+ singular noun) **some**, **a few**
مُقْرِف *mú?rif* **disgusting**, **sickening**

Dalia

آخِر مرّة رُحْت اِتْفرّجْت على فيلْم كان مِن سنة و كان فيلْم "أنابيلّ" و نِفْسي
أروح سينِما تاني أتْفرّج على فيلْم جْديد بسّ يْكون أكْشن أَوْ رومانْسي.

The last time I went to the movies was a year ago. It was *Annabelle.* I would like to go to the cinema again to watch a new movie, but it should be either an action or romantic film.

أكْشن *ákšan* **action** (**movie**)
رومانْسي *rumánsi* **romantic** (**movie**)

Andrew

مِن حَوالي ٥ سِنين و كان فيلْم "كابْتِن أميْريكا" و كان وَقْت عيد. علشان كِده
قِدِرْت ألاقي وَقْت إنيّ أقابِل أصْحابي و نِدْخُل سينِما بِعيد عن بيتْنا بِحَوالي
٢٠ كيلومِتْر.

It was five years ago, and it was the movie *Captain America.* It was during Eid [holiday], so I was able to find time to meet my friends and go to the cinema, which is twenty kilometers from our homes.

حَوالي *ḥawāli* **approximately**, **about**
عيد *3īd* **Eid**, **the holidays**
علشان كِده *3alašān kída* **so**, **for that reason**
قابِل *?ābil* [3s] **to meet**
بِعيد عن __ بِـ... *bi3īd 3an __ bi-...* **... away from __**
كيلومِتْر *kilumítr* **kilometer**

Aya

آخِر مرّة اتْفرّجْت على فيلْم كانِت الإسْبوع اللي فات في السّينِما. كان فيلْم خَيال عِلْمي و ده أكْتر نوْع أفْلام بحِبُّه. و بحِبّ برْضُه الأفْلام الكوْميدي و الرّومانْسية.

The last time I watched a film was last week at the cinema. It was a sci-fi movie. It's my favorite kind of movie. I also like comedies and romantic films.

الإسْبوع اللي فات *il?isbū3 ílli fāt* **last week**
خَيال عِلْمي *xayāl 3ílmi* **science fiction**
كوْميدي *kōmidi* **comedy, comedic**
رومانْسي *rumánsi* **romantic (movie)**

Mahmoud

مِن سنة تقْريباً. السّينِمات بِتْكون غالْيَة في مصْر و الخِدْمة سيِّئة. عشان كِده مبروحْش سينِما كْتير.

About one year ago. Cinemas are expensive in Egypt, and the service is bad. That's why I don't go to the cinema often.

غالي *ɣāli* **expensive**
خِدْمة *xídma* **service**
سيِّء *sáyyi?* **bad**
عشان كِده *3ašān kída* **so, for that reason**

Rabab

كان مِن ٣ أسابيع تقْريباً و كان فيلْم رُعْب بسّ أيّ كلام عَ الآخِر، مسْتمْتعْتِش بيه خالِص.

It was about three weeks ago, and it was a horror movie. But it was utter nonsense, and I did not enjoy it at all.

رُعْب *ru3b* **horror**
أيّ كلام *ayyᵊ kalām* **nonsense**
عَ الآخِر *3a -l?āxir* **extremely**

Tamer

آخِر مرّة رُحْت اِتْفرّجْت على فيلْم في السّينِما كانِت معَ مْراتي اللي وَقْتها
كانِت خطيبْتي لِسّه. و عزمْتها على فيلْم أجْنبي مِن ييجي ٥ سِنين مثلاً.

The last time I went to watch a movie at the cinema was with my wife. At the time, she was still my fiancée. I invited her to a foreign movie about five years ago.

وَقْتها *waʔtáha* **then, at that time**
خطيبة *xaṭība* **fiancée**
لِسّه *líssa* **just; still**
عزم *3ázam* [1s2] **to invite**
أجْنبي *agnábi* **foreign**
ييجي *yīgi* **approximately, about**
مثلاً *másalan* **more or less; for example**

Shorouk

مِن إسْبوع تقْريباً. فيلْم "زوتوبْيا" بِيِتْكلِّم عن إزّاي لَوْ إنّ الحَيَوانات ليها حَياة
و بِتْعيش زيِّنا. كان فيلْم حِلْو أوي و اِسْتمْتعْت بيه جِدّاً.

It was about one week ago, a film called *Zootopia,* which is about animals and what it would be like if they had a life like ours. It was a very good movie that I really enjoyed.

Fouad

مِن إسْبوع رُحْت شُفْت فيلْم "زوتوبْيا"، فيلْم لذيذ جِدّاً بِيِتْكلِّم عن لَوْ
الحَيَوانات بقِت تِعيش زيّ الإنْسان معَ بعْض.

One week ago, I went to watch *Zootopia,* a very nice movie about animals leading a similar life to human beings.

لذيذ *lazīz* **very nice; delicious**
إنْسان *insān* (*pl.* ناس *nās*) **person, human**
معَ بعْض *má3a ba3ḍ* **with each other, together**

بِتْحِبّ تُطْبُخ؟

Do you like to cook?

بِتْحِبّي تُطْبُخي؟ ♀
طبخ *ṭábax* [1s3] **to cook**

طبْخ *ṭabx* = طبيخ *ṭabīx* **cooking**
هِوايَة *hiwāya* **hobby**
مُتْعة *mút3a* **joy, pleasure, enjoyment**
مطْبخ *máṭbax* (*pl.* مطابِخ *maṭābix*) **kitchen**
كيْكة *kēka* = كيْك *kēk* **cake**
حلَوِيّات *ḥalawiyyāt* (*pl.*) **sweets, desserts, pastries**
مزاج *mazāg* **mood**

عِرِف *3írif* [1s4] **to know; to be able to, know how to**
جرّب *gárrab* [2s2] **to try (out)**

خُصوصاً *xuṣūṣan* = بِالذّات *bi-zzāt* **especially**

Yomna

الطّبْخ مِش هِوايْتي لكِن بحِبّ أطْبُخ لِأُسْرِتي الأكْل اللي بِيْحِبّوه و بَنْبِسِط أوي لمّا بِيِعْجِبْهُم. لكِن الحقيقة إنيّ نِفْسي حدّ يِطْبُخْلي أكْل حِلْو و أنا بسّ آكُل.

Cooking is not my hobby. However, I like to cook my family meals they like. And I am really pleased when they like them. But I really want someone to cook delicious food for me, while I just eat.

أُسْره *úsra* (*pl.* أُسر *úsar*) **family**
اِنْبسط *inbásaṭ* [7s2] **to be pleased; to enjoy oneself**
عجب *3ágab* [1s2] **to please**
الحقيقة *ilḥaʔīʔa* **really, actually**
نِفْسُه *nífsu* (+ imperfect) **want to**

Mohamed

لا خالِص. أنا بلّاص كِبير في المطْبخ. مبعْرفْش حتّى أعْمِل بيْض و بسْطِرْمة و بعْمِل شاي بِالعافْيَة.

No, not at all. I'm clumsy in the kitchen. I don't even know how to make eggs and pastirma. I can just barely make tea.

خالِص *xāliṣ* **not at all**; **completely**
بلّاص *ballāṣ* **klutz**, **oaf**
حتّى *ḥátta* **even**
بيْض *bēḍ* (*coll.*) **eggs**
بسْطِرْمة *basṭírma* **pastirma** (seasoned, air-dried, cured beef)
شاي *šāy* **tea**
بِالعافْيَة *bi-l3áfya* **barely**

Dalia

بحِبّ أطْبُخ جِدّاً و مِن هِواياتي أصْلاً الطّبْخ لإنّي بحِبّ الأكْل و بِالنِّسْبة لي مُتْعة فا بحِبّ أتْعلِّم أكلات جِديدة و أجرّبْها و مُؤخّراً اِتْعلِّمْت البيكاتا و بقيْت بعْمِلْها حِلْو أوي.

I like cooking so much. It's actually one of my hobbies, as I love food. For me, it's a kind of entertainment. So, I like learning new recipes and trying them. Recently, I've learned [how to make] piccata, and now I can make it perfectly good.

أصْلاً *áṣlan* **bascially**; **originally**
بِالنِّسْبة لي *bi-nnisbā-li* (**as**) **for me**
مُؤخّراً *muʔáxxaran* **recently**, **lately**
بيكاتا *pikāta* **piccata**

Andrew

جداً و أكْتر حاجة بحِبّ أعْمِلْها الحلَويّات و خُصوصاً كيْكِة الشّوكولاتة. و ساعات بحِبّ أعْمِل بِسْكَويت و في الصّيْف طبْعاً عصير البطيخ المُميّز.

Very much. And the thing I like cooking the most is sweets, especially chocolate cake. Sometimes I like making cookies and, of course, exceptional watermelon juice in the summer.

شوكولاتة *šukulāta* **chocolate**
بِسْكَويت *biskawīt* (*coll.*) **cookies**
عصير *3aṣīr* **juice**
بطيخ *baṭīx* **watermelon**
مُميّز *mumáyyaz* **exceptional**, **distinctive**, **signature**

Aya

أه بحِبّ أطْبُخ خُصوصاً الأكلات اللي بحِبّها. الطّبْخ بِيْكون مُتْعة لَوْ الوَقْت مِش مزْنوق و الأدَوات كُلّها بِتْساعِد مِش أدَوات مُتْعِبة.

Yes, I like to cook, especially dishes I like. Cooking can be enjoyable if you're not pressed for time and if the cooking tools are useful and not exhausting.

زنق *zánaʔ* [1s3] **to squeeze, jam**
مزْنوق *maznūʔ* **squeezed, jammed, caught**
أداة *adāh* (*pl.* أدَوات *adawāt*) **instrument, tool**
ساعِد *sāʕid* [3s] **to help, be helpful**
مُتْعِب *mútʕib* **tiring, exhausting**

Mahmoud

لا، مبحِبِّش أقف في المطْبخ و كمان مبعْرفْش أطْبُخ و جرّبْت أعْمِل الأكْل و اِتْحرق مِنّي.

No, I hate standing in the kitchen, and I don't know how to cook, either. Once I tried to cook, and I burned it.

وِقِف *wíʔif* [i5] **to stand**
اِتْحرق *itħáraʔ* [7s1] **to burn, be burned**

Rabab

مِش أوي بسّ بطْبُخ كُوَيِّس بِناء على رأْي جوْزي. بطْبُخ أكلات مصْرية زيّ المُلوخية و طاجِن البامْيَة.

Not much, but according to my husband, I cook well. I cook Egyptian meals like Jew's mallow and okra tajine.

بِناء على *bināʔ ʕála* **based on**
رأْي *raʔy* (*pl.* أراء *arāʔ*) **opinion**
مُلوخية *muluxíyya* **molokhiya, Jew's mallow** (soup)
طاجِن *ṭāgin* **tajine** (dishes cooked in an earthenware pot)
بامْيَة *bámya* **okra**

Tamer

مُمْكِن أقول إنيّ بحِبّ أطْبُخ بسّ الأكيد إنيّ مبعْرفْش و لَوْ دخلْت المطْبخ
بتِبْقى مأْساة و مِراتي بِتْصوّت بعْدها.

I can say that I like cooking, but I definitely don't know how to cook. It would be a calamity if I ever entered the kitchen, and my wife would yell afterward.

الأكيد إنّ *ilʔakīd inn* **definitely, surely**
مأْساة *maʔsāh* **ordeal, drama, trouble**
مِراتُه *mirātu* **one's wife**
صوّت *ṣáwwat* [2s2] **to yell, scream, cry**
بعْدها *ba3dáha* **afterward, after that**

Shorouk

أه، بحِبّ الطّبْخ بسّ مِش إجْباري. لازِم يِكون بمِزاجي بِالذّات بقى إنيّ أعْمِل
حَلَوِيّات و كيْك و فطايِر.

Yes, I like cooking, but not if it's an obligation. It should only be when I'm in the mood to cook, especially when it comes to baking sweets, cakes, and fatayer.

إجْباري *igbāri* **obligatory, mandatory**
فطيرة *faṭīra* (*pl.* فطايِر *faṭāyir*) **fatayer** (meat pie)

Fouad

لَوْ لِيّا مزاج. لكِن بسيب الطّبيخ لِلوالْدة نظراً لِلمهارة الغيرْ مسْبوقة في
الطّبيخ. أنا دايْماً بحْرق الرُّز أَوْ أطلّعه مِعجِّن. والْدِتي بقى البركة فيها.

If I'm in the mood to cook. But I leave cooking to my mom, considering her unique mastery of cooking. I always burn the rice or make it doughy. God bless my mom!

ساب *sāb* [1h2] **to leave**
والْدة *wálda* **mother**
نظراً لِـ *náẓaran li-* **considering, in light of**
مهارة *mahāra* **skill**
سبق *sábaʔ* [1s1] **to outdo, exceed; to precede**
غيرْ مسْبوق *ɣēr masbūʔ* **unparalleled**
حرق *ḥáraʔ* [1s1] **to burn, overcook**
رُزّ *ruzz* (*coll.*) **rice**
طلّع *ṭálla3* [2s2] **to make come out, produce**
مِعجِّن *mi3ággin* **doughy, pasty**
بركة *báraka* **blessing**

بِتْجيب مِنيْن طلبات البيْت؟

Where do you go grocery shopping?

بِتْجيبي مِنيْن طلبات البيْت؟ ♀
جاب *gāb* [1h2] **to get, buy**
مِنيْن *minēn* **from where**
طلبات *ṭalabāt* (*pl.*) **necessities**
طلبات البيْت *ṭalabāt ilbēt* (*pl.*) **groceries**

محلّ *maḥáll* **shop, store**
شهْر *šahr* (*pl.* شُهور *šuhūr*) **month**
سوبِر (مارْكِت) *sūpir (márkit)* **supermarket**
بِقالة *bi?āla* = بقّال *ba??āl* **grocery store**
هايْبِر مارْكِت *háypir márkit* **superstore** (department store with supermarket, like Walmart, Target, Carrefour, etc.)
سوق *sū?* (*pl.* أسْواق *aswā?*) **market**
خُضار *xuḍār* (*coll.*) **vegetables**

Yomna

الطّلبات العاجِلة بجيبْها مِن أيّ محلّ جنْب البيْت. كُلّ فترْة بِنْروح نِجيب طلبات الشّهْر مِن مراكِز التّسوُّق الكِبيرة اللي بِتْكون بِعيدة شْوَيّة.

I get groceries I need urgently from any nearby shop. On a regular basis, we go get the monthly purchases from the big shopping centers, which are a bit far away.

عاجِل *3āgil* **urgent**
فترْة *fátra* **period, time**
مركز *márkaz* (*pl.* مراكِز *marākiz*) **center**
تسوُّق *tasáwwu?* **shopping, commerce**

Mohamed

أنا شخْص كسْلان . عشان كِده أنا كُلّ طلبات البيْت بجيبْها بِالتِّليفوْن مِن السّوبِر مارْكِت. و ساعات بروح كارْفور أجيب برْضُه.

I am a lazy person. And so I order all the groceries from the supermarket by phone. And sometimes I go to Carrefour to shop, too.

كسْلان *kaslān* **lazy**
عشان كِده *3ašān kída* **so**, **for that reason**
بِالتِّليفوْن *bi-ttilifōn* **over the phone**, **by phone**

Dalia

أَوْقات كِتير بجيب طلبات البيْت مِن سوبِر مارْكِت مَوْجود في المنْطِقة بسّ أَوْقات مِش بلاقي اللي عايْزاه فا بروح أيّ سوبِر مارْكِت في أيّ موْل كِبير.

Most of the time, I purchase groceries from a supermarket in our neighborhood, but sometimes I don't find what I'm looking for, so I go to any other supermarket in any of the big malls.

أَوْقات *awʔāt* **sometimes**
منْطِقه *manṭíʔa* (*pl.* مناطِق *manāṭiʔ*) neighborhood
موْل *mōl* (**shopping**) **mall**

Andrew

طبْعاً مِن البِقالة و لَوْ فيه حاجات كِتير مُمْكِن أروح سوبِر أَوْ هايْبِر مارْكِت علشان أشْترِي بِسِعْر أرْخص.

Of course, from the grocery store. And if there are a lot of things [to buy], I might go to the supermarket or superstore, so that I can buy them at a lower price.

اِشْترى *ištára* [8d] **to buy**
سِعْر *si3r* **price**
أرْخص *árxaṣ* **cheaper**; **cheapest**

Aya

بجيب طلبات البيْت مِن الهايْبِر مارْكِت مرّة في أوِّل الشّهْر. لَوْ اِحْتاجْنا طلبات زِيادة في باقي الشّهْر بجيبْها مِن السّوبِر مارْكِت أَوْ البقّال جنْب البيْت.

At the beginning of each month, I get groceries from a superstore. And if we ever need more groceries during the rest of the month, I get them from the supermarket or the nearby grocery store.

اِحْتاج *iħtāg* [8h] **to need**
زِيادة *ziyāda* (*invar.*) **additional**
باقي *bāʔi* (+ definite noun) **the rest of __**

Mahmoud

مِن المحلّات التُّجارية الكِبيرة زيّ كارْفور. في بِدايِةْ كُلّ شهْر بروح أجيب مِنُّه كُلّ طلبات البيْت.

From big shopping centers like Carrefour, from which I purchase all the groceries at the beginning of each month.

تُجاري *tugāri* **commercial**
بِدايَة *bidāya* **beginning**

Rabab

غالِباً بجيبْها مِن السّوبِر مارْكِت أَوْ كارْفور بسّ الخُضار بجيبُه مِن الخُضري عشان أضْمن مِن السّوبِر مارْكِت.

Most of the time, from the supermarket or from Carrefour, but I get vegetables from the vegetable market because it's better than the supermarket.

خُضري *xúḍari* **vegetable seller**
أضْمن *áḍman* **safer, more secure**

Tamer

أكْتر حاجة بِتْضايِقْني طلبات البيْت اللي مبْتِخْلصْش و دايْماً مَيِنْفعْش تِجيب مِن مكان واحِد، حاجات مِن السّوق و حاجات مِن الماركِت و حاجات مِن حِتت تانْيَة.

The most annoying thing for me is the endless groceries that you cannot get at one single place. Some things are from the market, others are from the supermarket, and some others are from other places.

ضايِق *ḍāyiʔ* [3s] **to annoy**
خِلِص *xíliṣ* [1s4] **to end, be done**
مَيِنْفعْش *mayinfá3š* **cannot, is impossible to;**
نفع *náfa3* [1s1] **to be of use**
حِتّة *ḥítta* **place; somewhere**

Shorouk

يا إمّا مِن السّوبرِ ماركِت اللي على أوِّل الشّارِع عنْدِنا أَوْ لَوْ مِش قادْرة أنْزِل بكلِّم البِقالة اللي جنْبِنا تْجيبْلِنا ديليفري و لَوْ خُضار فا مِن السّوق جنْبِنا.

Either from the supermarket, which is at the beginning of our street, or I make a call to the nearby grocery store for a delivery if I am not able to go myself. And the vegetables are from the market next to us.

يا إمّا... أَوْ *ya ímma... aw* **either... or**
قادِر *ʔādir* **can, be able to**
كلِّم *kállim* [2s1] **to call** (on the phone); **to speak to**
ديليفري *dilívari* **delivery**

Fouad

بجيبْها مِن السّوبرِ ماركِت جنْبي هِنا في الرِّحاب و بِيْكون مُتوّفر فيه كُلّ حاجة و المسافة بيْني و بيْنُه ٥ دقايِق مشْي.

I get them from the supermarket, close to me here in Rehab City. They have everything, and it's five minutes from me on foot.

مُتوّفر *mutawáffar* **available**
مسافة *masāfa* **distance**
بيْن *bēn* **between**
دِقيقة *diʔīʔa* (*pl.* دقايِق *daʔāyiʔ*) **minute**
مشْي *mašy* **walking, on foot**

أيْه أوِّل شُغْلانة اشْتغلْتها؟

What was your first job?

أيْه أوِّل شُغْلانة اِشْتغلْتيها؟ ♀
أوِّل *áwwil* **first**
شُغْلانة *šuɣlāna* = شُغْلة *šúɣla* **job, work**
اِشْتغل *ištáɣal* [8s2] **to work, do (work)**

بِرْنامِج *birnāmig* (*pl.* برامِج *barāmig*) **program**
شِرْكة *šírka* (*pl.* شرِكات *šarikāt*) **company**
ووِرْد *wurd* **[Microsoft] Word**
بحْث *baḥs* (*pl.* بُحوث *buḥūs*, أبْحاث *abḥās*) **research**

ساعِد *sā3id* [3s] **to help**

أفْضل *áfḍal* = أحْسن *áḥsan* **better; best**

مِن وَقْت لِلتّاني *min waʔtᵊ li-ttāni* **from time to time**

Yomna

اِشْتغلْت في مكْتب مِعْماري بِتاع أُسْتاذة كانِت بِتْدرِّسْلي في الكُلّية. كُنْت باخُد خرايِط وِسْط البلد و أنْزِل أصوّر المباني القديمة و أرْجع أرْسِمْها على الكُمْبيوتر و طبعْنا كِتاب.

I worked at an architecture office belonging to a professor who used to teach me at university. I used to take the maps of downtown and go out photographing the old buildings. Then I would go back to draw them on the computer. And we printed a book.

مكْتب *máktab* (*pl.* مكاتِب *makātib*) **office**
مِعْماري *mi3māri* **architectural**
أُسْتاذ *ustāz* (*pl.* أساتْذة *asátza*) **professor, teacher**
درِّس *dárris* [2s1] **to teach**
خريطة *xarīṭa* (*pl.* خرايِط *xarāyiṭ*) **map**
وِسْط البلد *wisṭ ilbálad* **downtown**
صوّر *ṣáwwar* [2s2] **to photgraph**
مبْنى *mábna* (*pl.* مباني *mabāni*) **building**
رِجِع *rígi3* [1s4] **to return, go back**
رسم *rásam* [1s2] **to draw**
كُمْبْيوتر *kumbyūtar* **computer**
طبع *ṭába3* [1s1] **to print**

أوِّل شُغْلانة اِشْتغلْتها عسْكري في الجيْش. و دي كانِت شُغْلانة إجْباري لازِم أقْضي سنة في الجيْش.

Mohamed

My first job was as a soldier in the army. It was a compulsory job, and I had to spend one year in the army.

عسْكري *3askári* **soldier**
جيْش *gēš* **army**
إجْباري *igbāri* **mandatory, obligatory**
قضى *ʔáḍa* [1d2] **to spend** (time)

أوِّل شُغْلانة اِشْتغلْتها في حَياتي كانِت تايْبِسْت و هِيَّ إنيّ أكْتِب كلام مِن مِلفّ PDF لِوورْد و كُنْت باخُد مبْلغ قُليِّل أوي بسّ اِسْتفدْت مِنْها كْتير في شُغْلي.

Dalia

The first job I had in my life was as a typist. I would re-write texts from a pdf document to a Word document. I got a very small amount [of money], but it has helped me a lot in my career.

تايْبِسْت *táypist* **typist**
كلام *kalām* **words**
مِلفّ *miláff* **file**
مبْلغ *máblaɣ* **amount**
قُليِّل *ʔuláyyil* **little, not much**
اِسْتفاد مِن *istafād* [10h] *min* **to benefit from**

أنا اشْتغلْت مُعِدّ و مُقدِّم برامِج في رادِيو صوْت السّاقْيَة و كان لِيّا ٣ برامِج إعْداد و مِنْهُم ٢ مِن تقْديمي. كان أفْضلْهُم المصْطبة الرِّياضية.

Andrew

I worked as a radio host and producer at Sawt Essekia Radio. I produced three programs and hosted two of them. The best one was "Almastaba al Riadhia."

أعدّ *ʔa3ádd* [4g] **to produce, prepare**
مُعِدّ *mu3ídd* **producer**
إعْداد *i3dād* **production**
مُقادِّم *muʔáddim* **presenter**
تقْديم *taʔdīm* **presentation**
رادِيو *rādiyu* **radio**

Aya

أوِّل شُغْلانة اشْتغلْتها هِيَّ مُحلِّل بُحوث السّوق. و هِيَّ نفْس شُغْلانْتي دِلْوَقْتي. بحلِّل فيها البيّانات عشان نِساعِد أصْحاب الشّرِكات ياخْدوا أحْسن قرارات.

The first job I had was as a market analyst, which is the same as my current job. I analyze data in order to help companies' owners make the best decisions.

حلِّل *ɦállil* [2s1] **to analyze**
مُحلِّل *muɦállil* **analyst**
سوق *sūʔ* **market**
شُغْلانة *šuɣlāna* **job**, **work**
نفْس *nafs* **same**
بيّانات *bayanāt* (*pl.*) **data**
قرار *qarār* **decision**

Mahmoud

التّسْويق. كُنْت بشْتغل في شِرْكة بْتِدّي كورْسات تعْليم لُغة إنْجِليزية لِلطُّلّاب و أنا كُنْت مُدير قِسْم التّسْويق.

Marketing. I worked at a company that provides English courses for students, and I was the head of the marketing department.

تسْويق *taswīʔ* **marketing**
كورْس *kurs* **course**
تعْليم *ta3līm* **education**
لُغة *lúɣa* **language**
إنْجِليزي *ingilīzi* **English**
طالِب *ţālib* (*pl.* طُلّاب *ţullāb*)
مُدير *mudīr* **manager**, **director**, **boss**
قِسْم *qism* (*pl.* أقْسام *aqsām*) **department**

Rabab

اِشْتغلْت مُهنْدِسةْ نُظُم و معْلومات في شِرْكة محلّية في إسْكِنْدِرية. اِتْعلِّمْت كْتير أوي مِن الشُّغْل ده.

I worked as a systems and information engineer at a local company in Alexandria. I learned a lot from that job.

مُهنْدِس *muhándis* **engineer**
نِظام *niẓām* (*pl.* نُظُم *núẓum*) **system**
معْلومات *ma3lumāt* (*pl.*) **information**
محلّي *maɦálli* **local**
الإسْكِنْدِرية *ilʔiskindiríyya* **Alexandria**
اِتْعلِّم *it3állim* [5s1] **to learn**

Tamer

اِشْتغلْت و أنا في الثّانَوية العامّة في سَيْبر و كانِت شُغْلتي الكِتابة على الوورْد و الأبْحاث على النّت و مِن وَقْت لِلتّاني تسْطيب ويِنْدوز لِجهاز أَوْ تصْليح عُطْل.

I worked at an internet café when I was in high school. My job consisted of typing Word documents, doing research on the internet, and from time to time installing Windows on [computer] equipment or fixing it.

ثانَوية عامّة *sanawíyya 3āmma* **high school diploma; senior year of high school**
سَيْبر *sáybar* **internet café**
كِتابة *kitāba* **writing**
النّت *innét* **the internet**
تسْطيب *tasṭīb* **installation**
ويِنْدوز *wíndōz* [Microsoft] **Windows**
جِهاز *gihāz* **equipment**
تصْليح *taṣlīḥ* **repairing**
عُطْل *3uṭl* (*pl.* أعْطال *a3ṭāl*) **breakdown**

Shorouk

أوِّل شُغْلانة اِشْتغلْتها و قبضْت فيها فِلوس كانِت في عِيادةْ جِراحة و باطِني و أطْفال.

The first paid job I had was at a surgical office of internal medicine and pediatrics.

قبض *ʔábaḍ* [1s1] **to get paid, earn money**
عِيادة *3iyāda* **clinic, medical office**
جِراحة *girāḥa* **surgery**
باطِني *bāṭini* **internal** (**medicine**)
طِفْل *ṭifl* (*pl.* أطْفال *aṭfāl*) **child**

Fouad

شُغْلانة في الهنْدسة المِعْمارية بِبرْنامِج كُنْت بقْعُد أساعِد ناس مِن كُلِّيات مِخْتلِفة (3ds Max) و مِن دُفْعات أكْبر و أصْغر مِنّي في مشاريعْهُم.

I worked in architecture with software. I would help people (in "3ds Max"), both older and younger than me, with their projects from different universities and different classes.

هنْدسة *handása* **engineering**
مِعْماري *mi3māri* **architectural**
مِخْتلِف *mixtálif* **different**
دُفْعة *dúf3a* **class**
أكْبر *ákbar* **older; bigger**
أصْغر *áṣɣar* **younger; smaller**
مشْروع *mašrū3* (*pl.* مشاريع *mašarī3*) **project**

13

أيْه أكْتر حاجة بِتِزْعِجك؟

What really annoys you?

أيْه أكْتر حاجه بِتِزْعِجِك؟ ♀
زعج *zá3ag* [1s2] **to annoy, bother**

صوْت *ṣōt* (*pl.* أصْوات *aṣwāt*) **noise, sound; voice**
عربية *3arabíyya* **car**

ضايِق *ḍāyiʔ* [3s] **to annoy, bother**

مُزْعِج *múz3ig* **annoying**
عالي *3āli* **loud; high**
تافِهْ *tāfih* **trivial, insignificant**

Yomna

عدم اِحْتِرام الأخرين. لمّا بلاقي أشْخاص بِيْخالْفوا القَوانين أَوْ بِيِعْمِلوا أيّ حاجة بِحِجّة إنّ دي حُرّية شخْصية رغْم إنُّهُم بِكِده بِيْجوروا على حُقوق و حُرِّيّةْ الأخرين.

Disrespect for others. When I see people breaking laws or doing anything under the guise of personal liberty, but, in reality, they are violating others' rights and liberties.

اِحْتِرام *iḥtirām* **respect;** عدم *3ádam* **non-, lack of**
آخر *āxar* **other**
خالِف *xālif* [3s] **to go against**
قانون *qanūn* (*pl.* قَوانين *qawanīn*) **law**
حِجّة *ḥígga* **pretext, excuse**
حُرّية *ḥurríyya* **freedom**
شخْصي *šáxṣi* **personal**
رغْم إنّ *raɣmᵊ inn* **in spite of that fact that...**
جار على *gār* [1h1] *3ála* **to encroach upon**
حقّ *ḥaʔʔ* (*pl.* حُقوق *ḥuʔūʔ*) **right**

أكْتر حاجة بِتْضايِقْني إنّي أكون مِخطّط لِحاجة و متِتْنفِّذْش. سَوا الغلط مِنّي أَوْ مِن حدّ تاني.

Mohamed

What really annoys me is when I plan for something and it does not happen, regardless of whose mistake it is—mine or somebody else's.

خطّط لِ *xáttat* [2s2] *li-* **to plan for**
اِتْنفِّذ *itnáffiz* [5s1] **to be carried out, implemented**
سَوا... أَوْ... *sáwa... aw...* **whether... or...**
غلط *ɣálat* **mistake**

أكْتر حاجة بِتِزْعِجْني الصّوْت العالي و الزّحْمة و بِتْضايِق جِدّاً لمّا بكون ماشْيَة في الشّارِع و ألاقي زحْمة كِتير و دَوْشة كلاكْسات العربِيّات و صوْت النّاس العالي.

Dalia

What really annoys me is loud noise and crowds. It bothers me a lot when I walk down the street, and there are crowds, car horns, and loud noise from people.

زحْمة *záħma* **crowd(edness), congestion, traffic**
ماشي *māši* **walking**
دَوْشة *dáwša* **noise**
كلاكْس *kaláks* **honking**

الخِناقات لإِنّها بِتْعطّل كُلّ حاجة و في الغالِب بِتِبْقى على حاجات تافْهة أَوْ الهِزار الرِّخِم اللي بْيِقْلِب جدّ في الآخِر و بِيِعْمِل مشاكِل بيْن النّاس.

Andrew

Fights. Because they're a waste of time, and most of the time, they are over trivial things or bad jokes that turn serious and cause problems between people.

خِناقة *xināʔa* **fighting, arguing**
عطّل *3áttal* [2s2] **to ruin, make break down**
في الغالِب *fi -lɣālib* **most of the time, mostly**
هِزار *hizār* **fooling around, horseplay**
رِخِم *ríxim* **unattractive, unsightly**
قلب *ʔálab* [1s2] **to turn, become, change into**
جدّ *gadd* **seriousness**

Aya

أكْتر حاجة بْتِزْعِجْني إنّ يْكون وَرايا حاجات كِتير جِدّاً في وَقْت قُصيّر و لازِم
كُلّها تِخْلص. و أنا مبحِبِّش أعْمِل الحاجة أيّ كلام.

What annoys me most is when I have too many things to do in a limited time. And I have to get them done, but I don't want to do a lousy job.

كان وَراه *kān* [1h1] *warā* (*lit.* behind one) **to have** (something, an obligation) **to do**
قُصيّر *ʔuṣáyyar* **short**
خِلِص *xíliṣ* [1s4] **to be finished**
أيّ كلام *ayyᵊ kalām* **nonsense**

Mahmoud

صوْت العربِيّات في الشّارِع. لمّا بِتْكون نايِم و تْلاقي العربِيّات بِتْعدّي مِن
تحْت البيْت ده أكْتر حاجة مُزْعِجة.

Noise from cars on the street. When you're sleeping, and cars are passing by the house, it's the most annoying thing.

نايِم *nāyim* **sleeping, asleep**
عدّى مِن *3ádda* [2d] **to pass by**
تحْت البيْت *taḫt ilbēt* **in front of the house** (i.e. downstairs on the street in front of the apartment)

Rabab

الكِدْب و النِّفاق. دوْل أكْتر حاجة بْتِزْعِجْني و مُمْكِن تِخلّيني متْكلِّمْش معَ
الشّخْص ده تاني أبداً.

Lying and hypocrisy. These are the most annoying things to me and may lead me not to talk with that person ever again.

كِدْب *kidb* **lying, telling lies**
نِفاق *nifāq* **hyprocrisy**
خلّى *xálla* [2d] **to cause, make**
اِتْكلّم معَ *itkállim* [5s1] *má3a* **to talk to**
أبداً *ábadan* **never**

Tamer

أكْتر حاجة بْتزْعِجْني فِعْلاً إنّ شخْص يِبْقى عارِف إنُّه غلط لكِن مُصِرّ على غلطُه و بِيْدافِع عنُّه زِيادة عن اللُّزوم.

What really annoys me is when someone knows they are wrong but keeps on insisting on the mistake and even exaggeratedly defending it.

غلط *ɣálaṭ* **wrong**; **mistake**
مُصِرّ على *muṣírr 3ála* **insisting on**
دافِع عن *dāfi3* [3s] *3an* **to defend**
زِيادة *ziyāda* (*invar.*) **additional**
لُزوم *luzūm* **necessity**, **what is needed**
زِيادة عن اللُّزوم *ziyāda 3an illuzūm* (*lit.* more than what is necessary) **too much**

Shorouk

إنّ حدّ يِسْتغْفِلْني أَوْ إنُّه يِتْكلِّم مِن وَرايا و يِبْقى قُدّامي عامِل نِفْسُه فيها صاحْبي و بِيْحِبِّني و النّاس القُماصة اللي بِتِزْعل بِسُرْعة على أيّ حاجة تافْهة.

When someone tries to fool me or talk behind my back and pretends to like me and to be my friend. Also, sour-faced people that are quick to anger about trivial things.

اِسْتغْفِل *istáɣfil* [10s2] **to consider stupid, take as a fool**
اِتْكلِّم مِن وَراه *itkállim* [5s1] *min warā* **to talk behind one's back**
عمل نفْسُه *3ámal* [1s2] *náfsu* **to pretend** (**to be**)
قُماص *ʔumāṣ* **sulky**
زِعِل على *zí3il* [1s4] *3ála* **to get angry about**
بِسُرْعة *bi-súr3a* **quickly**; سُرْعة *súr3a* **speed**

Fouad

لمّا باجي أصْحى على صوْت تِليفِزْيوْن عالي أَوْ صوْت عربية أَوْ أيّ إزْعاج لِحاجة في الشّارِع تِصحّيني.

When I am awoken by the loud sounds from the TV or noise from a car, or any annoyance on the street that wakes me up.

صِحي *ṣíḫi* [1d4] **to wake up**
تِليفِزْيوْن *tilivizyōn* **television**
إزْعاج *iz3āg* **annoyance**
صحّى *ṣáḫḫa* [2d] **to wake** (someone) **up**

بِتْحِبّ القِراءة؟ ليْه؟

Do you like to read? Why?

بِتْحِبّي القِراءة؟ ليْه؟ ♀
قِراءة *qirāʔa* = قِرايَة *ʔirāya* **reading**

معْلومات *ma3lumāt* (*pl.*) **knowledge**
رِوايَة *riwāya* **novel**
قِصّة *ʔíṣṣa* (*pl.* قِصص *ʔíṣaṣ*) **story**
عالم *3ālam* (*pl.* عَوالِم *3awālim*) **world**

قرا *ʔára* [1d1] **to read**
رِجِع لِ *rígi3* [1s4] *li-* **to return to, go back to**
عاش *3āš* [1h2] **to live; experience**

خَيالة *xayāli* **fantastical, imaginary**

و أنا *w ána* **when I...**

Yomna

بحِبّ القِراءة جِدّاً. السّبب الأساسي في حُبّي ليها إنيّ نشأْت في بيْت ملْيان كُتُب مُتنوّعة و تشْجيع على القِراءة. الحقيقة القِراءة بِالنِّسْبة لي مصْدر لِلمُتْعة و المعْلومات.

I like reading so much. And the main reason for me liking it is that I grew up in a house full of diverse books and encouragement to read. Actually, reading for me is a source of enjoyment and knowledge.

سبب *sábab* (*pl.* أسْباب *asbāb*) **reason**
أساسي *asāsi* **main, principle**
حُبّ *ḥubb* **love**
نشأ *nášaʔ* [1s1] **to grow up**
ملْيان *malyān* **full (of)**
مُتنوّع *mutanáwwa3* **diverse**
تشْجيع *tašgī3* **encouragement**
الحقيقة *ilḥaʔīʔa* **really, actually**
بِالنِّسْبة لِ *bi-nnísba li-* **for**
مصْدر *máṣdar* **source**
مُتْعة *mút3a* **enjoyment**

أه طبْعاً. أنا بحِبّ القِرايَة جِدّاً عشان أنا بحِسّ و أنا بقْرا الكِتاب إنيّ بدْخُل عالم تاني.

Mohamed

Yes, sure. I really like reading because when I read a book, I feel as if I am entering a new world.

بحِبّ القِراءة جِدّاً و خُصوصاً الرِّوايات لإنيّ بحِبّ القِصص الرّومانْسية و لمّا بقْرا رِوايَة رومانْسية و بنْدِمِج فيها بحِسّ إنّ أنا البطلة و إنيّ عايْشة أحْداث و تفاصيل الرِّوايَة.

Dalia

I like reading a lot, especially novels, because I love romantic stories. When I read a romance novel and get absorbed in it, I feel as if I were the heroine of the novel, experiencing all of the novel's events and details.

رومانْسي *rumánsi* **romantic**
اِنْدمج في *indámag* [7s2] *fi* **to be engrossed in**
بطل *báṭal* (*pl.* أبْطال *abṭāl*) **hero**; بطلة *báṭala* **heroine**
عاش *3āš* [1h2] **to live; experience**
حدْثة *ḥádsa* (*pl.* أحْداث) **event, incident, happening, occurrence**
تفْصيل *tafṣīl* (*pl.* تفاصيل *tafaṣīl*) **detail**

أَيْوَه، علشان القِرايَة بِتْكون حسب وَقْتك و مُمْكِن تِرجعْلها في كُلّ وَقْت. ده غيْر كمان إنّها بِتْقوّي ثقافةْ كُلّ واحِد فينا.

Andrew

Yes, because reading can be done whenever you have time (*lit.* according to your time), and you can go back to it at any time. Moreover, it enhances the knowledge of every one of us.

حسب *ḥásab* **according to**
غيْر *ɣēr* **apart from**
قوّى *ʔáwwa* [2d] **to strengthen**
ثقافة *saqāfa* **culture; knowledge; being educated**

Aya

بحِبّ القِرايَة بسّ مِش بِانْتِظام و مِش كِتير. بحِبّ قِرايَة القِصص لِكُتّاب مُعيّنين و نوْع قِصص الخَيال العِلْمي بِالأخصّ. مِش بحِبّ أعيش في عالم خَيالي وَقْت طَويل.

I like reading, but not on a regular basis or too much. I like reading some specific authors, and I love science fiction books, in particular. I don't like living in a fictitious world for a long time.

بِانْتِظام *bi-ntiẓām* **on a regular basis**; اِنْتظام **regularity**
كاتِب *kātib* (*pl.* كُتّاب *kuttāb*) **writer, author**
مُعيّن *mu3áyyan* **certain, particular**
خَيال عِلْمي *xayāl 3ílmi* **science fiction**
بِالأخصّ *bi-lʔaxáṣṣ* **particularly, especially**
طَويل *ṭawīl* **long; tall**

Mahmoud

أه، بحِبّ القِراءة بسّ الكُتُب الصُغيّرة اللي أقلّ مِن ١٠٠ صفْحة و المقالات اللي بِتْضيف إلى معْلوماتي.

Yes, I like reading... but only the small books with fewer than a hundred pages and articles that could add to my knowledge.

أقلّ *aʔáll* **less, fewer**
مية *míyya* (before noun: مية *mīt*) **hundred**
صفْحة *ṣáfḥa* **page**
مقال *maqāl* **article**
ضاف إلى *ḍāf* [1h2] *íla* **to add to**

Rabab

أكيد بحِبّها. كُنْت و أنا صْغيّرة مِتْعوِّدة أقْرا على طول بسّ مِش عارْفة ليْه بطّلْت لمّا كْبِرْت. مِحْتاجة أرْجع أقْرا تاني.

Of course, I like it. When I was young, I used to read a lot. I don't know why I stopped reading when I grew up. I need to get back to reading.

أكيد *akīd* **sure, certainly**
كان مِتْعوِّد *kān* [1h1] *mit3áwwid* (+ bare imperfect) **used to** (do)
على طول *3ála ṭūl* **always, constantly**
بطّل *báṭṭal* [2s2] **to stop, quit**
كِبِر *kíbir* [1s4] **to grow up; to become big**

مِن صُغْري و أنا بحِبّ القِرايَة أوي و كُنْت الأوِّل بقْرا قِصص و مجلّات أطْفال. بعْدها اتْطوّر المَوْضوع وبقى رِوايات، و بحِبّها عشان بعيش في العالم الخَيالي ده.

Tamer

Ever since I was little, I've really liked reading. At first, I used to read storybooks and children's magazines. Then, my reading evolved to include novels, which I love because they allow me to live in an imaginary world.

مِن صُغْرُه *min ṣúɣru* **since one's childhood**
كان *kān* [1h1] (+ bare imperfect) **used to** (do)
الأوِّل *ilʔáwwil* **at first, in the beginning**
مجلّة *magálla* **magazine**
طِفْل *ṭifl* (*pl.* أطْفال *aṭfāl*) **child**
بعْدها *ba3dáha* **afterward, after that**
اِتْطوّر *itṭáwwar* [5s2] **to develop**
مَوْضوع *mawḍū3* (*pl.* مَواضيع *mawaḍī3*) **subject, matter at hand**

عشان بِتْفتّح عقْلي لِأفاق و عَوالِم تانْيَة بِالذّات الحاجات العِلْمية و التِّكْنُلوجية و القِراءات اللي عن الطّبيعة.

Shorouk

Because it opens up my mind to new horizons and to different worlds, especially things about science, technology, and readings on nature.

فتّح *fáttaḥ* [2s2] **to open up**
عقْل *3aʔl* **mind**
أُفُق *úfuʔ* (*pl.* أفاق *afāʔ*) **horizon**
عِلْمي *3ílmi* **scientific**
تِكْنُلوجى *tiknulūži* **technological**
طبيعة *ṭabī3a* **nature**

آه، بحِبّها لإِنّها بِتِفْتح عينيّا على حاجات كِتير و بِتْكون عِبارة عن مُلخّص خِبْرِةْ شخْص ما في شيْء ما معْمولة بِصيغة بسيطة جِدّاً و هِيَّ الكِتابة.

Fouad

Yes, I like it because it opens my eyes to many things. It is like a summary of somebody's experiences in a specific field, expressed in a very simple style, which is writing.

فتح *fátaḥ* [1s1] **to open**
عينْ *3ēn* (*dual* عينيْن *3inēn*) **eye**
عِبارة عن *3ibāra 3an* **is, are; consists of**
مُلخّص *muláxxaṣ* **summary**
خِبْرة *xíbra* **experience**
شخْص ما *šaxṣᵊ ma* **someone**
شيْء ما *šēʔ ma* **something**
معْمول *ma3mūl* **done, made**
صيغة *ṣīɣa* (*pl.* صِيَغ *ṣíyaɣ*) **style, form**
بصيط *baṣīṭ* **basic, simple**
كِتابة *kitāba* **writing**

15

شكْلك أيْه؟

Can you describe your appearance?

شكْلِك أيْه؟ ♀
شكْل *šakl* (*pl.* أشْكال *aškāl*) **appearance; shape**

طول *ṭūl* **height; length**
سنْتيمِتْر *santimítr* **centimeter**
سم *sánti* (abbreviation) **cm.**
بشْرة *bášra* **skin, complexion**
عيْن *3ēn* (*dual* عينيْن *3inēn*) **eye(s)**
لوْن *lōn* (*pl.* الْوان *alwān*) **color**
شعْر *ša3r* **hair**
وَزْن *wazn* **weight**
كيلوجْرام *kilugrām* = كيلو *kīlu* **kilogram**

طَويل *ṭawīl* (*pl.* طُوال *ṭuwāl*) **tall; long**
فاتِح *fātiḥ* **light(-colored)**
أخْضر *áxḍar* (*f.* خضْرا *xáḍra; pl.* خُضْر *xuḍr*) **green**

قمْحي *ʔámḥi* = قمْحاوي *ʔamḥāwi* **olive-complexioned, naturally tan**
إسْوِد *íswid* (*f.* صوْدا *sōda; pl.* سود *sūd*) **black**
ملْيان *malyān* **chubby, plump; full**
بُنّي *búnni* **brown**
غامِق *ɣāmiʔ* **dark**
رُفيّع *rufáyya3* **thin**
واسِع *wāsi3* (eyes) **large; wide**
أبْيَض *ábyaḍ* (*f.* بيْضا *bēḍa; pl.* بيض *bīḍ*) **white; (skin) fair**
ناعِم *nā3im* **straight; smooth**
تِخين *tixīn* (*pl.* تُخان *tuxān*) **fat**

حَوالي *ḥawāli* **approximately, about**

بِسبب *bi-sábab* **because of;** سبب *sábab* **reason**

Yomna

طولي ١٧٣ سم. في البِلاد العربية بعْتبر طَويلة. بشْرِتي فاتْحة و عينيّا مايْلة لِلّوْن الأخْضر. بِسبب شكْلي ده كان أحْياناً بعْض النّاس بيْظُنّوا إنيّ مِش مصْرية.

I am 173 cm. tall. In Arab countries, I am considered tall. I have a fair complexion, and my eyes are greenish. Because of my looks, sometimes there are people who think I'm not Egyptian.

بلد *bálad* (*pl.* بِلاد *bilād*) **country**
عربي *3árabi* (*pl.* عرب *3árab*) **Arab; Arabic**
أُعْتُبِر *u3túbir* [8sp] **to be considered;**
اِعْتبر *i3tábar* [8s1] **to consider**
مايِل لِ- *māyil li-* **leaning toward, inclined to**
أحْياناً *aḥyānan* **sometimes**
ظنّ *ẓann* [1g2] **think**

أنا الحمْدُ لله طَويل و لوْني قمْحي. شعْري إسْوِد و أكرت على طول حلْقة زلبطّة... بسّ.

Mohamed

Thanks to God, I am tall and have an olive complexion. I have frizzy, dark hair, shaved-down all over. That's all.

الحمْدُ لله *ilħámdu li-llāh* **thank God**; **fortunately**
أكْرت *ákrat* (*f.* كرْتا *kárta;* كُرْت *kurt*) **frizzy**, **kinky**
على طول *3ála ţūl* **all over**, **completely**; **always**
حلْقة *ħál?a* **haircut**
زلبطّة *zalabáţţa* **shaved head**, **bald head**

أنا طولي ١٦٧ سم و وَزْني حَوالي ٨٠ كيلو أنا ملْيانة شْوَيّة يَعْني بسّ بعْمِل دايِت الفترْة دي لإِنيّ عايْزة أَوْصل لِلوَزْن المِثالي و بشْرِتي فاتْحة وعينيّا لونْها بُنّي غامِق.

Dalia

I am 167 cm. tall, and I weigh 80 kg. I am a bit chubby, but I am on a diet now because I want to reach my ideal weight. My skin is fair, and my eyes are dark brown.

دايِت *dāyit* **diet**
الفترْة دي *ilfátra di* **now**, **these days**; فترْة *fátra* **period**
وِصِل *wíṣil* [1s4] **to arrive**; **to attain**, **reach**
مِثالي *misāli* **ideal**

أنا طولي ١٧٨ سنْتيمِترْ وشعْري إسْوِد و قُصيرّ. عينيّا سوْدا و واسْعة و بشْرِتي قمْحاوية زيّ أغْلبِيِّةْ المصْرِيّين و رُفيّع حبِّتيْن علشان وَزْني ٦٥ كيلوجْرام.

Andrew

I am 178 cm. tall. My hair is black and short. My eyes are dark and large, and my complexion is olive, like most Egyptians. I am a bit skinny, as I weigh 65 kg.

أغْلبِيِّةْ __ *aɣlabíyyit* __ **most off** __; أغْلبية *aɣlabíyya* **majority**
حبِّتيْن *ħabbitēn* (adjective +) **a little** __

Aya

طولي ١٦٥ سنْتيمِترْ. بشْرِتي قمْحاوية، شعْري بُنّي فاتِح و عيْني برْضُه بُنّي فاتِح، و وَزْني مُناسِب لِطولي.

I am 165 cm. tall. I have olive skin, light-brown hair, light-brown eyes; and my weight and height are proportional.

مُناسِب لِـ *munāsib li-* **appropriate for, matching**

Mahmoud

طولي ١٧٥ سم. بشْرِتي لونْها قمْحي. شعْري لوْنُه إسْوِد. عيْني لونْها بُنّي فاتِح. جِسْمي رُفيّع مِش تِخين.

I am 175 cm. tall. I have an olive complexion. My hair is black. My eyes are light brown. I am thin, not fat.

جِسْم *gism* (*pl.* أجْسام *agsām*) **body**

Rabab

طولي ١٧٠ سم و بشْرِتي بيْضا و شعْري إسْوِد و عيْني سوْدا و مِش تِخينة.

I am 170 cm. tall. I have fair skin. My hair is dark. My eyes are black. And I am not fat.

Tamer

أنا طَويل و عريض و ملْيان شُوَيّة أَوْ يمْكِن كِتير. لوْني قمْحي و شعْري إسْوِد و ناعِم. عينيّا عسلية أَوْ بُنّي غامِق، مِش بعْرف أحدِّد لونْها بِالظّبْط.

I am tall, large, and a little chubby, or maybe a lot. My complexion is olive, and my hair is black and straight. My eyes are hazel or dark-brown; I can't specify the color exactly.

عريض *3arīḍ* **large**; **wide**, **broad**
عسلي *3ásali* **hazel(-colored)**; **honey-colored**
حدِّد *ḥáddid* **to specify**, **determine**
بِالظّبْط *bi-ẓẓábṭ* **exactly**, **precisely**

Shorouk

أنا بيْضا، مِش طَويلة أوي يَعْني طولي حَوالي ١٦٢ تقْريباً. و شعْري لوْنُه إسْوِد، جافّ شُوَيّة و نُصّ ناعِم. عيْني لونْها بُنّي غامِق واسْعة و بلْبِس نظّارةْ نظر.

I have fair skin. I'm not too tall. I mean, I'm about 162 cm. tall. My hair is black, a bit dry, and semi-straight. My eyes are dark brown and large, and I wear eyeglasses.

جافّ *gaff* **dry**
نُصّ *nuṣṣ* **half**
لِبِس *líbis* [1s5] **to wear**; **to put on**; **to get dressed**
نظّارة *naẓẓāra* **glasses**
نظر *náẓar* **vision**, **sight**

Fouad

طولي ١٨٢ سم، وَزْني ٧٤ كيلو. بشْرِتي قمْحية، لوْن عيْني بُنّي غامِق، شعْري إسْوِد. غالِباً النّاس بِتِغْلط في سِنّي بِسبب شكْلي تِحِسُّه واحِد صُغيرّ.

I am 182 cm. tall, and I weigh 74 kg. I have an olive complexion, dark-brown eyes, and dark hair. Usually, people guess my age wrong because I look so young.

غِلِط في *ɣíliṭ* [1s4] *fi* **to be wrong about**
سِنّ *sinn* **age**
حسّ بِـ *ḥass* [1g3] *bi-* **to feel**

أيْه أكْتر مادّة كُنْت بِتْحِبّها في المدْرسة؟

What was your favorite subject at school?

أيْه أكْتر مادّة كُنْتي بِتْحِبّيها في المدْرسة؟ ♀
مادّة *mádda* (*pl.* مَوادّ *mawādd*) **subject**
مدْرسة *madrása* (*pl.* مدارِس *madāris*) **school**

الرِّياضِيّات *irriyāḍiyyāt* (*pl.*) = الرِّياضة *irriyāḍa* **mathematics**
الفيزْيا *ilfízya* **physics**
إنْجْليش *íngliš* = إنجِليزي *ingilīzi* **English** (as an academic subject)
التّاريخ *ittarīx* **history**
العُلوم *il3ulūm* (*pl.*) **science**
الرّسْم *irrásm* **drawing**
(For a list of more academic subjects, see section 10 of *Egyptian Colloquial Arabic Vocabulary.*)

مسْألة *mas?ála* (*pl.* مسائِل *masā?il*) **problem; question, matter**
مجْهود *maghūd* **effort**
أوّل *áwwil* (*f.* أولى) **first**

كان *kān* [1h1] (+ imperfect) **used to** (**do**)
حلّ *ḥall* [1g3] **to solve** (a problem); حلّ *ḥall* **solving; solution**
ذاكِر *zākir* [3s] **to study**
اِحْتاج *iḥtāg* [8s1] **to require, need**; مِحْتاج *miḥtāg* **needing, in need of**
اِسْتمتع بِـ *istámta3* [10s2] *bi-* **to enjoy**
شاف *šāf* [1h1] **to see**

Yomna

كُنْت بحِبّ الرِّياضِيّات جِدّاً و خُصوصاً الهنْدسة. كُنْت بتْفنِّن في حلّ المسائِل بِتاعِتْها و يِمْكِن ده شجّعْني أخْتار كُلِّيّةْ هنْدسة بعْد كِده. و كمان كُنْت بحِبّ عِلْم النّفْس.

I used to like math, especially geometry. I was a whiz at solving arithmetic problems, and maybe this is what encouraged me later to study engineering. I also liked psychology.

هنْدسة *handása* **engineering**
اِتْفنِّن في *itfánnin* [5s1] *fi* **to have a knack for, be really good at**
بِتاعِتْها *bita3ítha* **of it**
شجّع *šágga3* [2s2] **to encourage**
اِخْتار *ixtār* [8h] **to choose**
عِلْم النّفْس *3ilm innáfs* **psychology**

طول عُمْري بحِبّ الرِّياضِيّات أكْتر حاجة أذاكِرْها. بحِسّ إنّها سهْلة و لذيذة و مِش مِحْتاجة مجْهود.

Mohamed

I've always liked math, and it was the subject I used to study the most. I think it's an easy, pleasing, and effortless subject.

طول عُمْرُه *ṭūl 3úmru* **all one's life**
لذيذ *lazīz* **pleasant; delicious**
سهْل *sahl* **easy**

أكْتر مادّة كُنْت بحِبّها في المدْرسة كانِت الإنْجْليش لإِنّ المُدرِّس اللي كان بيِدّيني كان شاطِر أوي و مكانْش تقْليدي. كان كُلّ همُّه إنُّه يْعلِّمْنا صحّ.

Dalia

My favorite subject at school was English because the teacher I had was really smart and unconventional. All that really mattered to him was teaching us the right way.

مُدرِّس *mudárris* **teacher**
إدّى *ídda* [i2] **to give** (lessons)
شاطِر *šāṭir* **clever**; **skillful**
تقْليدي *taqlīdi* **traditional**, **conventional**
همّ *hamm* (*pl.* هُموم *humūm*) **concern**, **interest**
علّم *3állim* [2s1] **to teach**
صحّ *ṣaḥḥ* **right**, **correct**

الرِّياضة لإِنّها أكْتر مادّة مِش بتِحْتاج مجْهود في الحِفْظ و كُلّ اللي بْنِعْمِلُه نِحْفظ المسْألة و أروح الامْتِحان أحِلّ.

Andrew

Math. Because this subject doesn't require effort to be learned by heart. All that we did was memorize [math] problems, and I'd take the test to solve them.

حِفْظ *ḥifẓ* **memorizing**, **memorization**
حفظ *ḥáfaẓ* [1s1] **to memorize**, **learn by heart**
اِمْتِحان *imtiḥān* **test**, **exam**

Aya

أكْتر مادّة كُنْت بحِبّها في المدْرسة هِيَّ الرِّياضِيّات. كُلّها تفْكير و ذكاء و تحْليل و بِتْطوّر مهارات الواحِد. وكُنْت بسْتمْتِع بِحلّ المسائِل جِدّاً.

My favorite subject at school was math. It's all about thinking, cleverness, and analyzing. And it sharpens one's skills. I enjoyed solving [math] problems.

تفْكير *tafkīr* **thinking**
ذكاء *zakāʔ* **intelligence**
تحْليل *taħlīl* **analysis**; حلّل *ħállil* [2s1] **to analyze**
طوّر *ṭáwwar* [2s2] **to develop**
مهارات *maharāt* (*pl.*) **skills**
__ الواحِد *ilwāħid* **one's __**

Mahmoud

الرِّياضِيّات. كُنْت بحِسّ إنِّي بحِلّ ألْغاز و بسْتمْتِع و أنا بذاكِرْها. أكِنّ بلْعب مِش بذاكِر.

Math. I used to feel as if I were solving puzzles while studying it. It was as if I were playing and not studying.

لُغْز *luɣz* (*pl.* ألْغاز) **puzzle; enigma, mystery**
أكِنّ *akínn* **as if, as though**

Rabab

كُنْت بحِبّ النّحْو في اللُّغة العربية. كُنْت بحِبّ أوي أعرّب الكلِمات عشان النُّطْق يِبْقى واضِح.

I used to like Arabic grammar. I liked inflecting words so that the pronunciation would be clear.

نحْو *naħw* **grammar**
لُغة *lúɣa* **language**
عربي *3árabi* **Arabic; Arab**
عرّب *3árrab* [2s2] **to say with Standard Arabic pronunciation; to Arabicize**
كِلْمة *kílma* (*pl.* كلِمات *kalimāt*) **word**
نُطْق *nuṭʔ* **pronunciation**
واضِح *wāḍiħ* **clear**

Tamer

أكْتر مادّة حبّيْتها كانِت الفيزْيا و بعْدها التّاريخ. الأولى فهِّمِتْني حاجات كِتير في قَوانين دُنْيِتْنا و التّانْيَة كُنْت بشوف فيها حاجات بِتِتْكرّر بِنفْس الشّكْل بسّ بِاخْتِلاف الأسْماء.

My favorite subjects were physics and then history. The former showed me a lot concerning the laws of our universe. And the latter allowed me to notice the same repetitive events but with different names.

بعْدها *ba3dáha* **afterward, after that**
فهِّم *fáhhim* [2s1] **to explain, make understand**
قانون *qanūn* (*pl.* قَوانين *qawanīn*) **law**
دُنْيا *dúnya* **world**
اِتْكرّر *itkárrar* [5s] **to be repeated**
نفْس الـ *nafs il-*__ **the same __**
شكْل *šakl* (*pl.* أشْكال *aškāl*) **way; kind; shape**
اِخْتِلاف *ixtilāf* **difference**

Shorouk

الإنْجِليزي و العُلوم و الرّسْم. العُلوم بِالذّات كمان عشان كُنْت بحِبّ الاِخْتِراعات و التّجارِب الكِتير اللي كُنّا بْنِعْمِلْها و بسْتنّي نتايِجْها بْفارِغ الصّبْر.

English, science, and drawing. But especially science because I liked the inventions and experiments we used to make, and I'd wait for the results impatiently.

اِخْتِراع *ixtirā3* **invention**
تجْرِبة *tagríba* (*pl.* تجارِب *tagārib*) **experiment; experience**
اِسْتنّى *istánna* [10.2i] **to wait**
نتيجة *natīga* (*pl.* نتايِج *natāyig*) **result**
فارِغ *fāriɣ* **void; empty**
صبْر *ṣabr* **patience**

Fouad

مادّةْ الرّسْم نظراً لإِنّي كُنْت كُوَيِّس فيها و كُنْت بسْتمْتِع بِأكْتر وَقْت فيها و كُنْت بحِسّ إنّي مُميّز في حاجة مِش أيّ حدّ يِقْدر يِعْمِلْها.

Drawing. Because I was good at it, and I enjoyed [spending] the most time on it. And I would feel that I was exceptional at something not everyone could do.

نظراً لِ *náẓaran li-* **in light of, due to**
مُميّز *mumáyyaz* **exceptional**

إمْتى آخِر مرّة كُنْت مطْحون جامِد في حاجة؟

When was the last time you worked incredibly hard?

إمْتى آخِر مرّة كُنْتي مطْحونة جامِد في حاجة؟ ♀
كان مطْحون في *kān* [1h1] *maṭḥūn fi* **to work hard**
مطْحون *maṭḥūn lit.* **ground, crushed**
جامِد *gāmid* **very, a lot; hard**

ضغْط *ḍaɣṭ* **stress, pressure**
شُغْل *šuɣl* **work, job**
مشْروع *mašrū3* (*pl.* مشاريع *mašarī3*) **project**
فتْرة *fátra* **period**
مُهنْدِس *muhándis* **engineer**
هنْدسة *handása* **engineering**

إسْبوع *isbū3* (*pl.* أسابيع *asābi3*) **week**
شهْر *šahr* (*pl.* شُهور *šuhūr*) **month**

جاب *gāb* [1h2] **to bring; to get** (a grade)
كان عنْدُه *kān* [1h1] *3ándu* **to have**

مسْئول/مسْؤول *mas?ūl* **responsible**

نفْس الـ__ *nafs il-*__ **the same __**
الـ__ اللي فات *ílli fāt* **last __**

فهْلَوَة *fahláwa* **improvisation, guesswork, winging it** (See segment 35 of *Egyptian Arabic Voices* for more on فهْلَوَة.)

Yomna

في ديسِمْبِر اللي فات كان عنْدي في الشُّغْل ضغْط كِبير. و في نفْس الوَقْت كان معايا شُغْلانة بعْمِلْها بِاللّيْل في البيْت، فا كانِت فتْرة مفيهاش نوْم تقْريباً.

Last December, I was under a lot of pressure at work. And at the same time, I had some work to take home at night. So, for a while, I didn't get much sleep.

ديسِمْبِر *disímbir* **December**
كان معاه *kān* [1h1] *ma3ā* **to have**
شُغْلانة *šuɣlána* **work, task**
ليْل *lēl* **night**
نوْم *nōm* **sleep**

كان عنْدي مشْروع تِقيل في الشُّغْل مِن إسْبوعيْن و أنا اللي كُنْت مسْؤول إنيّ أنفِّذُه.

Mohamed

Two weeks ago, I had a big project at work, and I was responsible for its implementation.

تِقيل *tiʔīl* **heavy**

نفِّذ *náffiz* [2s1] **to carry out, execute**

الفترْة الأخيرة دي مِن حَوالي إسْبوع كُنْت مطْحونة جِدّاً في الشُّغْل و كمان كان عنْدي مشاكِل في البيْت و ده اللي زوِّد عليّا الضّغْط النّفْسي و العملي.

Dalia

Recently, about one week ago, I worked incredibly hard. I also had some problems at home, which added to my psychological distress and work pressure.

آخير *axīr* **last**

حَوالي *ḫawāli* **approximately, about, around**

زوِّد على *záwwid* [2s1] *3ála* **to add to**

نفْسي *náfsi* **psychological**

عملي *3ámali* **work-related**

فترْةْ الشُّغْل و بِالأخصّ في الشِّرْكة القديمة لمّا كُنْت بشْتغل على أكْتر مِن حمْلة لِأكْتر مِن مُنْتِج لِإنُّه كانِت بِتيجي عليّا أيّام بشْتغل أكْتر مِن ٣٦ ساعة.

Andrew

At work, especially at my former company, when I used to work on more than one operation for more than one producer... because there were days I had to work for more than 36 hours straight.

بِالأخصّ *bi-lʔaxáṣṣ* **particularly, especially**

شِرْكة *šírka* **company**

قديم *ʔadīm* **old**

حمْلة *ḫámla* **operation, campaign**

مُنْتِج *múntig* **producer**

آخِر مرّة كُنْت مطْحونة جامِد مِن ٥ شُهور. لمّا كُنْت بحضّر الماجِسْتير بِتاعي و في نفْس الوَقْت بدوّر على شُغْل و بعْمِل كُلّ حاجة في البيْت لِوَحْدي.

Aya

The last time I had to work really hard was five months ago. It was when I was preparing my Master's dissertation and, at the same time, looking for a job and doing everything at home all by myself.

حضّر *ħáddar* [2s2] **to prepare**
ماجِسْتير *mažistēr* **Master's degree**
دوّر على *dáwwar* [2s2] *3ála* **to look for, search for**
لِوَحْدُه *li-wáħdu* **alone, by oneself**

في نُصّ السّنة. كُنْت مطْحون في مُسابْقة كُنّا بنِعْمِل مشْروع لِفصْل الزّيْت عن الميّة عن طريق الرّوْبوت.

Mahmoud

Halfway through the year. I was submerged in a competition in which we had a project to separate water from oil using robots.

نُصّ *nuṣṣ* **half**
مُسابْقة *musábʔa* **competition**
فصْل *faṣl* **separation**
زيْت *zēt* **oil**
عن طريق *3an ṭarīʔ* **by, via**
روْبوت *rōbut* **robot**

في الشُّغْل. كان عنْدِنا شكاوي كْتير على مشاكِل في كذا مصْنع و كان لازِم تِتْحلّ في أسْرع وَقْت.

Rabab

At work. We had many complaints about a lot of problems in some factories. They had to be solved quickly.

شكْوى *šákwa* (*pl.* شَكاوي *šakāwi*) **complaint**
كذا *káza* **several**
مصْنع *máṣna3* (*pl.* مصانع *maṣāni3*) **factory**
اِتْحلّ *itħáll* [7g1] **to be solved**
أسْرع *ásra3* **faster; fastest**
في أسْرع وَقْت *fi ʔásra3 waʔt* **as soon as possible**

Tamer

في مصْر الشُّغْل دايْماً ماشي بِالفهْلَوَة و لإِنّي مُهنْدِس شبكات بحاوِل دايْماً أقْنِع صاحِب الشُّغْل بِالصّحّ و مبيِقْتِنِعْش و طبْعاً بِيْسيبْني أنا أتْفرم في تظْبيط البلاوي اللي بِيْجيبْها.

Work in Egypt is always chaotic, and as I am a network engineer, I always try to convince my boss to do the right thing, but he was unconvinced. And, of course, he lets me drown alone, fixing the troubles that he brings me.

ماشي *māši* **going**; مِشي *míši* [1d5] **to go**
شبكة *šábaka* **network**
حاوِل *ḩāwil* [3s] **to try, attempt**
أقْنع *áqna3* [4s] **to convince**; اِقْتنع *iqtána3* [8s1] **to be convinced**
صحّ *şaḩḩ* **right, correct**
ساب *sāb* [1h2] **to let, leave**
اِتْفرم *itfáram* [7s1] **to be overwhelmed**
تظْبيط *tazbīṭ* **fixing**
بلْوَة *bálwa* (*pl.* بلاوي *balāwi*) **disaster, calamity**

Shorouk

كُنْت في مُعسْكر إسْمُه "تُجارية" على مُسْتَوى الجُمْهورية بيْن جامْعات مصْر. مِن ضِمْن وَفْد بِيْمثِّل كُلِّيّةْ تِجارة عيْن شمْس و كُنْت مسْؤولة عن الرُّكْن الفنّي فيه.

I was at a nationwide camp called *Tugariya* for Egyptian universities. From among the delegation representing the Ain Shams Faculty of Commerce, I was responsible for its technical aspect.

مُعسْكر *mu3áskar* **camp**
تُجاري *tugāri* **commercial**; تِجارة *tigāra* **commerce**
مُسْتَوى *mustáwa* **level**
جُمْهورية *gumhuríyya* **republic**
جامْعة *gám3a* **university**
مِن ضِمْن *min ḑimn* **from among**
وَفْد *wafd* (*pl.* وُفود *wufūd*) **delegation**
مثِّل *mássil* [2s1] **to represent; to act**

Fouad

لمّا كُنْت بعْمِل مشْروع تخرُّج لِبِنْت في هنْدسة عيْن شمْس و ده كان مشْروع ترْم و كان مفْروض أخلّصُه في ٣ أيّام و فِعْلاً تمّ وَجابِت جيِّد جِدّاً كتقْدير.

When I was working on a graduation project for a girl in engineering at Ain Shams. And it had a deadline, so I had to finish it in three days; and, indeed, it was done, and she got first-class honors.

تخرُّج *taxárrug* **graduation**
بِنْت *bint* (*pl.* بنات *banāt*) **girl**; **daughter**
تِرْم *tirm* **term, semester**
مفْروض *mafruḑ* **obligatory**
خلّص *xállaş* [2s2] **to finish**
تمّ *tamm* [1g3] **to complete**
جيِّد *gáyyid* **good**
تقْدير *taʔdīr* **grading**; **evaluation**

بتِعْمِل أيْه لمّا بْتُخْرُج إنْتَ و أصْحابك؟

What do you do when you go out with your friends?

بتِعْمِلي أيْه لمّا بْتُخْرُجي إنْتي و أصْحابِك؟ ♀
خرج *xárag* [1s3] **to go out**; **to exit**

نادي *nādi* (*pl.* نَوادي *nawādi*) (**country**) **club** (with swimming pool, tennis courts, etc)
كافيْه *kafēh* **café** (modern, Western-style café, such as Starbucks)
قهْوَة *ʔáhwa* **coffee shop** (traditional, Egyptian coffee house, mostly frequented by men)
سينِما *sīnima* **cinema**, **movie theater**
موْل *mōl* shopping mall
فيلْم *film* (*pl.* أفْلام *aflām*) **movie**, **film**
حال *ɦāl* (*pl.* أحْوال) **circumstance**, **condition**

حكى *ɦáka* [1d2] **to talk**
اِتْمشّى *itmášša* [5d] **to go for a walk**, **stroll**
أكل *ákal* [i3] **to eat**

سَوا *sáwa* **together**

Yomna

بِنُقْعُد في بيْت واحْدة فينا و نِرْغي. و أحْياناً بِنُخْرُج في نادي أَوْ كافيْه. عشان مِش بِنِتْقابِل كِتير فا بْنُقْعُد نِحْكي لِبعْض عن أحْوالْنا. زمان كُنّا بِنِطْلع رِحلات.

We gather at one of the girls' houses, and we chat. Sometimes we go to a [country] club or a café. And as we don't meet very often, we talk about our news. In the past, we used to go on trips.

رغى *ráɣa* [1d2] **to chat**
أحْياناً *aɦyānan* **sometimes**
اِتْقابِل *itʔābil* [6s] **to meet**
طِلِع *tíli3* [1s4] **to set off**, **embark**; **to go out**; **to ascend**, **go up**

Mohamed

غالباً بِنُقْعُد على القهْوَة. و أحْياناً لمّا بِنْكون فاضْيين بِنْروح نِسْهر في بار أَوْ نُدْخُل سينِما.

Generally, we meet in a coffee shop. And sometimes when we are free, we go out to a bar, or we go see a movie.

أحْياناً *aђyānan* **sometimes**
فاضي *fāḍi* **free, unoccupied; empty**
سِهِر *síhir* [1s4] **to stay out late; to stay up all night**
بار *bār* **bar**

Dalia

لمّا بخْرُج معَ صُحابي بِنْحِبّ دايْماً نِتْمشّى و نْروح موْل نِتْفرّج على اللِّبْس أَوْ ناكُل آيْس كْريم و نِدْخُل سينِما نِتْفرّج على فيلْم و نُقْعُد سَوا في كافيْه.

When I hang out with my friends, we like walking to the mall to look at clothes or eat ice cream, go to the cinema to watch a film, and sit together in a café.

لِبْس *libs* **clothes, clothing**
آيْس كْريم *ays krīm* **ice cream**

Andrew

طول عُمْرِنا بِنْحِبّ نِتْمشّى في الشّارِع و لَوْ لِسّه قابْضين عادةً بِنْروح نُقْعُد في مكان و ناكُل أكْلة حِلْوَة.

We have always liked walking down the streets, and usually, when we have just been paid, we go sit somewhere and eat something good.

طول عُمْرُه *ṭūl 3úmru* **all one's life**
لِسّه *líssa* **just; still**
قبض *ʔábaḍ* [1s1] **to get paid**

Aya

لمّا بخْرُج أنا و أصْحابي بِنِتْمشّى و نِتْناقِش في المَواضيع اللي مِضايْقانا أَوْ مِفرّحانا و بِنِضْحك سَوا و ناخُد كام صورة لِلذِّكْرى.

When I hang out with my friends, we walk and discuss things that annoy us or make us happy; and we laugh together and take some photos to look back on.

اِتْناقِش في *itnāʔiš* [6s] *fi* **to discuss**
مَوْضوع *mawḍū3* (*pl.* مَواضيع *mawaḍī3*) **situation**; **subject**, **topic**
ضايِق *ḍāyiʔ* [3s] **to annoy**
فرّح *fárraɦ* [2s2] **to make happy**
ضِحِك *díɦik* [1s4] **to laugh**
كام *kam* (+ singular noun) **some**, **a few**
صورة *ṣūra* (*pl.* صُوَر *ṣúwar*) **photo**; **picture**
ذِكْرى *zíkra* (*pl.* ذِكْرَيات *zikrayāt*) **memory**

Mahmoud

على حسب الخُروجة فيْن. لَوْ في النّادي بِنِلْعب كوْرة أمّا لَوْ في القهْوَة بِنِلْعب كوتْشينة.

It depends on where we are going. If it's to the club, we play soccer, but if it's to the coffee shop, we play cards.

على حسب *3ála ɦásab* **depending on**; **according to**
خُروجة *xurūga* **outing**, **excursion**
كوْرة *kōra* **soccer** (*lit.* ball)
أمّا *ámma* **but**
كوتْشينة *kutšīna* **cards**, **card game**

Rabab

بِنِحْكي لِبعْض عن أحْوالْنا و ناخُد رأْي بعْض في مشاكِلْنا و لَوْ اِتْبقّى وَقْت بِنْجيب في سيرةْ النّاس.

We tell each other our news, and we exchange opinions concerning our problems. And if we have enough time, we gossip about others.

رأْي *raʔy* (*pl.* أراء *arāʔ*) **opinion**
اِتْبقّى *itbáʔʔa* [5d] **to remain**
سيرة *sīra* (*pl.* سِيَر *síyar*) **topic**, **subject**
جاب في سيرْتُه *gāb* [1h2] *fi sírtu* **to gossip about**

Tamer

في الغالِب بِنُقْعُد على القهْوَة و نْقول إنِّنا مِش هنِتْكلِّم في الشُّغْل بسّ مبْنِعْرفْش و لمّا بِنْحِبّ نِغيرّ بِنُخْرُج معَ مْراتاتْنا و نْحاوِل نِخرّج أَوْلادْنا و نْفسّحْهُم.

Usually, we sit in a coffee shop, and we say that we won't talk about work, but we can't [not talk about work]. And when we want a change the scenery, we go out with our wives, and we also try to take our children out for some fun.

في الغالِب *fi -lɣālib* **usually**
قال *ʔāl* [1h1] **to say**
غيرّ *ɣáyyar* [2s2] **to change**
مِرات __ *mirāt* __ **wife of** __
حاوِل *ḫāwil* [3s] **to try**
خرّج *xárrag* [2s2] **to take** (someone) **out**
وَلد *wálad* (*pl.* أَوْلاد *awlād*) **child**, **kid**
فسّح *fássaḫ* [2s2] **to entertain**, **show a good time**

Shorouk

ساعات بِنْروح موْل ناكُل هِناك و نِتْمشّى و نِدْخُل السّينِما يا إمّا لَوْ جنْب البيْت بِنِتْمشّى عَ الشّارِع و نِعْمِل شوْبينْج أَوْ نِروح مطْعم نِتْعشّى فيه.

Sometimes, we go to the mall, eat there, walk around, and go to the cinema. And if we are near home, we walk along the street, go shopping, or go to a restaurant for dinner.

يا إمّا... أَوْ... *ya ʔímma... aw...* **either... or...**
شوْبينْج *šōping* **shopping**
اِتْعشّى *it3ášša* [5d] **to have dinner**

Fouad

بِنْشوف فيلْم سينِما لِحاجة بِنْحِبّها، أَوْ ساعات بِنِعْمِل حاجة إسْمها "لان بارْتي" و ده بِنْجيب أجْهِزة لاب توْب بِتاعِتْنا و نِلْعب معَ بعْض ألْعاب كُمْبْيوتر.

We watch a movie that we like in the cinema, or sometimes we get together for a LAN party—we bring our laptops, and we play computer games together.

جِهاز *gihāz* (*pl.* أجْهِزة *aghíza*) **device**, **apparatus**
لاب توْب *lāp tōp* **laptop**
لِعْبة *lí3ba* (*pl.* ألْعاب *ál3ab*) **game**; **toy**
كُمْبْيوتر *kumbyūtar* **computer**

19

أيْه أكْتر حاجة مِن حاجاتك حاسِس إنّها بْتِخْدِمك أوي؟

What's the most useful thing you own?

أيْه أكْتر حاجة مِن حاجاتِك حاسّة إنّها بْتِخْدِمِك أوي؟ ♀

خدم *xádam* [2s2] **to be of use to**; **to serve**

موبايْل *mubáyl* **cell phone**, **mobile phone**
لاب توْب *lāp tōp* **laptop**

كلِّم *kállim* [2s1] **to speak to**; **to call** (on the phone)

عشان كِده *3ašān kída* = علشان كِده *3alašān kída* **so, for that reason**

أيّ مكان *ayyᵊ makān* **anywhere**
في أيّ وَقْت *fi ʔayyᵊ waʔt* **anytime**

Yomna

أدَوات المطْبخ الجيِّدة. عادةً بدْخُل المطْبخ أعْمِل الأكْل و أنا مِسْتعْجِلة، عشان كِده بكِنّ كُلّ التّقْدير لِأدَواتي اللي بِتْساعِدْني أنجِّز المُهِمّة بِنجاح و سُرْعة: السِّكّينة الحامْية و الخلّاط.

Good kitchen utensils. I usually go into the kitchen and cook with haste. That's why I give great importance to my utensils that help me fulfill my task successfully and quickly: the sharpened knife and the mixer.

اداة *adāh* (*pl.* أدَوات *adawāt*) **instrument, tool**
مطْبخ *máṭbax* (*pl.* مطابِخ *maṭābix*) **kitchen**
جيِّد *gáyyid* **good**
مِسْتعْجِل *mistá3gil* **in a hurry**
كنّ *kann* [1g3] **to conceal**; (idiomatic) كنّ كُلّ التّقْدير لـِ to have much appreciation for
تقْدير *taʔdīr* **appreciation**
ساعِد *sā3id* [3s] **to help**
نجِّز *nággiz* [2s1] **to carry out, fulfill**
مُهِمّة *muhímma* **task**; **operation**
نجاح *nagāḥ* **success**; بِنجاح *bi-nagāḥ* **successfully**
سُرْعة *súr3a* **speed**; بِسُرْعة *bi-súr3a* **quickly**
سِكّينة *sikīna* **knife**
حامي *ḥāmi* **sharp**
خلّاط *xallāṭ* **mixer**

Mohamed

الموبايْل! السْمارْت فونْز دي اخْتِراع رهيب. أيْه الحلاوَة دي، كُلّ حاجة تقْريباً مُمْكِن أعْمِلْها بِالموبايْل.

A cell phone! Smartphones are just amazing inventions! What bliss! I can do almost everything with a cell phone.

اِخْتِراع *ixtirā3* **invention**
رهيب *rahīb* **terrific; terrible, awful**
حلاوَة *ɦalāwa* **sweetnes; goodness**

Dalia

مِن ضِمْن الحاجات اللي عنْدي و بتِخْدِمْني أوي اللّاب. بِجدّ مِن غيرْ اللّاب مكُنْتِش هعْرف أشْتغل و اِشْتريْت اللّاب ده مِن مجْهودي لإِنيّ كُنْت بشْتغل و حوّشْت جِبْتُه.

Among the most useful things I own is a laptop. I really couldn't work without my laptop. I bought it with my own earnings as I was working, and I saved up to buy it.

ضِمْن *ḍimn* **among**
لاب *lāb* **laptop**
بِجدّ *bi-gádd* **really, seriously**
مِن غيرْ *min ɣēr* **without**
اِشْترى *ištára* [8d] **to buy**
مجْهود *magɦūd* **effort**
حوّش *ɦáwwaš* [2s2] **to save** (money)
جاب *gāb* [1h2] **to buy; to get; to bring**

Andrew

روْح العمل و دي أكْتر حاجة مُديريني بِيلاحْظوها فِيّا و علشان كِده كُلّ ما يْكون عنْدي مُشْكِلة بِيْكونوا دايْماً في ضهْري و واقْفين جنْبي.

My work ethic. And that is what my bosses like in me the most. That's why, whenever I have a problem, they always have my back and stand by me.

روْح *rōɦ* (*pl.* أرْواح *arwāɦ*) **spirit**
عمل *3ámal* **work**
مُدير *mudīr* **manager; boss**
لاحِظ *lāɦiẓ* [3s] **to notice**
كُلّ ما *kullᵊ ma* **whenever, everytime that...**
ضهْر *ḍahr* (*pl.* ضُهور *ḍuhūr*) **back**
وِقِف *wíʔif* [i5] **to stand**

Aya

أكْتر حاجة مِن حاجْتي بحِسّ إنّها بِتِخْدِمْني هِيَّ تِليفوْني. بعْرف أتْواصِل معَ أيّ حدّ في أيّ مكان. بِيْسِلّيني و أنا زهْقانة. بشْتغل عليْه. و كمان بِيْنظّمْلي مَواعيدي.

I think the most useful thing I own is my cell phone. It lets me get in touch with anyone, anywhere. It entertains me when I'm bored. I can work on it. And it also organizes my schedule.

تِليفوْن *tilifōn* **telephone**
اِتْواصِل معَ *itwāṣil* [6s] *má3a* **to contact**
أيّ حدّ *ayy*[ə] *ḥadd* **anyone**
سلّى *sálla* [2d] **to entertain**
زهْقان *zahʔān* **bored**
نظّم *náẓẓam* [2s2] **to organize**
مَوْعِد *máw3id* (*pl.* مَواعيد *mawa3īd*) **schedule; appointment**

Mahmoud

الموبايْل، عشان عليْه كُلّ حاجة و بِيْكون معايا في أيّ مكان و بسجِّل عليْه أيّ حاجة عايِز أفْتِكِرْها.

My cell phone. Because it has everything on it. It goes with me everywhere. And I save everything I want to remember on it.

سجِّل *sággil* [2s1] **to record**
أيّ حاجة *ayy*[ə] *ḥāga* **anything**
اِفْتكر *iftákar* [8s1] **to remember**

Rabab

اللّاب توْب، عليْه كُلّ حاجة تْخُصّني فِعْلاً، كُلّ معْلومة عنّي كُلّ ذِكْرَياتي، صُوَري و أفْلامي المُفضّلة.

My laptop. It has everything belonging to me on it: all my personal information, my memories, my photos, and my favorite movies.

خصّ *xaṣṣ* [1g2] **to concern, pertain to**
معْلومة *ma3lūma* **information**
ذِكْرى *zíkra* (*f.*) (*pl.* ذِكْرَيات *zikrayāt*) **memory**
صورة *ṣūra* (*pl.* صُوَر *ṣúwar*) **picture, photo**
فيلْم *film* (*pl.* أفْلام *aflām*) **movie, film**

Tamer

الحاجة اللي مبِسْتغْناش عنْها أبداً الكُمْبْيوتر و بِرغْم إنّ الموبايْل زادِت إمْكانِيّاتُه بِشكْل كْبير لِسّه مبقْدرْش أسْتغْنى عن اللّاب توْب في أيّ وَقْت.

The thing I could never do without is my computer. Although cell phones' capabilities have increased drastically, I still can't live without my laptop.

اِسْتغْنى عن *istáɣna* [10d1] *3an* **to live without**
أبداً *ábadan* **never**
بِرغْم إنّ *bi-raɣm inn* **in spite of**
زاد *zād* [1h2] **to increase**
اِمْكانية *imkaníyya* **capability**
بِشكْل كْبير *bi-šaklᵊ kbīr* **in a big way, a lot**
لِسّه *líssa* **just; still**

Shorouk

الموبايْل عشان سهْل يِبْقى معايا دايْماً و بقْدر أكلِّم صُحابي بْسُهولة و أتّابِع الأخْبار و الشُّغْل عن طريقُه، أوِّل بِأوِّل في أيّ وَقْت و أيّ مكان.

My cell phone. Because I can always easily keep it with me, call my friends, immediately follow the news and the work using it from moment to moment anytime and anywhere.

سهْل *sahl* **easy**
سُهولة *suhūla* ease, easiness; بِسُهولة *bi-suhūla* **easily**
اِتّابِع *ittābi3* [6s] **to follow, keep up with**
الأخْبار *ilʔaxbār* **the news**
عن طريق *3an ṭarīʔ* **by (means of)**
أوِّل بِأوِّل *áwwil bi-áwwil* **on the spot, instantly**

Fouad

الموبايْل الأنْدرِويْد بِتاعي بِيْخلّيني مِش مِحْتاج أكون مُرْتبِط بِالجِهاز علشان أعْرف مين اللي كلِّمْني و أيْه الأفينْتات اللي حَواليّا و غيْر كِده بكون حاطِط الشُّغْل عليْه.

My Android phone allows me not to be dependent on the computer, as I know who calls me and what's going on around me. Moreover, I use it for work.

خلّى *xálla* [2d] **to let, allow; make, cause**
مِحْتاج *miḫtāg* **needing, in need of**
مُرْتبِط بِـ *murtábiṭ bi-* **dependent on**
جِهاز *gihāz* (*pl.* أجْهِزة *aghíza*) **computer; device**
مين *mīn* **who**
أفينْت *avínt* **event**
حَوالينْ *ḫawalēn* **around, surrounding**; حَواليْـ + pronoun suffix
و غيْر كِده *wi ɣēr kída* **moreover**
حطّ *ḫaṭṭ* [1g2] **to put**

أيْه هُوَّ أحْلى مكان رُحْتُه؟

Where is the most beautiful place you have been?

أيْه هُوَّ أحْلى مكان رُحْتيه؟ ♀
النّيل *innīl* **the Nile** (**river**)
حَياة *ɦáya* **life**; في حَياتُه *fi ɦayātu* **ever**, **in one's life**
حديقة *ɦadīʔa* (*pl.* حدايِق *ɦadāyiʔ*) **garden**, **park**
حَيَوان *ɦayawān* **animal**

هادي *hādi* **quiet**, **tranquil**

Yomna

كُلّ مكان بروحُه بْتِعْجِبْني فيه حاجة. أكْتر مكان دخل قلْبي هُوَّ أسْوان. فيها طبيعة ساحِرة، نيل و زرْع و ناس طيِّبة.

There is something I like about every place I go. (*lit.* Every place I go, something pleases me in it.) The place I've most fallen in love with is Aswan. There is a magical landscape, the Nile, greenery, and good-hearted people.

عجب *3ágab* [1s2] **to please**
دخل قلْبُه *dáxal* [1s3] *ʔálbu* (*lit.* to enter one's heart) **to love** (something)
طبيعة *ţabī3a* **nature**
ساحِر *sāɦir* **magical**
زرْع *zar3* **vegetation**, **greenery**; **crops**
طيِّب *ţáyyib* **good**, **kind**

Mohamed

أحْلى مكان رُحْتُه هُوَّ لنْدن. دي كانِت أوِّل مدينة أزورْها برّه مصْر في حَياتي و لِيّا فيها ذِكْرَيات كِتيرة .

The most beautiful place I've been to is London. It was the first city I had ever visited outside Egypt. I have so many memories of it.

لنْدن *lándan* **London**
زار *zār* [1h1] **to visit**
برّه *bárra* **outside of**
لُه *lu* = ليه *lī* **(he) has**; لِيّا *líyya* **I have** (See table 2 in *The Big Fat Book of Egyptian Verbs*)
ذِكْرى *zíkra* (*pl.* ذِكْرَيات *zikrayāt*) **memory**

Dalia

أحْلى مكان رُحْتُه في حَياتي كان مرْسى مطْروح. المكان هِناك فِعْلاً مُمْتِع و جذّاب. الهَوا و البحْر و الشّمْس و الرّمْل! بنْسى نفْسي لمّا بروح هِناك و بحِسّ إنّي طايْرة.

The most beautiful place I have ever been to is Marsa Matrouh. The place is really fun and attractive. The air, the sea, the sun, the sand! When I go there, I forget myself and feel as if I were flying.

مُمْتِع *múmti3* **enjoyable, fun**
جذّاب *gazzāb* **attractive**
هَوا *háwa* **air**
بحْر *baħr* (*pl.* بِحار *biħār*, بُحور *buħūr*) **sea**
شمْس *šams* **sun**
رمْل *raml* **sand**
نِسي *nísi* [1d4] **to forget**; نفْسُه *náfsu* **oneself**
طار *ṭār* [1h2] **to fly**

Andrew

القرْيَة الفرْعونية لإِنّ فيها حاجات كِتير مكُنْتِش عارِفْها أَوْ فاهِمْها زيّ صْناعِةْ البرْدي و المكان ده بيِحْكي مِن خِلال جَوْلة في النّيل عن التّاريخ الفرْعوْني.

The Pharaonic Village*. Because there were so many things, I did not know or understand before, such as the production of papyrus. And during a cruise on the Nile, this place tells you about pharaonic history.

قرْيَة *ʔárya* (*pl.* قُرا *ʔúra*) **village**
فرْعوْني *far3ōni* **Pharaonic**
فِهِم *fíhim* [1s4] **to understand**
صِناعة *ṣinā3a* **production, manufacturing**
برْدي *bárdi* **papyrus**
جَوْلة *gáwla* **tour**
تاريخ *tarīx* **history**

*See segment 15 of *Egyptian Arabic Voices* for more on the Pharaonic Village.

Aya

أحْلى مكان رُحْتُه كان في سُويسْرا، سان مورِتْز. مكان هادي فيه جِبال عليها و خضْرا و بُحيْرة صْغيّرة لونْها فيروزي جميل جِدّاً.

The most beautiful place I have ever been to is Switzerland—Saint Moritz. It's a quiet place where there are mountains, greenery, and a wonderful small turquoise lake.

سُويسْرا *suwísra* **Switzerland**
جبل *gábal* (*pl.* جِبال *gibāl*) **mountain**
خضْرا *xáḍra* **greenery**
بُحيْرة *buḫēra* **lake**
فيروزي *firūzi* **turquoise**
جميل *gamīl* **nice**; **beautiful**

Mahmoud

مدينةْ الشّيْخ زايِد. ده أحْلى مكان رُحْتُه في حَياتي عشان فيه أماكِن خُروجات كِتيرة جِدّاً.

Sheikh Zayed City. It's the most beautiful place I have ever been to because there are so many places to go.

خُروجة *xurūga* **outing**, **excursion**

Rabab

الجوْنة في مصْر. كان أكْتر مكان رائِع فِعْلاً. المكان كان هادي جِدّاً و المناظِر أكْتر مِن خلّابة.

El Gouna in Egypt. It was really the most amazing place. It was very quiet, and the scenery was absolutely fantastic.

رائع *rāʔi3* = رايِع *rāyi3* **fabulous**, **wonderful**, **fantastic**
منْظر *mánẓar* (*pl.* مناظِر *manāẓir*) **sight**, **spectacle**; **scenery**
خلّاب *xallāb* **fantastic**, **fascinating**

Tamer

أحْلى مكان رُحْتُه شرْم الشّيْخ. اِشْتغلْت هِناك ٦ شْهور و بِالرّغْم مِن إنّها
صْغيرّة بسّ فيها حاجات كِتير. مُمْكِن تِعْمِل كُلّ يوْم حاجة مُخْتلِفة.

The most beautiful place I have ever been to is Sharm El Sheikh. I worked there for six months, and although it is very small, there's a lot there. You can do something different every day.

بِالرّغْم مِن *bi-rráɣmᵊ min* **in spite of**; بِالرّغْم مِن إنّ *bi-rráɣmᵊ min inn* **in spite of the fact that, although**

مُخْتلِف *muxtálif* **different**

Shorouk

كانِت رِحْلة تبع المدْرسة لِحديقِةْ حَيَوانات مفْتوحة و ملاهي في إمارِةْ
الشّارِقة في الإمارات. و كان فيها متاهة كْبيرة جِدّاً.

It was during a school trip to an open-air zoo and a theme park in the Emirate of Sharjah in the Emirates. And there was a very large labyrinth.

تبع *tába3* **of, belonging to**
مفْتوح *maftūḥ* **open**
ملاهي *malāhi* **amusement park**

إمارة *imāra* **emirate**
الشّارِقة *iššāriʔa* **Sharjah**
متاهة *matāha* **maze, labyrinth**

Fouad

حديقِةْ الحَيَوان اللي في طريق مصْر إسْكِنْدِرية. أنا مِن النّوْع اللي بحِبّ جِدّاً
أشوف الحَيَوانات بِتِتْصرّف إزّاي و بْيِتْعامْلوا معَ بعْض إزّاي.

The zoo on the Cairo-Alexandria highway. I'm one of those people who really like observing animals and how they behave and act toward each other.

طريق *ṭarīʔ* (*pl.* طُرُق *ṭúruʔ*) **way, road**
إسْكِنْدِرية *iskindiríyya* **Alexandria**

اِتْصرّف *itṣárraf* [5s2] **to behave**
اِتْعامِل معَ *it3āmil* [6s] *má3a* **to deal with**

21

أيْه هِيَّ الحاجة اللي بْتاخُدْها معاك في كُلّ حِتّة؟

What do you bring with you everywhere you go?

أيْه هِيَّ الحاجة اللي بِتاخْديها معاكي في كُلّ حِتّة؟ ♀
حِتّة *ḥítta* **place; somewhere**
في كُلّ حِتّة *fi kullᵊ ḥítta* **everywhere**

إيد *īd* (*pl.* إيديْن *idēn*, أيادى *ayādi*) **hand**
موبايْل *mubáyl* **cell phone, mobile phone**

اِسْتغْنى عن *istáɣna* [10d1] *3an* **to live without**

Yomna

ساعْتي و الخاتِم بِتاع جِدِّتي. بحِسّ بِالاِنْضِباط طول ما أنا لابْسة السّاعة. أمّا خاتِم جِدِّتي الله يِرْحمْها، فا كانِت وَصِّيِّتْها لِيّا إنيّ مقْلعوش مِن إيدي أبداً.

My watch and my grandma’s ring. I feel punctual as long as I have the watch on. As for my grandmother’s ring, it was my grandma’s testament that I never take it off my finger; may she rest in peace.

خاتِم *xātim* (*pl.* خَواتِم *xawātim*) **ring**
جِدّة *gídda* **grandmother**
اِنْضِباط *inḍibāṭ* **discipline**
طول ما *ṭūl ma* **as long as**
لِبِس *líbis* [1s5] **to wear**; لابِس *lābis* **wearing, have...on**
الله يِرْحمُه *allāh yirḥámu* **R.I.P.**
وَصّية *waṣṣíyya* **last will and testament**
قلع *ʔála3* [1s1] **to take off; to undress**
أبداً *ábadan* **never**

Mohamed

باخُد معايا سجايِر في كُلّ مكان بروحُه عشان أنا مُدخِّن لِلسّجايِر و مِش بحِبّ مَيْكونْش معايا سجايِر.

I take my cigarettes with me wherever I go because I'm a smoker, and I don't like it when I run out of cigarettes.

سيجارة *sigāra* (*pl.* سجايِر *sagāyir*) **cigarette**

مُدخِّن *mudáxxin* **smoker**

Dalia

موبايْلي. هُوَّ أكْتر حاجة باخُدْها معايا في كُلّ حِتّة و مبقْدرْش أسيبُه لحْظة مِن إيدي لِدرجة بقيْت أحِسّ إنُّه إدْمان لِلأسف بسّ اِتْعوِّدْت خلاص.

My cell phone. I bring it with me everywhere I go. I can't put it down for a second, to the point that I feel it has become an addiction, unfortunately, but I've gotten used to it.

ساب *sāb* [1h2] **to leave**

لحْظة *láḥẓa* **moment**

درجة *dáraga* **point, degree, extent**

إدْمان *idmān* **addiction**

لِلأسف *li-lʔásaf* **unfortunately**

اِتْعوِّد على *it3áwwid* [5s1] *3ála* **to get used to**

خلاص *xalāṣ* **already**

Andrew

التِّليفوْن طبْعاً. مقْدرْش أسْتغْنى عنُّه لإِنّي بتْواصِل فيه معَ كُلّ النّاس و بتّابِع عليْه كُلّ شُغْلي و كمان بلْعب عليْه لمّا أكون زهْقان.

My [cell] phone, of course. I can't do without it because I communicate with everyone with it, I follow all my work, and I also use it for playing when I get bored.

تِليفوْن *tilifōn* **telephone**

اِتْواصِل معَ *itwāṣil* [6s] *má3a* **to contact**

اِتّابِع *ittābi3* [6s] **to follow, keep up with**

زهْقان *zahʔān* **bored**

Aya

الحاجة اللي باخُدْها معايا في كُلّ حِتّة هِيَّ تْليفوْني علشان بكلِّم النّاس و بِيْوَرّيلي السِّكّة لَوْ رايْحة مكان مِش عارْفاه.

The thing I bring with me everywhere I go is my phone because I [can] call people, and it shows me the way when I go somewhere I don't know.

كلِّم *kállim* [2s1] **to talk to; to call, phone**
ورّى *wárra* [2d] **to show**
سِكّة *síkka* **way, path**

Mahmoud

الموبايْل. دي الحاجة اللي بروح بيها كُلّ حِتّة و بسجِّل عليْها كُلّ حاجة عايِز أفْتِكِرْها.

My cell phone. It's the thing I bring with me everywhere I go, and it's where I save everything I want to remember.

راح بِـ *rāḥ* [1h1] *bi-* **to take, go with**
سجِّل *sággil* [2s1] **to record**
اِفْتكر *iftákar* [8s1] **to remember**

Rabab

الميْك أب بِتاعي و البرْفيوم. دوْل حاجات لا يمْكِن أخْرُج مِن غيرْهُم. لازِم أفْضل طول الوَقْت جاهْزة.

My makeup and perfume. These are the two things that I can't go out without. I always have to be ready.

ميْك اب *mēkap* **makeup**
برْفيوم *barfūm* **perfume**
خرج *xárag* [1s3] **to go out; to exit**
فِضِل *fíḍil* [1s4] **to remain; to continue (to be)**
طول الوَقْت *ṭūl ilwáʔt* **all of the time, always**
جاهِز *gāhiz* **ready**

Tamer

البطاقة! عنْدِنا في مصر مَيِنْفعْش تِمْشي مِن غيرْها و إلّا الحُكومة تُظْبُطك بسّ لَوْ حاجة تانْيَة فا أنا مبسْتغْناش عن اللّاب توْب لإِنُّه حَياتي و شُغْلي كُلُّه عليْه.

My ID card! Here in Egypt, you can’t go out without it. Otherwise, you could be arrested by the police. I also can’t go without my laptop because it contains all my life and work.

بطاقة *bitāʔa* **(ID) card**
نفع *náfa3* [1s1] **to be of use to**; مَيِنْفعْش *ma-yinfá3š* **is no good**
و إلّا *wa-ʔílla* **otherwise, or else**
حُكومة *ḥukūma* **government**
ظبط *ẓábaṭ* [1s3] **to apprehend, arrest**
لاب توْب *lāp tōp* **laptop**

Shorouk

المناديل و الوايْبْس و المِرايَة و الرّوج و نوْت و قلم و الهانْد فْري. الحاجات دي بْتِتْنِقِل مِن شنْطة لِشنْطة أساسية عنْدي.

Tissues, wipes, a mirror, lipstick, a notepad, a pen, and the headphones. I keep moving these essential things from one handbag to another.

منْديل *mandīl* (*pl.* مناديل *manadīl*) **tissue**
مِرايَة *mirāya* **mirror**
روج *rūž* **lipstick**
نوْت *nōt* **notebook**
قلم *ʔálam* (*pl.* أقْلام *aʔlām*) **pen**
هانْد فْري *hand fri* **headphones**
اِتْنقل *itnáʔal* [7s1] **to be moved**
شنْطة *šánṭa* (*pl.* شُنط *šúnaṭ*) **bag**
أساسي *asāsi* **essential**

Fouad

القِصص المُصوّرة اللي أنا عملْتها و شارِكْت في عملْها علشان أوَرّيها على طول لِأيّ حدّ مُهْتمّ بِمجال الرّسْم و أوَرّيلُه الشُّغْل مطْبوع قُدّامُه.

Comic strips I’ve made or participated in creating so that I can immediately show them to people who may be interested in the field of drawing, and I [can] display my printed work in front of them.

قِصّة *ʔíṣṣa* (*pl.* قِصص *ʔíṣaṣ*) **story**
مُصوّر *muṣáwwar* **illustrated**
شارِك في *šārik* [3a] *fi* **to participate in**
على طول *3ála ṭūl* **always, constantly**
ورّى *wárra* [2d] **to show, display**
أيّ حدّ *ayyᵊ ḥadd* **anyone**
اِهْتمّ بِـ *ihtámm* [8d] *bi-* **to be interested in**
مجال *magāl* **field**
رسْم *rasm* **drawing**
طبع *ṭába3* [1s1] **to print**

أيْه هُوَّ بِرْنامِجك المفُضّل في التِّليفِزْيوْن؟

What's the best show currently on TV?

ايْه هُوَّ بِرْنامجِك المفُضّل فى التِّليفِزْيوْن؟ ♀
بِرْنامج *birnāmig* (*pl.* برامج *barāmig*) **program**
مُفضّل *mufáḍḍal* **preferred, favorite**
تِليفِزْيوْن *tilivizyōn* **television**

قناة *qanāh* **channel**
سؤال *suʔāl* (*pl.* أسْئِلة *asʔíla*) **question**
اليوتْيوب *ilyū-tyūb* **YouTube**

اِتّابِع *ittābi3* [6s] **to follow, keep up with**

كوْميدي *kōmidi* **comedic, funny; comedy**

بِصراحة *bi-ṣarāḥa* **frankly, to be honest**

Yomna

بِصراحة مِش بتّابِع التِّليفِزْيوْن كِتير. لكِن الأفْلام الوَثائِقية و الكوميدية هِيَّ المفُضّلة عنْدي. زيّ برامِج قناةْ "ناشْيونال جيوجْرافيك" و المسْرحِيّات الكوميدية.

The truth is that I don't really like TV. But my favorite programs are documentaries and comedies, such as *National Geographic* programs and comedic plays.

فيلْم *film* (*pl.* أفْلام *aflām*) **movie, film**
وَثائِقي *wasāʔiʔi* **documentary**
مسْرحي *masráḥi* **play; theatrical**

Mohamed

أنا مبحِبِّش أتْفرّج على التِّليفِزْيوْن أوي. أكْتر بِرْنامِج كُنْت بحِبُّه كان بِتاع
باسِم يوسف إسْمُه "البِرْنامِج".

I don't really like watching TV. My favorite show used to be Bassem Youssef's *Al Bernameg**.

*a satyrical news program (2011-2014), comparable to Comedy Central's *The Daily Show* in the U.S.

Dalia

أنا بحِبّ البرامِج الترّْفيهية عُموماً مبحِبِّش البرامِج السِّياسة زيّ مثلاً بِرْنامِج
"مَن سَيرْبحُ المِلْيون"* و زيّ بِرْنامِج "أبْلة فاهيتا"**.

I like entertainment programs—but not political programs, in general—like *Who Wants to be a Millionaire?* and *Abla Fahita.*

ترْفيهي *tarfíhi* **entertaining; recreational**
عُموماً *3umūman* **generally, in general**
سِياسي *siyāsi* **political**

*name of program is in MSA
** a puppet character known for her social commentary

Andrew

بِرْنامِج "أسْعد اللهُ مساءكُم" اللي بِيْقدِّمُه المُقدِّم الكوْميدي أكْرم حُسْني
في شخصية كوميدية جِدّاً إسْمها أبو حفيظة و مِن خِلالْها بِيْقدِّم الشّعْب
المصْري بْطريقة كوميدية.

The Asaad Allah Masaoukum program, presented by the comedian Akram Hosny, in which he plays the role of a very funny character called Abou Hafiza, through whom he represents Egyptian people in a comical way.

قدِّم *ʔáddim* [2s1] **to present**
مُقدِّم *muʔáddim* **presenter**
شخصية *šaxṣíyya* **personality, character**
خلال *xilāl* **through**
شعْب *ša3b* **people, society**
بِطريقة _ *bi-ṭarīʔa* __ **in a __ way**

Aya

بِرْنامِجي المُفضّل في التّليفِزْيوْن هُوَّ "كاش أوْر سْبْلاش". برامِج المسابْقات و اللي فيها أسْئِلة معْلومات عامّة بِتْكون مُسِلّية و ملْيانة معْلومات.

My favorite TV show is *Cash or Splash.* Competitions and general knowledge quiz shows are entertaining and rich with information.

مسابْقة *masábʔa* **competition, contest**
معْلومات *ma3lumāt* (*pl.*) **knowledge**
عامّ *3āmm* **general**
مُسِلّي *musílli* **entertaining**
ملْيان *malyān* **full (of)**

Mahmoud

بِرْنامِج "البرْنامِج". ده كان بِرْنامِج تِلِفِزْيوْني ساخِر لِلإعْلامي باسِم يوسف و لكِنُّه اتْوَقف لِظُروف أمْنية.

The *Al Bernameg* show. It was a satirical TV program by the [television] host Bassem Youssef, but it was canceled for security reasons.

تِلِفِزْيوْني *tilivizyōni* **televised, television-**
ساخِر *sāxir* **sarcastic, ironic, parody**
إعْلامي *i3lāmi* **publicist; host**; إعْلام *i3lām* **publicity**
اِتْوَقف *itwáʔaf* [7s1] **to be stopped, canceled**
ظرْف *ẓarf* (*pl.* ظُروف *ẓurūf*) **circumstance**
أمْني *ámni* **security-**; أمْن *amn* **safety, security**

Rabab

بِرْنامِج "مَن سَيَرْبِحُ المِلْيون". بحِبّ أوي أحاوِل أجاوِب على الأسْئِلة و بتْعلِّم مِن كُلّ سُؤال جِديد.

The show *Who Wants to be a Millionaire?* I really like trying to answer the questions, and I learn something from every new question.

حاوِل *ḥāwil* [3s] **to try, attempt**
جاوِب على *gāwib* [3s] *3ála* **to answer**
اِتْعلِّم *it3állim* [5s1] **to learn**

Tamer

كان بِرْنامِجي المُفضّل في التِليفِزْيوْن بِرْنامِج "البرْنامِج" الكوْميدي لِلمُذيع
باسِمِ يوسف بسّ بعْد ما منعوه مفيش حاجة بِتْشِدّني أتْفرّج عليْها.

My favorite TV show was the comedy program *Al Bernameg,* by the television host Bassem Youssef, but after they censored it, there wasn't anything that could attract me to watch it.

مُذيع *muzī3* **announcer, presenter**
منع *mána3* [1s1] **to ban, forbid, prohibit**
شدّ *šadd* [1g3] **to pull**

Shorouk

بِصراحة مِش بتْفرّج على تِليفِزْيوْن إلّا قُليِّل بِالصُّدْفة معَ العيْلة. غيْر كِده
مِش مِتّابْعة حاجة. بتْفرّج بقى عَ اليوتْيوب و أكْتر قناة بحِبُّه إسْمها "أيْش
اللى".

I don't really like watching TV, except very occasionally with the family. Besides that, I don't follow any [program]. I do watch YouTube, and my favorite channel is *Eysh Elly*.

إلّا *ílla* **except**
قُليِّل *ʔuláyyil* **little, not much**
بِالصُّدْفة *bi-ṣṣúdfa* **on occasion; by chance;** صُدْفة *ṣúdfa* **chance, coincidence**
عيْلة *3ēla* **family**

Fouad

مِش بتْفرّج على التِّليفِزْيوْن و بتْفرّج على اليوتْيوب و قناتي المُفضّلة إسْمها
Vsauce و دي قناة بِتِهْتمّ أوي بِالعِلْم و آخِر التّطوُّرات في عالم
التّكْنولوجْيا.

I don't watch TV. However, I watch YouTube, and my favorite channel is *Vsauce.* It is a YouTube channel that features topics related to science and the latest developments in the world of technology.

اِهْتمّ بِـ *ihtámm* [8g] *bi-* **to be interested in, be concerned with**
عِلْم *3ilm* **science**
تطوُّر *taṭáwwur* **development**
عالم *3ālam* (*pl.* عَوالِم *3awālim*) **world**
تِكْنولوجْيا *tiknulúžya* **technology**

23

بِتْفضّل الكُتُب الخَيالية وَلّا الواقِعية؟

أيْه نوْع الكُتُب اللي بِتْفضّلُه؟

Do you prefer fiction or non-fiction books?
What is your favorite book genre?

♀ بِتْفضّلي الكُتُب الخَيالية وَلّا الواقِعية؟
أيْه نوْع الكُتُب اللى بِتْفضّليه؟

فضّل *fáḍḍal* [2s2] **to prefer**
خَيالي *xayāli* **fantastical, imaginary**
وَلّا *wálla* **or**
واقِعي *wāqi3i* **factual**

خَيال عِلْمي *xayāl 3ílmi* **science fiction**
رِوايَة *riwāya* **novel**
عالم *3ālam* (*pl.* عَوالِم *3awālim*) **world**

قرا *ʔára* [1d1] **to read**
حكى *ḥáka* [1d2] **to tell** (a story)
عاش *3āš* [1h2] **to live**; **to experience**

مَوْجود *mawgūd* **present, existing**

Yomna

قريْت كُلّ أنْواع الكُتُب والمجلّات. ذوْقي في القِرايَة بِيِتْغيرّ حسب سِنّي و حالْتي المزاجية. و أنا صُغيرّة كُنْت بقْرا الرِّوايات الخَيالية. دِلْوَقْتي بفضّل كُتُب التّرْبية و التّنْمية البشرية.

I've read all genres of books and magazines. My taste in reading changes according to my age and mood. When I was young, I used to read fiction. Now, I prefer books related to the field of education and human development.

مجلّه *magálla* **magazine**
ذوْق *zōʔ* **taste**
قِرايَه *ʔirāya* = قِراءه *ʔirāʔa* **reading**
اِتْغيرّ *itɣáyyar* [5s2] **to change**
حسب *ḥásab* **according to, depending on**
سِنّ *sinn* **age**
حالة *ḥāla* **state, condition**; **case**
مزاجي *mazāgi* **temperamental**; مزاج *mazāg* **mood**
ترْبية *tarbíyya* **education**
تنْمية *tanmíyya* **development**
بشري *bášari* **human-**

Mohamed

أنا بحِبّ أقْرا الرِّوايات. أكْتر حاجة بحِبّها الكُتُب اللي بْتِحْكي تاريخ عن طريق الرِّوايَة الخَيالية.

I like reading novels. My favorite books are those which tell history through fiction.

تاريخ *tarīx* **history**

عن طريق *3an ṭarīʔ* **by (means of)**

Dalia

بحِبّ الكُتُب الخَيالية جِدّاً لإِنّها بِتْخلّيني أعيش اللي مِش قادْرة أعيشُه في الواقِع و بفضّل الكُتُب الرومانْسية لإِنّي مِش بلاقي الرّومانْسية مَوْجودة عنْدِنا فا بعوّضْها بِالكُتُب دي.

I really like fiction because it gives me the opportunity to live a life I cannot in reality. And I prefer romance novels. As romance is missing among us, at least I can make up for this through those books.

خلّى *xálla* [2d] **to let, allow; make, cause**

واقع *wāʔi3* **reality**

رومانْسي *rumánsi* **romantic**

رومانْسية *rumansíyya* **romance**

عوّض بِـ *3áwwaḍ* [2s2] *bi-* **to make up** (for something) **with**

Andrew

الكُتُب الخَيالية لإِنّها بِتْوَدّيني لِعالم تاني مِش عايْشُه و بْتِفْصِلْني عن وَجع القلْب اللي عايِش فيه كُلّ يوْم.

Fiction books. Because they transport me to another world that I'm not living in, and they spare me the heartache that I'm feeling every day.

وَدّى *wádda* [2d] **to take, send**

فصل عن *fáṣal* [1s2] *3an* **to separate from**

وَجع *wága3* **pain, ache**

قلْب *ʔalb* (*pl.* قُلوب *ʔulub*) **heart**

Aya

بفضّل الكُتُب الخَيالية. لإِنّها بِتِفْتَح أفْكار و أماكِن جِديدة في المُخّ. و بفضّل
كُتُب الخَيال العِلْمي بِالأخصّ.

I prefer fiction books because they open up the mind to new ideas and places. I particularly prefer science fiction books.

فتح *fátaḥ* [1s1] **to open**
فِكْرة *fíkra* (*pl.* أفْكار *afkār*) **thought, idea**
مُخّ *muxx* (*pl.* أمْخاخ *amxāx*) **brain**
بِالأخصّ *bi-lʔaxáṣṣ* **particularly, especially**

Mahmoud

الكُتُب الخَيالية، لإنّها بْتِصْنع عالم مِش مَوْجود في الحقيقة و بِيْزوِّد قُوّةْ
الخَيال و التّرْكيز في التّفاصيل.

Fiction. Because they create an imaginary world and boost the power of imagination and attention to detail.

صنع *ṣána3* [1s1] **to make, manufacture**
زوِّد *záwwid* [2s1] **to increase**
قُوّة *qúwwa* **power, strength**
ترْكيز *tarkīz* **focus, concentration**
تفْصيل *tafṣīl* (*pl.* تفاصيل *tafaṣīl*) **detail**

Rabab

الخَيالية. بحِبّ أوي الكُتُب اللي بْتِحْكي عن مُعْجِزات و حاجات غريبة
بْتِحْصل في الدُّنْيا و أيْه تفْسيراتْها العِلْمية.

Fiction.I really like books which are about miracles and unusual facts which happen in real life, along with their scientific explanations.

مُعْجِزه *mu3gíza* **miracle**
غريب *ɣarīb* **strange, unusual**
حصل *ḥáṣal* [1s1] **to happen, occur**
دُنْيا *dúnya* **world**
تفْسير *tafsīr* **explanation**
عِلْمي *3ílmi* **scientific**

Tamer

الكُتُب الخَيالية هِيَّ اللي أنا بفضّلْها و اللي بْترِسم عَوالِم تانْيَة يِسْرح فيها الواحِد و يْفكّر لَوْ هِناك كان عمل أيْه، و أكْتر نوْع الفانْتازْيا زيّ "ممْلكِةْ الخَواتِم".

Fiction is what I prefer, and those which portray other worlds one can explore and ask themselves what they would do if they were indeed there. And most of all, fantasy, like *The Lord of the Rings.*

رسم *rásam* [1s1] **to draw**
سرح *sárah* [1s1] **to wander, roam**
فكّر *fákkar* [2s2] **to think**

فانْتازْيا *fantázya* **fantasy**
ممْلكة *mamláka* **kingdom**
خاتِم *xātim* (*pl.* خَواتِم *xawātim*) **ring**

Shorouk

الكُتُب الخَيالية زيّ مثلاً الخَيال العِلْمي و السِّحْر و كُتُب الرُّعْب و مُمْكِن واقْعيَة بْتِتْكلِّم عن العُلوم و التّجارِب و الفضا و الطّبيعة.

Fiction books, such as science fiction, books about magic, or horror. And maybe also non-fiction about science, experiments, space, and nature.

سِحْر *siħr* **magic**
رُعْب *ru3b* **horror, terror, fear**
اِتْكلِّم عن *itkállim* [5s1] *3an* **to talk about, discuss**
عُلوم *3ulūm* (*pl.*) **science**

تجْرِبه *tagríba* (*pl.* تجارِب *tagārib*) **experiment**
فضا *fáda* **outer space**
طبيعة *tabī3a* **nature**

Fouad

بفضّل الكُتُب اللي بِتْفيدْني و تْزيدْني ثراءً في معْلومات بِخُصوص مَوْضوع عاجِبْني. بفضّل كُتُب عِلْم النّفْس عشان ليها تأْثير مُباشِر على حَياتي.

I prefer those books that enlighten me and enrich my knowledge in a specific domain I like. I prefer books on psychology as they have a direct impact on my life.

فاد *fād* [1h2] **to benefit**
زاد *zād* [1h2] **to make grow, add to; to increase**
ثراء *sarā?* **wealth**
معْلومات *ma3lumāt* (*pl.*) **knowledge**
بِخُصوص *bi-xuṣūṣ* **especially**

مَوْضوع *mawḍū3* (*pl.* مَواضيع *mawaḍī3*) **subject**
عجب *3ágab* [1s1] **to please**
عِلْم النّفْس *3ilm innáfs* **psychology**
تأْثير على *ta?sīr 3ála* **influence**
مُباشِر *mubāšir* **direct**

أيْه أكْتر مطْعم بِترْوحْه؟

What restaurant do you eat at most?

أيْه أكْتر مطْعم بِترْوحيه؟ ♀
مطْعم *máṭ3am* (*pl.* مطاعِم *maṭā3im*) **restaurant**

مكْروْنة *makrōna* = باسْتا *básta* **pasta**
بيتْزا *bítsa, pítsa* **pizza**

أحْلى *áɦla* = أحْسن *áɦsan* **better, best**; حِلْو *ɦilw* **good**

بِتاع *bitā3* **of**; **one who** (**does...**)

Yomna

أنا مِش مِن رُوّاد المطاعِم. بسّ أكْتر مكان باكُل فيه برّه البيْت هُوَّ عنْد حماتي. بِصراحة أكْلها تُحْفة و أحْلى مِن أيّ مطْعم رُحْتُه.

I'm not a fan of restaurants. But the place I eat at most is my mother-in-law's house. Honestly, her food [cooking] is excellent, and it's far better than [food made at] any restaurant I've been to.

رايِد *rāyid* (*pl.* رُوّاد *ruwwád*) **pioneer**
برّه *bárra* **outside** (**of**)
عنْد *3and* **at** (someone's)
حماة *ɦáma* **mother-in-law**; حماةْ *ɦamāt-* **mother in law of**
بِصراحة *bi-ṣarāɦa* **frankly, to be honest**
تُحْفة *túɦfa* (*invar.*) **wonderful, excellent**

أنا بحِبّ المشْوِيّات أوي. أكْتر مطْعم بحِبّ أروحُه هُوَّ مطْعم "بلْبع" بِتاع الكباب و الكُفْتة.

Mohamed

I like barbecue. My favorite restaurant is *Balbaa,* a kebab and kofta specialist.

مشْوِيّات *mašwiyyāt* **grilled foods**
كباب *kabāb* **kebab**
كُفْتة *kúfta* **kofta, meatball**

أكْتر مطْعم بروحُه "تْريْ بِيان" و "جاد" و "أبو عمار السّوري" لإِنّ المطاعِم دي فيها نوْع الأكْل اللي أنا بحِبُّه زيّ الشّيش طاووق والفلافِل والشّاوَرْما.

Dalia

The restaurants I eat at most are *Très Bien, Gad,* and *Abou Ammar El Soury,* because they have the kind of food I like, such as chicken shish kebab, falafel, and shawarma.

سوري *sūri* **Syrian**
شيش طاووق *šīš ṭawūk* **chicken shish kebab**
فلافِل *falāfil* = طعْمية *ṭa3míyya* **falafel**
شاوَرْما *šawárma* **shawarma, gyro**

مطْعم "على بركِةْ الله" و ده واحِد مِن أشْهر المطاعِم اللي بْتِعْمِل كِبْدة و سُجُقّ عنْدِنا و بِالرّغْم مِن إِنّنا بْناكُل في الشّارِع إلّا إِنّنا بِنْكون مُسْتمْتِعين بِالأكْل.

Andrew

Ala Baraket Allah restaurant. It's one of the most famous restaurants for liver and sausage. And although we eat on the street, we enjoy our food.

أشْهر *ášhar* **more/most famous;** مشْهور *mašhūr* **famous**
كِبْدة *kíbda* **liver**
سُجُقّ *sugú??* **sausage**
عنْدِنا *3andína* **in our country**
بِالرّغْم مِن إنّ *bi-rráɣmᵊ min inn* **in spite of the fact that, although**
أكل *ákal* [i3] **to eat**
إلّا *ílla* **except**
اِسْتمْتع بِـ *istámta3 bi-* [10s2] **to enjoy**

Aya

أكْتر مطْعم بحِبّ أروحُه هُوَّ "فاپِيانو". بيِعْمِل أحْلى مكْروْنة و بيتْزا إيطالي بِمْكوِّنات دايْماً طازة و كُلّ المِكوِّنات هُمَّا بيِزْرعوها بِنفْسُهُم أَوْ بيِْجيبوها مِن أحْسن المارْكات.

The restaurant I eat at most is *Vapiano.* They make the best pasta and Italian pizza with fresh ingredients. They produce all of the ingredients themselves or buy from the best brands.

إيطالي *iṭāli* **Italian**
مِكوِّنات *mikawwināt* (*pl.*) **ingredients**
طازة *ṭāza* (**invar.**) **fresh**
زرع *zára3* [1s1] **to plant, grow**
بِنفْسُه *bi-náfsu* **oneself**
جاب *gāb* [1h2] **to bring; to buy**
مارْكة *márka* **brand**

Mahmoud

"فالِح أبو العنْبة"، مِن المطاعِم العِراقية اللي مَوْجودة في مدينِةْ ٦ أُكْتوبر و أكْلُه نْضيف و رْخيص.

Faleh Abou El Enba, one of the Iraqi restaurants located in 6th of October City. Its food is clean and cheap.

عِراقي *3irāʔi* **Iraqi**
مَوْجود *mawgūd* **present, existing**
مدينِةْ ٦ أُكْتوبِر *madīnit sítta ʔuktōbir* **6th of October City** (suburb of Cairo)
نضيف *naḍīf* **clean**
رخيص *raxīṣ* **cheap**

Rabab

"أنْدْريا". دي باخِرة على النّيل. أكْلُهُم حِلْو أوي و القعْدة كمان لذيذة جِدّاً و الخِدْمة برْضُه كْوَيِّسة.

Andrea. It's a boat on the Nile. It has very delicious food, and the atmosphere is very nice there. And also the service is good.

باخِرة *bāxira* (*pl.* بَواخِر *bawāxir*) **steamboat**
النّيل *innīl* **the Nile**
قعْدة *ʔá3da* **seating, area where you sit; sitting; session**
لذيذ *lazīz* **nice; delicious**
خِدْمة *xídma* **service**

Tamer

المطْعمِ اللي بروحْه كْتير هُوَّ مطْعم صُغيرّ كِده في العجمي إسْمُه "بامْبو" بِتاع كُشري و مكرونات، و بِيْقدِّم سنْدِويتْشات كمان بسّ أنا مباكُلْش مِن عنْدُه غيرْ كُشري.

The restaurant I eat at most is a small restaurant in Agami called *Bamboo*. It specializes in koshari and pasta, and also serves sandwiches, but I just eat koshari there.

العجمي *il3ágami* **Agami** (district of Cairo)
كُشري *kúšari* **koshari** (dish of rice, pasta, and lentils)
قدِّم *ʔáddim* [2s1] **to present**, **offer**
عند *3and* **at** (a business, residence)

Shorouk

"ماكْدونالْدْز". بحِبّ البرْجر بِتاعْه جِدّاً و البطاطِس الفْرايْز و بيسْترْو عشان بحِبّ مكْروناتُه و الباسْتا بِتاعْتُه بِأنْواعْها و البيتْزا كمان.

McDonald's. I like their burgers and French fries. And Bistro because I like all of their pastas and the pizza, as well.

ماكْدونالْدْز *makdōnaldz* **McDonald's**
برْجر *búrgar* **burger**
بطاطِس فْرايْز *baṭāṭis frayz* **French fries**; بطاطِس *baṭāṭis* **potatoes**
بِأنْواعْها *bi-anwá3ha* **in all its varieties**

Fouad

مطْعمِ "كنْتاكي". مِن أكْتر المطاعِمِ اللي بِتْفكّرْني بْذِكْرَيات جميلة لِيّا و أنا صْغيرّ. ده طبْعاً غيرْ إنّ أكْلُه حِلْو جِدّاً.

KFC. It's a restaurant that makes me remember nice memories from my childhood. Moreover, it has very delicious food.

كنْتاكي *kantāki* **KFC** (American fastfood chain)
فكّر ـ بِ *fákkar* [2s2] __ *bi-* **to remind __ of**
ذِكْرى *zíkra* (*pl.* ذِكْرَيات *zikrayāt*) **memory**
غيرْ إنّ *ɣēr inn* **besides, moreover, in addition to**

25

ليك في الموْضة؟ بتِلْبِس أيْه عادةً؟

Do you care about fashion? What style of clothes do you usually wear?

ليكي في الموْضة؟ بتِلْبِسي أيْه عادةً؟ ♀

ليه في to be interested in

موْضة *mōḍa* **fashion**

لِبِس *líbis* [1s5] **to wear; to put on; to get dressed**

لِبْس *libs* **attire, dress, clothing, clothes**

لوْن *lōn* (*pl.* ألْوان *alwān*) **color**

شكْل *šakl* (*pl.* أشْكال *aškāl*) **way, manner; shape**

مَوْضوع *mawḍū3* (*pl.* مَواضيع *mawaḍī3*) **subject, topic; situation**

ريّح *ráyyaḥ* [2s2] **to make feel comfortable**

عجب *3ágab* [1s1] **to please**

لاق على *lāʔ* [1h2] *3ála* **to suit, be fitting for**

واسِع *wāsi3* **loose; wide, broad**

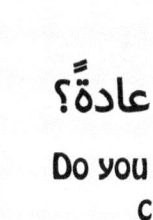

Yomna

أنا بتّابِع الموْضة و بحِبّ أتْفرّج على عُروض الأزْياء جِدّاً. لكِن في لِبْسي بجيب اللي بحِبُّه و اللي بِيْرَيّحْني. عادةً بِيْكون لِبْس طَويل و واسِع و فيه ألْوان كِتير.

I follow fashion and like watching fashion shows, but I buy clothes that I like and feel comfortable in. Usually, I wear a lot of long, loose, colorful clothes.

اِتّابِع *ittābi3* [8s1] **to follow, keep up with**

عرْض *3arḍ* (*pl.* عُروض *3urūḍ*) **show, presentation, display**

أزْياء *azyāʔ* (*pl.*) **women's attire, women's fashion**

جاب *gāb* [1h2] **to get, buy**

طَويل *ṭawīl* **long; tall**

Mohamed

لا مِش أوي يَعْني. مِش بركِّز أوي في آخِر صيحات الموْضة. أنا بلْبِس سيمي كاجْوال.

No, not so much. I don't pay attention to the latest fashion trends. I wear semi-casual clothes.

ركِّز في *rákkiz* [2s1] *fi* **to focus on**
صيْحة *ṣēḫa* **trend, fad, craze**

سيمي كاجْوال *sīmi-kážwal* **semi-casual**

Dalia

مليش في الموْضة لإنِّي مُقْتنعة إنّ مِش كُلّ الموْضة تِليق عليّا فا بلْبِس اللي بْيِعْجِبْني بسّ و لِبْسي كُلُّه عِبارة عن بنْطلوْن جينْز و بِلوزة و أَوْقات جيبة.

I don't care about fashion because I'm convinced that not all fashionable clothes can fit me, so I only wear what pleases me. And all my clothes consist of jeans, a blouse, and sometimes a skirt.

مُقْتنع *muʔtána3* **convinced**
عِبارة عن *3ibāra 3an* (*invar.*) **consisting of**
بنْطلوْن *banṭalōn* **pants**
جينْز *žinz* **jeans**

بِلوزة *bilūza* **blouse**
أَوْقات *awʔāt* **sometimes**
جيبة *žība* **skirt**

Andrew

بِصراحة لا بسّ بهْتمّ بِاللِّبْس بِتاعي علشان طبيعةْ شُغْلي في مجال التّسْويق و عادةً لازِم يِكون منْظري كْوَيِّس.

Honestly, no. But I care about my own clothes because the nature of my job, which is in marketing, requires it, so I should look nice.

بِصراحة *bi-ṣarāḫa* **frankly, to be honest**
اِهْتمّ بِـ *ihtámm* [8g] *bi-* **to be interested in**
طبيعة *ṭabī3a* **nature**

مجال *magāl* **domain, field**
تسْويق *taswīʔ* **marketing**
منْظر *mánẓar* **looks, appearance**

Aya

ليّا في الموْضة بسّ مِش بِتْشكِّل كُلّ لِبْسي. بلْبِس اللي يْريّحْني و يْكون شكْلُه مقْبول و يِعْجِب أغْلب النّاس.

I'm interested in fashion, but it doesn't affect what I wear. I wear comfortable and decent clothes usually appreciated by most people.

شكِّل *šákkil* [2s1] **to shape, influence**
شكْلُه *šáklu* **one's appearance; it looks..., it seems to be...**
مقْبول *ma?būl* **acceptable, decent**
أغْلب *áɣlab* **most (of), the majority of**

Mahmoud

لا مِش أوي. أنا ليّا الشّكْل المُعيّن بِتاعي في اللِّبْس و مبحِبِّش أمْشي أوي تبع الموْضة.

No, not much. I have my own style for clothes, and I don't like following fashion too much.

مُعيّن *mu3áyyan* **certain, particular**
مِشي *míši* [1d5] **to go; to walk**
تبع *tába3* **of, belonging to**

Rabab

يَعْني، أنا شايْفة إنّ الموْضة هِيَّ الحاجة اللي تْليق عليْك و متْبيِّنْش عُيوب جِسْمك، تخلّيك شيك و مِهنْدِم.

Well, I think that fashion is what suits you, what hides your imperfections, and what allows you to be chic and good-looking.

أنا شايِف إنّ *ána šāyif inn...* **I think that...**
شاف *šāf* [1h1] **to see**
بيِّن *báyyin* [2s1] **to show**
عيْب *3ēb* (*pl.* عُيوب *3uyūb*) **defect, flaw**
جِسْم *gism* (*pl.* أجْسام *agsām*) **body**
خلّى *xálla* [2d] **to let, allow; make, cause**
شيك *šīk* **chic, stylish**
مِهنْدِم *mihándim* **elegantly dressed**

Tamer

مَوْضوع الموْضة عُمْرُه ما شغّلْني الصّراحة. أنا عادةً بحِبّ أخْتار اللِّبْس اللي يْناسِبْني شكْلاً و مضْموناً مِن غيرْ ما أتْقيِّد بِالألْوان أَوْ الموْضة اللي طالْعة جْديد.

Fashion has never captivated me, to be honest. I usually like choosing clothes that fit me in terms of form and content, without being fettered by the latest colors or styles.

عُمْرُه ما *3úmru ma* **never**
شغّل *šáɣɣal* [2s2] **to engage, make busy**
الصّراحة *iṣṣarāħa* **frankly, to be honest**
اِخْتار *ixtār* [8h] **to choose**
ناسِب *nāsib* [3s] **to suit, be fitting for**
مضْمون *maḍmūn* **content**
مِن غيرْ ما *min ɣēr ma* **without** (doing)
اِتْقيِّد بِـ *itʔáyyid* [5s1] *bi-* **to be bound by**
طِلِع *ṭíli3* [1s4] **to come out**
جِديد *gidīd* **recently**

Shorouk

ليّا في الموْضة بسّ مِش بقلِّد تقْليد أعْمى و مِش بحِبّ اللِّبْس المُنْتشِر فا أنا عامْلة لِنفْسي سْتايْل لِبْس خاصّ بِيّا مِش أيّ حدّ بْيِلْبِسُه.

I care about fashion, but I don't follow it blindly. And I don't like the same popular clothes. I've come up with my own personal clothing style that not just anyone could wear.

قلِّد *ʔállid* [2s1] **to imitate**
تقْليد *taʔlīd* **imitation**
أعْمى *á3ma* **blind**
مُنْتشِر *muntášir* **popular; widespread**
خاصّ *xāṣṣ* **personal, special; one's own**
أيّ حدّ *ayy*ᵊ *ħadd* **anyone**

Fouad

ليّا شْوَيّة. بحِبّ ألْبِس حاجات سادة و دايْماً لِبْسي بَوَدّيه لِلتّرْزي يْظبّط مقاسُه عليّا و يْكون ماسِك شُوَيّة عليّا و لكِن مِش ضيّق أوي أَوْ واسِع أوي.

I do, somewhat. I like wearing plain clothes, and I always take my clothes to the tailor to have them tailored so that they're *slim fit* for me, but not too tight nor too loose.

سادة *sāda* (*invar.*) **plain**
وَدّى *wádda* [2d] **to take**
ترْزي *tárzi* **tailor**
ظبّط *ẓábbaṭ* [2s2] **to adjust**
مقاس *maʔās* **size**
ماسِك *māsik* **fitting, snug**
ضيّق *ḍáyyaʔ* **tight; narrow**

بِتِسْهر كِتير بعْد ٣ الفجْر؟

How often do you stay up past 3 a.m.?

بِتِسْهري كِتير بعْد ٣ الفجْر؟ ♀
سِهِر *síhir* [1s4] **to stay up late**; **to stay up all night**
الفجْر *ilfágr* **a.m.** (between 3-6 a.m.); فجْر *fagr* **dawn**

أجازة *agāza* **day(s) off**; **vacation**
صِحّة *ṣíḫḫa* **health**
جِسْم *gism* (*pl.* أجْسام *agsām*) **body**

صِحي *ṣíḫi* [1d4] **to wake up**
نام *nām* [1h3] **to go to bed**; **to sleep**

بدْري *bádri* **early**

Yomna

كُنْت بسْهر كِتير زمان بسّ حالِيّاً الأُسْرة كُلّها أصْبح ليها روتين ثابِت في النّوْم و الصُحْيان بدْري عشان الشُّغْل و المدارِس. حتّى يوْم الأجازة السّهر أخْرُه واحْدة.

I used to stay up late, but now my whole family has a fixed routine for sleep, as they wake up early for work and school. Even on days off, we stay up until 1 a.m. at the latest.

زمان **zamān** (with past continuous) **used to (do)**; **a long time ago**
أُسْرة *úsra* (*pl.* أُسر *úsar*) **family**
أصْبح *áṣbaḫ* [4s] **to start to (do)**; **to become**
روتين *rutīn* **routine**
ثابِت *sābit* **fixed**, **determined**; **stable**
نوْم *nōm* **sleep**
صُحْيان *ṣuḫyān* **waking up**
مدْرسة *madrása* (*pl.* مدارِس *madāris*) **school**
حتّى *ḫátta* **even**
سهر *sáhar* **staying up late**
آخِر *āxir* **last**; آخْرُه *áxru* **at the latest**

Mohamed

لا. غالباً بنام على ١ - ٢ عشان بصْحى الصُّبْح أروح الشُّغْل على السّاعة ٨ مثلاً.

No, I usually go to bed at 1 or 2 a.m. as I wake up at 8 a.m. to go to work.

Dalia

مَيِنْفعْش أسْهر كِتير بعْد الفجْر لإِنّي بِيْكون عنْدي شُغْل بدْري فا لازِم أنام كُوَيِّس لكِن في الأجازة أه مُمْكِن أسْهر كِتير لِبعْد الفجْر.

I can't stay up late because I work early, so I have to get good sleep, but on my days off, yes, I might stay up late... until dawn.

مَيِنْفعْش *ma-yinfá3š* **it's impossible that..., can't**

Andrew

مُسْتحيل لإِنّي لازِم أصْحى السّاعة ٧ علشان أكون في الشُّغْل السّاعة ٨ أَوْ ٩ بِالكِتير وعلشان اِتْعوِّدْت على كِده لمّا بْتيجي الأجازات كِبيري أسْهر لِحدّ السّاعة ١ أَوْ ٢.

It's impossible because I have to wake up at 7 a.m. in order to get to work at 8 or 9 a.m. at the latest. And because I'm used to that, when I have time off, I stay up until 1 or 2 a.m. at the latest.

مُسْتحيل *mustaḫīl* **impossible**
بِالكِتير *bi-lkitīr* **at most**
اِتْعوِّد على *it3áwwid* [5s1] *3ála* **to be used to**
كِبيرُه *kibīru* **one's greatest achievement; one's record**

Aya

لا نادِراً. لمّا بسْهر بعْد ٣ الفجْر. لإنيّ مِش مِن مُحبّين السّهر لإنُّه بيِضُرّ الجِسْم و الصِّحّة.

No, rarely do I stay up past 3 a.m. because I don't like staying up late; it's harmful to the body and health.

نادِراً *nādiran* **rarely**, **seldom**
ضرّ *ḍarr* [1g2] **to harm**, **damage**
مُحبّ *muɦább/muɦíbb* **fan**, **admirer**, **lover** (**of**)

Mahmoud

لا، قُليِّل جِدّاً لمّا بسْهر عشان يوْمي كُلُّه مشْغول و بِيْكون فيه تعب كِتير فا مبقْدرْش أسْهر.

No, I don't often stay up late because my days are busy and tiresome, so I cannot stay up late.

قُليِّل *ʔuláyyil* **little**, **not much**
تعب *tá3ab* **exhaustion**, **fatigue**

Rabab

لا خالِص. أنا بحِبّ أنام بدْري و أصْحى بدْري. الشُّغْل كمان عوِّدْني على كِده. كِده أحْسن لِصِحّةْ جِسْمي.

No, never. I like going to bed early and getting up early. My work has also gotten me used to this. It's better for my health.

خالِص *xāliṣ* **not at all**; **completely**
عوِّد على *3áwwid* [2s1] *3ála* **to accustom** (someone) **to**

Tamer

أنا بصْحى بدْري لِشُغْلي بسّ عادي جِدّاً أرْجع أنام و أسْهر لِحدّ بعْد الفجْر و مُمْكِن أطبّق لِلصُّبْح و أروح الشُّغْل و لمّا أرْجع أنام لإِنّي كائِن ليْلي أصْلاً.

I wake up early for work, but I normally get home and take a nap. Then I stay up until dawn and even all night and then go to my job, and when I come back, I sleep because I'm actually a nocturnal being.

عادي *3ādi* **usually**, **normally**
رِجِع *rígi3* [1s4] **to return, go back to**
طبّق *ţábba?* [2s2] **to stay up all night**
كائِن *kā?in* **being**, **creature**
ليْلي *lēli* **nocturnal**, **night-**
أصْلاً *áşlan* **actually**; **essentially**

Shorouk

دايْماً تقْريباً عشان مُعْظم الوَقْت بِبْقى سهْرانة معَ أصْحابي بِنِلْعب "ليج أوْف ليْجنْدْز" و دي لِعْبة أوْن لايْن و أحْياناً بِيِبْقى وَرايا شُغْل تبع الكُلّية أَوْ شُغْل عُموماً.

Almost always. Because I usually stay up playing *League of Legends,* which is an online game, with my friends. And sometimes, I have some work for college or something non-specific to do.

مُعْظم *mú3ẓam* **most of, the majority of**
سهْران *sahrān* **staying up late**
لِعْبة *lí3ba* (*pl.* ألْعاب *al3āb*) **game**; **toy**
أوْن لايْن *ōn layn* **online**
أحْياناً *aĥyānan* **sometimes**
وَراه *warā* **having** (something) **to do**
تبع *tába3* **of, belonging to**
عُموماً *3umūman* **generally**

Fouad

ساعات لَوْ فيه شُغْل مِتْأخّر لازِم أسلِّمُه بسّ بحاوِل قدْر المُسْتطاع إنّي أنظّم يوْمي و أصْحى دايْماً في نفْس الميعاد.

Sometimes, when I have a late assignment that I have to turn in. But I try to do my best to organize my days well and always wake up at the same time.

مِتْأخّر *mit?áxxar* **late**
سلِّم *sállim* [2s1] **to submit, hand in, turn in**
حاوِل *ĥāwil* [3s] **to try**, **attempt**
قدْر *qadr* **extent**; **amount**, **quantity**
مُسْتطاع *mustaţā3* **possible**, **feasible**
نظّم *náẓẓam* [2s2] **to organize**, **arrange**
ميعاد *mi3ād* (*pl.* مَواعيد *mawa3īd*) **scheduled time**, **appointment**

تِحِبّ تِبْقى مشْهور؟

Would you like to be famous?

تِحِبّي تِبْقي مشْهورة؟ ♀

مشْهور *mašhūr* (*pl.* مشاهير *mašahīr*) **famous; celebrity**

مجال *magāl* **domain, field, area**
شُهْرة *šúhra* **fame**
تصرُّف *taṣárruf* **attitude, behavior**

عِرِف *3írif* [1s4] **to know; to be able to**

مِتْراقِب *mitrā?ib* **controlled, supervised, observed**
أكيد *akīd* **sure, certainly**

بِسبب *bi-sábab* **because of**; سبب *sábab* **reason**

Yomna

لَوْ بعْمِل حاجة مْفيدة لِلنّاس، أحِبّ أكون مشْهورة عشان أقْدر أوْصل لِأكْبر عدد مُمْكِن مِنْهُم. لكِن محِبِّش أكون مِتْراقْبة طول الوَقْت بِسبب الشُّهْرة دي.

If I'm doing something beneficial for people, yes, I would like to be famous so that I can reach as many people as possible. But I wouldn't like to be controlled all the time because of this fame.

مُفيد *mufīd* **useful**
وِصِل *wíṣil* [1s4] **to arrive at; to attain, reach**
عدد *3ádad* (*pl.* أعْداد *a3dād*) **number**

أه أكيد. كُلّ النّاس تِحِبّ تِبْقى مشاهير. بسّ أحِبّ أبْقى مشْهور إنيّ مثلاً زيّ
مارْك زوكرْبيرْج.

Mohamed

Yes, sure. Everyone wants to be famous. But I would prefer to be famous like Mark Zuckerberg, for example.

أيّ حدّ بِيْحِبّ يِبْقى مشْهور و أنا نِفْسي أكون مشْهورة طبْعاً في مجال عملي
و النّاس كُلّها تِعْرف أدّ أيْه أنا ناجْحة في شُغْلي و إزّاي أنا كافِحْت.

Dalia

Everyone wants to be famous. I'd like to be famous, of course, in my field of work. People would know how successful I am at my work and how much I have struggled.

عملي *3ámali* **work(-related), professional**
أدّ أيْه *addᵊ ʔē* **how much**
ناجِح *nāgiḫ* **successful**
كافح *kāfiḫ* [3s] **to struggle**

أكيد بسّ في مجال التّسْويق لإِنُّه بِيْعلّي مِن الإسْم بْتاعي و ليْه مكونْش في
يوْم مِن الأيّام زيّ كوتْلر أَوْ سْتيف جوبْز.

Andrew

Sure, but in the marketing domain, so this would elevate my name. Maybe one day I will become like Kotler or Steve Jobs*.

تسْويق *taswīʔ* **marketing**
علّى *3álla* [2d] **to raise, elevate**
ليْه *lē* (with negative) **why not**
في يوْم مِن الأيّام *fi yōm min ilʔayyām* **someday, one of these days**
*Notice that Andrew pronounces Jobs *gūps.*

Aya

لا محِبِّش أكون مشْهور. الشُّهْرة بِتْجيب مشاكِل و غيرْه و بِتْلْغي الخُصوصية. كُلّ حَياتك و تصرُّفاتك بِتْكون مِتْراقْبة و النّاس تِسْتنّى تِغْلط عشان يَنْتقِدوك.

No, I wouldn't want to be famous. Fame brings problems and whatnot. And it also destroys privacy. Your life and behavior are scrutinized, and people just wait for you to make a mistake so that they can criticize you.

جاب *gāb* [1h2] **to bring**
و غيرْه *wi ɣēru* **and more, and other things**
لغى *láɣa* [1d2] **to cancel, nullify**
خُصوصية *xuṣuṣíyya* **privacy**
اِسْتنّى *istánna* [10.2i] **to wait (for)**
غِلِط *ɣílit* [1s4] **to make a mistake, err**
اِنْتقد *intáqad, intáʔad* [7s2] **to criticize**

Mahmoud

لا، الشُّهْرة ليها جَوانِب سيِّئة كِتير زيّ إنّي هخْسر صُحابي و مبحِبِّش إنّ النّاس تِعْرف عنّي كُلّ حاجة.

No, because fame has many bad aspects; for example, I would lose my friends. And I wouldn't like people knowing everything about me.

جانِب *gānib* (*pl.* جَوانِب *gawānib*) **aspect, side**
سيِّئ *sáyyiʔ* **bad**
خِسِر *xísir* [1s4] **to lose**

Rabab

أيّ إنْسان يِحِبّ يِبْقى مشْهور و كُلّ النّاس بِتْحِبُّه و يِقْدر يِعْمِل اللي هُوَّ عايْزُه و يْسافِر زيّ ما هُوَّ عايِز.

Everyone wants to be famous so that they can do whatever they like and travel as much as they want.

إنْسان *insān* (*pl.* ناس *nās*) **person**
سافِر *sāfir* [3s] **to travel**
زيّ ما *zayyᵊ ma* **as, like**

Tamer

معتقِدْش إنّ فيه حدّ مَيْحِبِّش يِبْقى مشْهور بسّ أنا مَيِتْهيّألّيش هعْرف أعيش
في الشُّهْرة. مِش بحِبّ العُيون تِبْقى عليّا و تِبْقى تصرُّفاتي كُلّها بْحِساب.

I don't really believe that there is anyone who wouldn't want to be famous. But I don't think that I would be able to live with fame. I don't like it when all eyes are on me, and everything I do is scrutinized.

اِعْتقِد *i3táqid* [8s1] **to believe**, **think**
اِتْهيّأ لِـ *itháyyaʔ* [5s2] **to seem**, **appear**; يِتْهيّألُه *yithayyáʔ-lu* (*lit.* it appears to one) **one thinks**, **one feels that...**
عيْن *3ēn* (*pl.* عُيون *3uyūn*) **eye**
حِساب *ḥisāb* **calculation** (here: **scrutiny**)

Shorouk

لا مِش بحِبّ الشُّهْرة و إنّ يِبْقى عليّا اِنْتِباهْ مِن النّاس و مِش بحِبّ لفْت
الأنْظار خالِص فا خلّيني كِده معْروفة مِن بِعيد لِبْعيد.

No, I wouldn't like being famous or at the center of attention, and I wouldn't like drawing attention [to myself]. So, let me just be known but out of the limelight.

اِنْتِباهْ *intibāh* **attention**
لفْت *laft* **drawing**, **attracting** (attention); لفت *láfat* [1s2] **to draw**, **attract** (attention)
نظر *náẓar* (*pl.* أنْظار *anẓār*) **look**
خالِص *xāliṣ* **not at all**; **completely**
خلّى *xálla* [2d] **to let**, **allow**; **make**, **cause**
معْروف *ma3rūf* **(well-)known**, **famous**
مِن بِعيد لِبْعيد *min bi3īd li-bi3īd* **from afar**, **unnoticed**

Fouad

لا، أنا أفضّل يِكون عنْدي صْحاب قُرِيِّبين مِنّي أفْضل مِن إنّ يْكون عنْدي
ناس كِتير بِتْحِبّني مِن بِعيد و أنا معْرفْهُمْشي.

No... I would rather prefer having close friends than having lots of people I don't know loving me from afar.

فضّل *fáḍḍal* [2s2] **to prefer**
قُرِيِّب مِن *ʔuráyyib min* **near**, **close to**
أفْضل مِن *áfḍal min* **better than**
مِن بِعيد *min bi3īd* **from afar**

28

مُمْكِن تِوْصِف مكان سكنك؟

What kind of house do you live in?

مُمْكِن تِوْصِفي مكان سكنِك؟ ♀
وَصف *wáṣaf* [1s2] **to describe**
سكن *sákan* **dwelling, living**

شقّة *šáʔʔa* (*pl.* شُقق *šúʔaʔ*) **apartment**
دوْر *dōr* (*pl.* أدْوار *adwār*) **floor, story**
أوْضة *ōḍa* (*pl.* أُوَض *úwaḍ, íwaḍ*) **room**
وَلد *wálad* (*pl.* وِلاد *wilād,* أوْلاد *awlād*) **boy**; **child**

عِمارة *3imāra* **apartment building**
ريسبْشِن *risábšin* **living room** (from English: reception)
صالة *ṣāla* **living room**
حمّام *ħammām* **bathroom**
مطْبخ *máṭbax* (*pl.* مطابِخ *maṭābix*) **kitchen**
أسانْسير *asansør* **elevator** (from French: ascenseur)

سِكِن *síkin* [1s6] **to live, reside**; ساكِن *sākin* **living**
عاش *3āš* [1h2] **to live**; عايِش *3āyiš* **living**

Note: Egypt follows the European convention of referring to the street-level floor as the *ground floor,* the next floor up as the 1st floor, and so on. Yomna, for example, says she lives on the *third* floor, but this would be considered the *fourth* floor in the U.S.

الدّوْر __ *iddōr* __ **the __ floor:**
الأرضي *ilʔárḍi* **ground**
الأوّل *ilʔáwwil* **first**
التّاني *ittāni* **second**
التّالِت *ittālit* **third**
الرّابِع *irrābi3* **fourth**
الخامِس *ilxāmis* **fifth**
السّادِس *issādis* **sixth**
السّابِع *issābi3* **seventh**
التّامِن *ittāmin* **eighth**
التّاسِع *ittāsi3* **ninth**
العاشِر *il3āšir* **tenth**

Yomna

أنا ساكْنة في شقّة في الدّوْر التّالِت مِكوِّنة مِن ٣ أوَض، واحْدة لِيّا و واحْدة لِلوِلاد و واحْدة مِسمّينْها أوضْةْ القِرايَة و حاطّين فيها كُتُب و قِصص كِتير.

I live in an apartment on the third floor. It has three rooms, one for me, one for the children, and one we call 'the reading room,' where we've put many books and storybooks.

تالِت *tālit* **third**
كوِّن *káwwin* [2s1] **to make up, compose**
سمّى *sámma* [2d] **to call, name**
قِرايَة *ʔirāya* **reading**
حطّ *ħaṭṭ* [1g2] **to put**
قِصّة *ʔíṣṣa* (*pl.* قِصص *ʔíṣaṣ*) **story**

Mohamed

أنا ساكِن في شقّة في عِمارة فيها أوضْتين و ريسبْشِن في آخِر دوْر في العِمارة.

I live in an apartment, in an apartment building, with two rooms and a living room on the top floor of the building.

Dalia

أنا ساكْنة في شقّة في عِمارة. ساكْنة في الدّوْر التّاني. الشقّة أوضْتيْن و صالة بسّ الشّقّة كْبيرة و نِفْسي نِعزِّل نِسْكُن في منْطِقة تانْيَة و شقّة أكْبر.

I live in an apartment, in a building. I live on the second floor. The apartment has two (bed)rooms and a living room, but it *is* a spacious apartment. And I want to move to another area and into a bigger apartment.

عزِّل *3ázzil* [2s1] **to move**
منْطِقة *manṭíʔa* (*pl.* مناطِق *manāṭiʔ*) **district, neighborhood**, **area**
أكْبر *ákbar* **bigger**

Andrew

أنا عايِش في شقّة في الدّوْر الرّابِع فيها ٣ أُوَض و حمّام و مطْبخ. هِيَّ الشقّة مِش كِبيرة لكِن مِترْتِّبة و مِتْنظّمة بْطريقة كْوَيِّسة جِدّاً.

I live in an apartment on the fourth floor. It has three rooms, a bathroom, and a kitchen. It's not a big apartment, but it's very neat and well-organized.

مِترْتِّب *mitráttib* **neat, tidy**
مِتْنظّم *mitnáẓẓam* **organized, orderly**
بطريقة ـ *bi-ṭarīʔa* __ **in a __ way**

Aya

أنا ساكْنة في شقّة كْبيرة في الدّوْر الأوّل. فيها ٤ أُوَض نوْم، مطْبخ كِبير، حمّامينْ، برجولْتينْ، صالة كْبيرة، و أوْضِةْ سُفْرة.

I live in a spacious apartment on the first floor. It has four bedrooms, a big kitchen, two bathrooms, two pergolas, a big living room, and a dining room.

نْوم *nōm* **sleep**(**ing**)
برْجولة *bargūla* **pergola** (outdoor sitting area)
سُفْرة *súfra* (*pl.* سُفر *súfar*) **dining table**

Mahmoud

ساكِن في فيلّا في كومْبَوْنْد، بِتِتْكوِّن مِن دورينْ، فيها ٥ أُوَض، و الأوْضة بْتاعْتي في الدّوْر التّاني.

I live in a two-story house in a housing development. It has five rooms, and my room is on the second floor.

فيلّا *vílla* **detached multi-story house** (from English: villa)
كومْبَوْنْد *kumpáwnd* **housing development** (from English: compound)
اِتْكوِّن مِن *itkáwwin* [5s1] *min* **to consist of**

Rabab

أنا ساكْنة في شقّة في الدّوْر الرّابِع مفيش أسانْسير. الشّقّة أوضْتينْ و ريسبْشِن كِبير و حمّام واحِد.

I live in an apartment on the fourth floor. There is no elevator. The apartment has two rooms, a spacious living room, and one bathroom.

Tamer

أنا ساكِن في بيْت عيْلة. شقّتي في الدّوْر الأوّل: ٣ أُوَض و صالة. أوْضة مِنْهُم عامِلْها مكْتب لِيّا و أوْضة لِلأَوْلاد و أوْضِة نوْم.

I live in a *family house*. My apartment is on the first floor and includes three [bed]rooms and a living room. One of the rooms I made into an office for myself, one is for the children, and [one is] the bedroom.

بيْت عيْلة *bēt 3ēla* **'family house'** (apartment building which belongs to and is occupied by members of an extended family)

عيْلة *3ēla* **family**

مكْتب *máktab* (*pl.* مكاتِب *makātib*) **office**

Shorouk

عِبارة عن شقّة في الدّوْر الخامِس و لِلأسف مفيش أسانْسير عشان هِيَّ عِمارة قديمة شْوَيّة. فيها أوضْتيْن و صالة و حمّام و مطْبخ.

It is an apartment on the fifth floor. Unfortunately, there is no elevator because it's a rather old building. It has two bedrooms, a living room, a bathroom, and a kitchen.

عِباره عن *3ibāra 3an* **consisting of**; **is, are**

لِلأسف *li-lʔásaf* **unfortunately**

Fouad

شقّة ١٢٠ مِتْر. ٣ غُرف، حمّام، مطْبخ، ريسبْشِن قِطْعِتيْن. الدّوْر الأوّل. في الرِّحاب بِجْوار مُجمّع المطاعِم و مُجمّع البُنوك. عنْدِنا فيه حديقة حِلْوَة أوي قُدّامْنا.

An apartment of 120 square meters—three bedrooms, a bathroom, a kitchen, a living room with a dining area. It's on the first floor. It's in Rehab, close to restaurants and banks. We have a very nice park across the street.

قِطْعة *ʔíṭ3a* **section**, **part** ('living room with two sections' means that there is a dining area, rather than a separate dining room)

بِجْوار *bi-gwār* **in the vicinity of**

مُجمّع *mugámma3* **complex**, **collection**

بنْك *bank* (*pl.* بُنوك *bunūk*) **bank**

حديقة *ḥadīʔa* (*pl.* حدايِق *ḥadāyiʔ*) **park**

إمْتى بِتْكون في أسْعد حالاتك؟

When do you feel the happiest?

إمْتى بِتْكوني في أسْعد حالاتِك؟ ♀

أسْعد *ás3ad* **happier/happiest**; سعيد *sa3īd* **happy**

حالة *ĥāla* **state; case, incident**

شاف *šāf* [1h1] **to see**

حقّق *ĥá??a?* [2s2] **to realize, make come true**

Yomna

لمّا بشوف اللي حَواليّا سعادة. في أيّ مكان و معَ أيّ حدّ، مُجرّد إنيّ أحِسّ إنّ المجْموعة اللي في المكان ده قاعْدين مِرْتاحين و مِنْدمِجين معَ بعْض.

When I see happiness around me. Anywhere and with anyone, I just want to feel that people around me are at ease and in harmony with each other.

أيّ حدّ *ayy*ᵊ *ĥadd* **anyone**

حَواليْن *ĥawalēn* **around**; (+ suffix) حَواليْـ *ĥawalē-*

سعادة *sa3āda* **happiness**

مُجرّد *mugárrad* **just, merely**

مجْموعة *magmū3a* **group; collection**

مِرْتاح *mirtāĥ* **at ease, relaxed**

مِنْدمِج *mindámig* **engaged, connected**

Mohamed

بكون في أسْعد حالاتي و أنا بشوف تارْجِت مِن أحْلامي بْيِتْحقّق قُدّامي زيّ مثلاً ترْقية أَوْ فِلوس.

I feel the happiest when I see one of my goals is achieved before my eyes, such as a promotion or [earning] money.

تارْجِت *tárgit* **target, goal**
حِلْم *ḥilm* (*pl.* أحْلام *aḥlām*) **dream**
اِتْحقّق *itḥáʔʔaʔ* [5s2] **to come true, be fulfilled**
ترْقية *tarʔíyya* **promotion**
فِلوس *filūs* (*pl.*) **money**

Dalia

بكون في أسْعد حالاتي لمّا بِنْجح في شُغْلي و أسْمع تقْييم حِلْو. و لمّا باكُل بيتْزا و شوكولاتة و لمّا بحُطّ ميْكاب.

I feel the happiest when I succeed at work and am appreciated. And when I eat pizza and chocolate. And when I put on makeup.

نِجِح *nígiḥ* [1s4] **to succeed**
سِمِع *símiʕ* [1s4] **to hear; to listen to**
تقْييم *taʔyīm* **evaluation, appraisal, rating**
بيتْزا *bítsa, pítsa* **pizza**
شوكولاتة *šukulāta* **chocolate**
حطّ *ḥaṭṭ* [1g2] **to put, place**
ميْكاب *mēkap* **makeup**

Andrew

لمّا بكون وِسْط أهْلي كُلُّهُم أَوْ وِسْط أصْحابي و بْنِعْمِل معَ بعْض نشاط في الكنيسة لإِنّ كُلِّنا بِنْكون مِتْجمّعين و بِنْعيِّد الذِّكْرَيات القديمة.

When I am surrounded by my family or friends and together do some activities at church because we're gathered together and reminisce over old memories.

وِسْط *wisṭ* **among, in the middle of**
أهْل *ahl* **family**
نشاط *našāṭ* **activity**
كنيسة *kanīsa* **church**
اِتْجمّع *itgámmaʕ* [5s2] **to gather, get together**
عيِّد *ʕáyyid* [2s2] **to celebrate**
ذِكْرى *zíkra* (*pl.* ذِكْرَيات *zikrayāt*) **memory**

Aya

بكون في أسْعد حالاتي لمّا أكون بعْمِل الحاجات اللي بحِبّها معَ أقْرب النّاس عنْدي و بِنِضْحك سَوا و محدِّش فينا تعْبان.

I feel the happiest when I do things I love with the people closest to me, and we laugh together, and none of us is tired.

أقْرب *áʔrab* **closer; closest**
ضِحِك *díḫik* [1s4] **to laugh**

سَوا *sáwa* **together**
تعْبان *ta3bān* **tired**

Mahmoud

بكون في أسْعد لحظات حَياتي لمّا بحِسّ إنّي قِدِرْت أَوْصلّي حاجة أنا عايِزْها أَوْ حِلْم حقّقْته.

I feel the happiest when I manage to achieve something I've longed for or a dream I've realized.

لحْظة *láḫẓa* **moment**
وِصِل *wíṣil* [1s4] **to attain, reach; to arrive**

حِلْم *ḫilm* (*pl.* أحْلام *aḫlām*) **dream**

Rabab

لمّا بقْعُد على البحْر. حقيقي بحِبّ البحْر، ريحْتُه و شكْلُه. لمّا تُقْعُد تِكلِّمُه و إنْتَ قاعِد على شطُّه و تِتْأمِّل في جمالُه، فِعْلاً إحْساس رائع.

When I sit by the sea. I really love the sea, its smell and how it looks. When you talk [to the sea], and you're sitting on the beach marveling at its beauty, it is a truly wonderful feeling.

بحْر *baḫr* (*pl.* بِحار *biḫār*, بُحور *buḫūr*) **sea**
حقيقي *ḫaʔīʔi* **really**
ريحة *rīḫa* **smell**
شكْلُه *šáklu* **one's appearance**
كلِّم *kállim* [2s1] **to talk to**

شطّ *ṣhaṭṭ* **beach, shore**
اِتْأمِّل في *itʔámmil* [5s1] *fi* **to reflect on, ponder**
جمال *gamāl* **beauty**
إحْساس *iḫsās* **feeling, sensation**
رائع *rāʔi3* **wonderful, amazing, terrfic**

Tamer

أسْعد حالاتي لمّا بجيب لِعْبة لِواحِد مِن أَوْلادي خُصوصاً الألْعاب الحديثة شْوَيّة و اللي مكانِتْش مَوْجودة على أَيّامي. ساعِتْها بفْتح معاهُم اللِّعْبة و أقْعُد ألْعب معاهُم.

I feel the happiest when I bring a toy to one of my children, especially rather modern toys which didn't exist back in my days. So, I open the toy with them and stay to play with them.

لِعْبة *lí3ba* (*pl.* ألْعاب *algāb*) **toy; game**
وَلد *wálad* (*pl.* وِلاد *wilād,* أَوْلاد *awlād*) **child**
حديث *ɦadīs* **modern**
ساعِتْها *sa3ítha* **then, at that time**
فتح *fátaɦ* [1s1] **to open**
لِعِب *lí3ib* [1s4] **to play**

Shorouk

لمّا بكون محْطوطة في منْصب و عليّا مسْئولية ما و النّاس حاطّة أمال كِتير عليّا و أعْمِلْها و أكون قدّها بحِسّ بْفخْر و فرح كِبير.

When I am put in a certain position and carry some responsibility and people are heavily relying on me, and I prove my worth and succeed. I feel really proud and happy.

حطّ *ɦatt* [1g2] **to put**
منْصب *mánṣab* (*pl.* مناصِب *manāṣib*) **position**
مسْئولية/مسْؤلية *mas?ulíyya* **responsibility**
ما *ma* (following noun) **some, certain, particular**
أمل *ámal* (*pl.* أمال *amāl*) **hope**
قدّ *?add* **extent**
فخْر *faxr* **pride**
فرح *fáraɦ* **joy**

Fouad

لمّا بكون حقّقْت حاجة أنا مِش عارِف أَوْصلْها مِن زمان أوي و بحِسّ إنّ ده ثِمار تعبي و إنّ فِعْلاً اللي بْيِفْرِق شخْص عن التّاني هُوَّ المجْهود.

When I achieve something after a very long struggle. I feel it's the fruit of my labor, and what really differentiates people from each other is their effort.

وِصِل *wíṣil* [1s4] **to attain, reach; to arrive**
ثمرة *sámara* (*pl.* ثِمار *simār*) **yield, fruit**
تعب *tá3ab* **effort; fatigue**
فرق عن *fára?* [1s2] *3an* **to differentiate from**
مجْهود *maghūd* **effort**

بِتِعْمِل أيْه أوِّل ما بِتِصْحى الصُّبْح؟

What do you do after you get up in the morning?

بِتِعْمِلي أيْه أوِّل ما بِتِصْحي الصُّبْح؟ ♀
أوِّل ما *áwwil ma* **as soon as**
صِحي *ṣíḥi* [1d] **to wake up**

دُشّ *dušš* = شاوَر *šāwar* **shower**
هُدوم *hudūm, hidūm* (*pl.*) **clothes, clothing**
وِشّ *wišš* (*pl.*وُشوش *wušūš*) **face**
كُلِّيّة *kullíyya* **college; school**

صلّى *ṣálla* [2d] **to pray**
جهِّز *gáhhiz* [2s1] **to prepare**
نِزِل *nízil* [1s4] **to leave the house; to descend**
لِبِس *líbis* [1s5] **to get dressed; to wear; to put on**
فِطِر *fíṭir* [1s4] **to have breakfast**
اتْوَضّى *itwáḍḍa* [5d] **to perform ablution**
غسل *ɣásal* [1s2] **to wash**
شِرِب *šírib* [1s4] **to drink**
شُوَيّة *šuwáyyit* **a little, a bit of**

Yomna

بصلّي الصُّبْح و أجهِّز السّنْدِويتْشات و أصْحى الأَوْلاد. بعْد ما يِنْزِلوا، باخُد دُشّ و ألْبِس و أروح شُغْلي. أَوْقات بعْمِل شُويّةْ تمارين أَوْ بجهِّز حاجات لِلغدا.

I perform the morning prayer, make sandwiches, and wake up the children. When they've gone, I take a shower, put on my clothes, and go to work. Sometimes I exercise a bit or prepare lunch.

سّنْدِويتْش *sándiwitš* **sandwich**
أَوْقات *awʔāt* **sometimes**
وَلد *wálad* (*pl.* وِلاد *wilād,* أَوْلاد *awlād*) **child**
تمْرين *tamrīn* (*pl.* تمارين *tamarīn*) **exercise**
غدا *ɣáda* **lunch**

Mohamed

أوِّل ما بصْحى بدْخُل الحمّام أسْتحمّي و أتْوَضّى و أصلّي و بعْديْن أفْطر و
ألْبِس هِدومي و أنْزِل.

I take a shower as soon as I get up. Then I wash up for prayer and pray. Afterward, I eat my breakfast, put on my clothes, and leave home.

حمّام *ђammām* **bathroom**

اِسْتحمّى *istaђámma* [10.2d] **to bathe**

Dalia

أوِّل ما بصْحى الصُّبْح بحِبّ آخُد شاوَر أوِّل حاجة و بعْد كِده أفْطر و أعْمِل
شُويّةْ رِياضة و أشْتغل و وَقْت الشُّغْل مِش بحِبّ أركِّز في أيّ حاجة تانْيَة.

As soon as I get up in the morning, I take a shower. Then I have breakfast, exercise a bit, and work. At work, I don't want to be focused on anything else [besides work].

رِياضة *riyāḑa* **fitness, exercise; sports**

ركِّز في *rákkiz* [2s1] *fi* **to focus on**

Andrew

كُلّ اللي بقْدر أعْمِلُه يادوْب أغْسِل وِشّي و أنْزِل بِسُرْعة علشان متْأخّرْش على
الشُّغْل. و أنا نازِل أبُصّ على الموبايْل و أشوف الإيميْلات في السّريع.

All I can do is barely wash my face and run out in order to be in time for work. As I'm going out, I keep looking at my cell phone to quickly check my e-mails.

يادوْب *yadōb* **just barely**

بِسُرْعة *bi-súr3a* **quickly, fast**

أخّر على *ʔáxxar* [2s2] *3ála* **to be late for**

بصّ على *baṣṣ* [1g2] *3ála* **to look at**

موبايْل *mubáyl* **cell phone**

إيميْل *īmēl* **e-mail**

في السّريع *fi -ssarī3* **quickly, fast**

أوَّل ما بصْحى الصُّبْح بصلّي و أشْكُر ربِّنا على كُلّ النِّعم اللي مَوْجودة في حَياتي. و بعْديْن بفْطر كُوَيِّس لإِنُّه أهمّ وَجْبة في اليوْم.

Aya

As soon as I get up in the morning, I pray and thank God for all of His blessings in my life. Then I eat my breakfast because it's the most important meal of the day.

شكر على *šákar* [1s3] *3ála* **to thank for**
ربِّنا *rabbína* **God**; ربّ *rabb* **Lord**
نِعْمة *ní3ma* (*pl.* نعم *ní3am*) **grace**, **blessing** (of God)
أهمّ *ahámm* **more/most important**; مُهِمّ *muhímm* **important**
وَجْبة *wágba* **meal**

بغْسِل وِشّي بعْديْن أتْوَضّى، بعْد كِده بصلّي. بعْديْن أفْطر، بعْد كِده بلْبِس عشان أروح الكُلّية.

Mahmoud

I wash my face, perform ablution, then pray. Then I have breakfast, and after that, I get dressed to go to college.

باخُد شاوَر و أصلّي و أفْطر و ألْبِس هُدومي عشان أروح الشُّغْل و بعْديْن أشْرب النّسْكافيْه أوّل ما أَوْصل عشان أبْدأ شُغْلي.

Rabab

I take a shower, pray, eat my breakfast, and put on my clothes to go to work. Then I drink Nescafé as soon as I arrive in order to start work.

نسْكافيْه *naskafēh* **Nescafé, instant coffee**
وِصِل *wíṣil* [1s4] **to arrive; to attain, reach**
بدأ *báda?* [1s1] **to start, begin**

Tamer

أوِّل حاجة لازِم أعْمِلْها الصُّبْح إنّي أشْرب كوبّايةْ شاي و سيجارة و بِالرّغْم مِن إنّها عادة زبِالة بسّ مِش قادِر أبطّلْها.

The first thing I have to do in the morning is to drink a cup of tea and smoke a cigarette. Although it's a very bad habit, I just can't quit.

كوبّاية *kubbāya* **cup**
شاي *šāy* **tea**
سيجارة *sigāra* **cigarette**
بِالرّغْم مِن إنّ *bi-rráɣmᵃ min inn* **in spite of the fact that, although**
عادة *3āda* **habit**
زِبالة *zibāla* **garbage**
بطّل *báṭṭal* [2s2] **to quit**, **stop**

Shorouk

بدْخُل الحمّام أغْسِل وِشّي و أتْوَضّى و أروح أصلّي بعْديْن أجهِّز الفِطار و أفْطر و أحْياناً مِش بفْطر و ألْبِس و أنْزِل على طول لَوْ عنْدي كُلّية.

I go to the bathroom, wash my face, perform ablution, and pray. Then I make breakfast and eat it. Sometimes I don't have breakfast; I just get dressed and head straight to school.

فِطار *fiṭār* **breakfast**
أحْياناً *aḫyānan* **sometimes**
على طول *3ála ṭūl* **always**, **constantly**

Fouad

بغْسِل وِشّي، بفْطر، و بنْزِل. أتْمشّى شْوَيّة و بعْد كِده بطْلع أكمِّل باقي الشُّغْل اللي وَرايا أَوْ أشوف مِشْواري اليَوْمية.

I wash my face, eat breakfast, and go out walking a bit. And then I go back home to finish the rest of the work I have to do, or I see to my daily errands.

اِتْمشّى *itmášša* [5d] **to go for a walk**
طِلِع *ṭíli3* [1s4] **to go home**; **to ascend**
كمِّل *kámmil* [2s1] **to finish**; **to continue**
باقي __ *bāʔi* __ **the rest of** __
وَراه *warā* **having** (something) **to do**
شاف *šāf* [1h1] **to see**
مِشْوار *mišwār* (*pl.* مشاوير *mašawīr*) **errand**, **task**
يَوْمي *yáwmi* **daily**

31

أيْه هُوَّ مشْروبك المفُضّل؟

What is your favorite drink?

أيْه هُوَّ مشْروبِك المفُضّل؟ ♀
مشْروب *mašrūb* **drink**, **beverage**

عصير *3aṣīr* (*pl.* عصايِر *3aṣāyir*) **juice**
سحْلب *sáɦlab* **salep** (tapioca drink)
شاي *šāy* **tea**
كاكاوْ *kakāw* **cacao**, **hot chocolate**, **chocolate milk**
شوكولاتة *šukulāta* **chocolate**
لبن *lában* **milk**
قهْوَة *ʔáhwa* **coffee**
بُرْتُقان *burtuʔān* = بُرْتُقال *burtuʔāl* (*coll.*) **oranges**
سُكّر *súkkar* **sugar**
نِعْناع *ni3nā3* **mint**

شِرِب *šírib* [1s4] **to drink**

عصير القصب. مِن أجْمل المشْروبات المصْرية الأصيلة، و الكرْكديْه والتّمر هِنْدي بِالنِّسْبة لِلمشْروبات الساقْعة. أمّا السُخْنة، فا البلح بِاللّبن و الموغات و السّحْلب مِن ألذّ المشْروبات اللي مُمْكِن تِدوقْها.

Yomna

Sugarcane juice. It's one of the most delicious traditional Egyptian juices. Also, roselle and tamarind for cold drinks. When it comes to hot drinks, there is date milk, moghat, and salep, among the tastiest drinks that you could ever taste.

قصب *ʔáṣab* **(sugar)cane**
أجْمل *ágmal* = ألذّ *alázz* **most delicious**
أصيل *aṣīl* **authentic**, **genuine**
كرْكديْه *karkadēh* **roselle**
تمر هِنْدي *támar hindi* **tamarind**
بِالنِّسْبة لِـ *bi-nísba li-* = أمّا... فا... **for**, **when it comes to**
ساقع *sāʔi3* **cold**
سُخْن *suxn* **hot**
بلح *bálaɦ* **date (fruit)**
موغات *muɣāt* **moghat** (sweet drink made from a yellow powder)
داق *dāʔ* [1h1] **to taste**

مشْروبي المُفضّل هُوَّ الشّاي. و ده أكْتر مشْروب بشْربُه. بشْرب مِنُّه ٣-٤ كُبّايات في اليوْم.

Mohamed

My favorite drink is tea. I drink it the most. I drink about three or four cups of tea a day.

كوبّاية *kubbāya* **cup**

مشْروبي المُفضّل هُوَّ الكاكاوْ. بحِبُّه جِدّاً و بحِسّ إنيّ دايْبة في الشّوكولاتة و أنا بشْربُه و بحِبّ الميلْك شيْك فراوْلة و الفراوْلة تْكون قُليِّلة و الفانيلْيا كْتير.

Dalia

My favorite drink is hot chocolate. I like it so much, and when I drink it, I feel as if I were melting in chocolate. I also like strawberry milkshakes but with just a little strawberry and a lot of vanilla.

داب *dāb* [1h1] **to melt**
ميلْك شيْك *milk šēk* **milkshake**
فراوْلة *faráwla* **strawberry**
فانيلْيا *vanílya* **vanilla**
قُليِّل *ʔuláyyil* **little, not much**

عصير البطيخ و ده أكْتر حاجة بْتِدّيني اِنْتِعاشة في جوّ الصّيْف المتْعِب و طبْعاً فيه الشّاي والقهْوَة و الكابُتْشينو و دوْل بشْربْهُم أغْلبِيِّةْ الوَقْت.

Andrew

Melon juice. It refreshes me a lot in tiresome summer weather. And, of course, there is tea, coffee, and cappuccino, which I drink most of the time.

بطيخ *baṭīx* **watermelon**
إدّى *ídda* [i2] **to give**
اِنْتِعاشة *inti3āša* **refreshment**
جوّ *gaww* **weather**
صيْف *ṣēf* **summer**
مُتْعِب *mút3ib* **tiresome**
كابُتْشينو *kabutšīnu* **cappuccino**
أغْلبِيِّةْ ـ *aɣlabíyyit* __ **most off** __; أغْلبية *aɣlabíyya* **majority**

Aya

مشْروبي المُفضّل هُوَّ عصير البرْتُقان بِالجزر، عصير مُغزّي و ملْيان فيتامين
و مُنْعِش و سهْل أعْمِلُه في البيْت أَوْ أشْترِيه مِن أيّ محلّ.

My favorite drink is carrot-orange juice. It's a nutritious juice full of vitamins and is refreshing. It's easy to make at home, or I can buy it from any shop.

جزر *gázar* **carrots**
مُغزّي *muɣázzi* **nutritious, nourishing**
ملْيان *malyān* **full (of)**
فيتامين *vitamīn* **vitamins**

مُنْعِش *mún3iš* **refreshing**
سهْل *sahl* **easy**
اِشْترى *ištára* [8d] **to buy**
محلّ *maħáll* **shop, store**

Mahmoud

المانْجة، مِن أكْتر العصايِر الطّبيعية اللي بحِبّها عشان المُلوحة الخفيفة
اللي فيها و السُّكّر المعْدول.

Mango juice. It's one of my favorite natural juices. I like it because it is low in sodium and sugar.

مانْجة *mánga* **mango**
طبيعي *ṭabī3i* **natural**
مُلوحة *mulūħa* **saltiness**

خفيف *xafīf* **light**
معْدول *ma3dūl* **moderate**

Rabab

كاكاو بِاللّبن و اللّيمون بِالنّعْناع. دوْل أكْتر مشْروبيْن بحِبُّهُم و مُمْكِن أشْرب
مِنْهُم كُلّ يوْم و مزْهقْش.

Chocolate milk and mint lemonade. These are my two favorite drinks. I can drink them all day long without getting tired.

ليمون *limūn* **lemon**

زِهِق *zíhiʔ* [1s4] **to get fed up, get tired**

مشْروبي المفُضّل الشّاي بِالنِّعْناع طبْعاً مسْتغْناش عنُّه و كمان السّحْلب في الشِّتا و مُمْكِن الحِلْبة لكِن مِش بحِبّ القهْوَة الصّراحة.

Tamer

My favorite drink is mint tea, of course. I cannot live without it. Also, salep in the winter, and maybe also helba, but honestly, I don't like coffee.

اِسْتغْنى عن *istáɣna* [10d1] *3an* **to live without**
شِتا *šíta* **winter**
حِلْبة *ħílba* **helba** (fenugreek drink)
الصّراحة *iṣṣarāħa* **frankly, to be honest**

الشّوكُلاتة بِاللّبن و عصير البرْتُقال الفِريش البْيور و أحْياناً بحِبّ أحُطّ فيه سُكّر عشان بيِبْقى مُرّ أوي و هُوَّ أكْتر عصير بحِسّ إنُّه بْيِرْوي عطشي.

Shorouk

Chocolate milk and fresh, pure orange juice, to which I sometimes add some sugar because it's too sour. I think it's the best juice to quench my thirst.

فِريس *firīš* **fresh**
بْيور *byūr* **pure**
أحْياناً *aħyānan* **sometimes**
حطّ *ħatt* [1g2] **to put**
مُرّ *murr* **bitter**
رَوى *ráwa* [1d2] **to quench**; **to irrigate**
عطش *3áṭaš* **thirst**

مشْروبي هُوَّ البرْتُقال الطّازة. و بِيْكون مُضاف ليه سُكّر عشان مِش بسْتحْمِلُه مِن غيْر سُكّر. و بفضّلُه أكْتر مِن غيْر بِذْرة.

Fouad

My favorite drink is fresh orange juice, and it should have some sugar added; otherwise, I cannot stand it, and I also prefer it seedless.

طازة *ṭāza* (*invar.*) **fresh**
مُضاف ليه *muḍāf lī* **added to it**
اِسْتحْمِل *istáħmil* [10s1] **to bear, stand, endure**
مِن غيْر *min ɣēr* **without**
بِذْرة *bízra* **seed**

أيْه هِيَّ أكْتر صِفة بِتْقدّرْها في اللي قُدّامك؟

What is the character trait that you value the most in someone?

أيْه هِيَّ أكْتر صِفة بِتْقدّريها في اللي قُدّامِك؟ ♀
صِفة *ṣífa* **character, trait, quality**
قدّر *ʔáddar* [2s2] **to value, appreciate**
اللي قُدّامك *ílli ʔuddāmak* **(he) who is in front of you**

صِدْق *ṣidʔ, ṣidq* **honesty**
اِحْتِرام *iḫtirām* **respect**
كلام *kalām* **word; what one says**
ثِقة *síʔa, síqa* **trust**

خلّى *xálla* [2d] **to let, allow; make, cause**
اِحْترم *iḫtáram* [8s1] **to respect**

صادِق *ṣādiʔ, ṣādiq* **honest**

Yomna

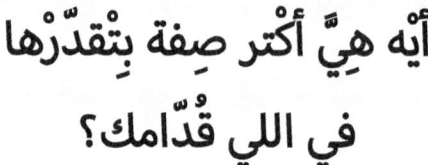

الصِّدْق و اِحْترِام الأخرين أكْتر صِفتينْ بِيْخلّلوني مْطمِّنة و أنا بكلِّم النّاس، لإِنيّ عارْفة إِنُّهْم بِيْقولولي رأْيُهْم الحقيقي و كمان هَيِسْمعوا رأْيي لِلآخِر لِغايِةْ ما نِوْصل لِنتيجة تِرضّينا.

Honesty and respect toward others are two traits that make me feel reassured when talking to people because I know that they are telling me their real opinion and that they will also hear my opinion out until we come up with a result that satisfies both of us.

أخر *áxar* **other**
طمِّن *ṭámmin* [2s1] **to reassure**
كلِّم *kállim* [2s1] **to talk to**
قال *ʔāl* [1h1] **to say**
رأْي *raʔy* (*pl.* أراء *arāʔ*) **opinion, view**
حقيقي *ḫaʔīʔi* **real, actual**
سِمِع *sími3* [1s4] **to hear, listen to**
لِغايِةْ ما *li-ɣāyit ma* **until**
وِصِل *wíṣil* [1s4] **to arrive; to attain, reach**
نتيجة *natīga* **result**
رضّى *ráḍḍa* [2d] **to please**

Mohamed

أكْتر صِفة بقدّرْها هِيَّ الصِّدْق عشان إحْنا في زمن كُلّ النّاس بقِت غشاشة و كدّابة.

The character trait I value the most is honesty because we live in an era where everyone has become cheaters and liars.

إحْنا *íḫna* **we (are)**
زمن *záman* (*pl.* أزْمان *azmān*) **time, period**
غشّاش *ɣaššāš* **deceitful, cheating**
كدّاب *kaddāb* **lying; liar**

Dalia

بحِبّ دايْماً اللي قُدّامي إنُّه يِكون صادِق و مُحْترِم لإنّي مِش بحِبّ الكِدْب فا لمّا بلاقي شخْص صادِق بقدّرُه جِدّاً و بحْترِمْه لإنُّه بقى نادِر ألاقي شخْص صادِق.

I always want people to be honest and respectful because I hate lying, so when I find someone honest, I value them and respect them, as it has become rare to meet someone who is honest.

مُحْترِم *muḫtárim* **respectful**
كِدْب *kidb* **lying, telling lies**
نادِر *nādir* **rare**

Andrew

اِحْتِرام الكلْمة لإنّ الواحِد قابِل في حَياتُه ناس كِتير بسّ أكْتر النّاس مِش بيِحْترِموا كلامْهُم و ده خلّاني أفْقِد الثِّقة في أغْلبِيِّةْ النّاس.

Keeping one's word. Because one meets so many people throughout one's life, but most of them don't keep their word, and that's the reason why I've lost trust in most people.

كلْمة *kálma* **word**
قابِل *ʔābil* [3s] **to meet**
أغْلبِيِّةْ_ *aɣlabíyyit* __ **most off** __; أغْلبية *aɣlabíyya* **majority**

Aya

أكْتر صِفة بقدّرْها في اللي قُدّامي إنُّه يكون عنْده زوْق و إحْساس. مَيْخلّينيش أتْضايِق مِن طريقِةْ كلامُه و أُسْلوبُه معايا.

The character I value the most in people is when they have manners and sensibility. They don't make me feel annoyed with the way they talk to and treat me.

زوْق *zōʔ* **manners**
إحْساس *iḥsās* **sensibility**
اِتْضايِق مِن *itḍāyiʔ* [6s] *min* **to be annoyed with**
طريقة *ṭarīʔa* **way**
أُسْلوب *uslūb* (*pl.* أساليب *asalīb*) **method, manner, style**

Mahmoud

الصِّدْق، لَوْ الشّخْص اللي قُدّامي صادِق في كلامُه معايا دي الحاجة اللي بِتْخلّيني أحْترْمُه و أقدّرُه.

Honesty. If the person I'm talking with is honest with me, I respect and value them.

Rabab

الطِّيبة و الصِّدْق. أنا مُؤْمِنة إنّ الصِّفات دي لمّا تِبْقى مَوْجودة في إنْسان يِبْقى ده أكْتر واحِد لازِم تثِق فيه.

Goodness and honesty. I believe that when these traits are found in a person, they should be absolutely trustworthy.

طيبة *ṭība* **kindness, good-heartedness**
مُؤْمِن *múʔmin* **believing**
إنْسان *insān* (*pl.* ناس *nās*) **person, human**
وَثِق في *wásiq fi* **to trust** (from MSA)

Tamer

دايْماً بقدّر الشّخْص اللي لَوْ اِختلفْت معاه في الرّأْي مَيْغيرّش رأْيُه الشّخْصي فيك، و اللي فاهِم فِعْلاً يَعْني أيْه الاِخْتِلاف في الرّأْي لا يُفْسِد لِلوُدّ قضية.

I always value people who, when you disagree with them, don't change their personal opinion about. And people who really understand the meaning of 'difference in opinion' would never let it affect their personal relationships.

اِخْتلف *ixtálaf* [8s1] **to differ** (in opinion)
رأْي *raʔy* (*pl.* أراء *arāʔ*) **opinion**
غيّر *ɣáyyar* [2s2] **to change**
فِهِم *fíhim* [1s4] **to understand**
اِخْتِلاف *ixtilāf* **difference** (of opinion)
لا يُفْسِد لِلوُدّ قضيه *la yúfsid li-lwúddᵊ ʔaḍḍiyya* (set expression from MSA) **will not damage a relationship**
أفْسد *áfsad* [4s] = فسد *fásad* [1s2] **to spoil, ruin**

Shorouk

اللي بِيِبْقى عايِش سِنُّه و مِش مِتْكبّر أَوْ فاكِر نفْسُه أحْسن مِن باقي النّاس و الواقْفين مبْيِضْحكوش خالِص و واخْدين الحَياة و كُلّ حاجة جدّ.

[I appreciate] people who are modest and *not* arrogant or think that they're better than other people or take everything seriously and never laugh.

عايِش سِنُّه *3āyiš sínnu* **young at heart**
مِتْكبّر *mitkábbar* **arrogant**
فاكِر *fākir* **thinking**; **remembering**
أحْسن مِن *áħsan min* **better than**
باقي *bāʔi* (+ definite noun) **the rest of __**
واقِف *wāʔif* **standing**
ضِحِك *díħik* [1s4] **to laugh**
خالِص *xāliṣ* **not at all**; **completely**
واخِد *wāxid* **taking**
جدّ *gadd* **serious**

Fouad

إنُّه يِكون صريح و مِش بِيِكْدِب لإِنّ الصّراحة بِيِتْبنّى على أساسْها الثِّقة و الثِّقة بِتْأدّي بعْد كِده لِعلاقة أقْوى أيّاً كان بقى أيْه نوْع العلاقة دي.

Someone being straightforward and not lying because being straightforward is, at its very foundation, built on trust, and trust leads to a stronger relationship, regardless of the nature of the relationship.

صريح *ṣarīħ* **frank, candid, honest**
كِدِب *kídib* [1s4] **to lie, tell lies**
صراحة *ṣarāħa* **candor, honesty**
اِتْبنّى *itbánna* [5d] **to be built**
أساس *asās* **basis, foundation**
أدّى لِـ *ʔádda* [2d] *li-* **to lead to**
علاقة *3alāʔa* **relationship**
أقْوى *áqwa* **stronger**; قَوي *qáwi* **strong**

أيْه هِيَّ أكْتر حاجة مجْنونة عملْتها في حَياتك؟

What is the craziest thing you've ever done?

أيْه هِيَّ أكْتر حاجة مجْنونة عملْتيها في حَياتِك؟ ♀

مجْنون *magnūn* **crazy**

ميّة *máyya* **water**

نطّ *naṭṭ* [1g2] **to jump**

مُمْتع *múmti3* **enjoyable, fun**

Yomna

مرّة خدْت صاحْبِتي مِن عنْد مِترْو السّيِّدة زيْنب و مِشينا نْوَزّع بلح و ميّة على النّاس في الشّارِع لِحدّ ما وْصِلْنا الزّمالِك. كان مِشْوار طَويل و غريب و مُمْتِع.

Once, I met my friend at the Sayeda Zeinab subway station, and we walked down the street, passing out dates and water to people until we reached Zamalek. It was a long, weird, and amusing trip.

مِترْو *mítru* **subway**
مِشي *míši* [1d5] **to walk**
وَزّع *wázza3* [2s2] **to distribute**
بلح *bálaḥ* **dates**
وِصِل *wíṣil* [1s4] **to arrive; to attain, reach**
الزّمالِك *izzamālik* **Zamalek**
مِشْوار *mišwār* (*pl.* مشاوير *mašawīr*) **errand, task**
طَويل *ṭawīl* **long; tall**
غريب *ɣarīb* **strange, weird**

Mohamed

أكْتر حاجة مجْنونة لمّا نطّيْت سور الكُلّية و هِربْت مِن الأمْن عشان أقابِل بِنْت كُنْت بحِبّها.

The craziest thing was when I jumped over the university's fence and evaded the security guards in order to see a girl I liked.

سور *sūr* (*pl.* أسْوار *aswār*) **fence**
هِرِب *hírib* [1s4] **to escape**
أمْن *amn* **security**
قابِل *ʔābil* [3s] **to meet**
بِنْت *bint* (*pl.* بنات *banāt*) **girl**

Dalia

مفيش حاجة مجْنونة عملْتها في حَياتي لإِنّ أحْداث حَياتي كانِت محْدودة أوي بيْن المدْرسة و الجامْعة و الشُّغْل فا مكانْش فيه فُرْصة إنّي أتْجنِّن و يمْكِن لِسّه هتْجنِّن.

I've never done anything crazy in my life because all of the events in my life have been confined to school, college, and work. So I haven't had the chance to do crazy things, but maybe I will yet!

حدث *ḥádas* (*pl.* أحداث *aḥdās*) **event**
محْدود *maḥdūd* **limited**
مدْرسة *madrása* (*pl.* مدارِس *madāris*) **school**
جامْعة *gám3a* **university**
فُرْصة *fúrṣa* (*pl.* فُرص *fúraṣ*) **opportunity**
اِتْجنِّن *itgánnin* [5s1] **to go crazy**
لِسّه *líssa* **still**; **just**

Andrew

لمّا كلِّمْت أصْحابي علشان نِنْزِل و واحِد إقْترح إنِّنا نْأجّر عجل و نْسوقُه في الشّارِع بِالرّغْم مِن إنّ بقالْنا سْنين مِش بِنْسوق عجل.

When I called my friends to go out, and one of us proposed we rent bicycles. We rode through the streets although we hadn't ridden bikes for years.

كلِّم *kállim* [2s1] **to call** (on the phone); **to speak to**
اِقْترح *iqtáraḥ* [8s1] **to suggest**, **propose**
أجّر *ʔággar* [2s2] **to rent**
عجل *3ágal* (*coll.*) **bicycles**; **wheels**
ساق *sāʔ* [1h2] **to steer**, **drive**
بِالرّغْم مِن اِنّ *bi-rráɣmᵊ min inn* **although**, **in spite of the fact that**
بقالُه *baʔālu* (+ negative) **hasn't (done) for...**

Aya

أكْتر حاجة مجْنونة عملْتها في حَياتي إنِّي رُحْت الملاهي و لْعِبْت كُلّ الألْعاب. ألْعاب كِتير كان شكْلها يْخوِّف لكِن كانِت مُمْتِعة جِدّاً.

The craziest thing I've ever done is that I went to a theme park and rode all the rides, many of which looked scary, but it was fun.

ملاهي *malāhi* **amusement park**
شكْلُه *šáklu* **one's appearance; it looks..., it seems to be...**
خوِّف *xáwwif* [2s1] **to scare, frighten**

Mahmoud

كُنْت في النّادي و عنْدي تمْرين الصُّبْح و بعْد ما خلّصْت رُحْت عنْد منطّات حمّام سِباحة بِتا عَ الغطْس و نطّيْت مِن الدّوْر الأخير.

I was at the club doing my morning exercises. And when I finished, I went to the diving boards of the pool, and I jumped from the highest one.

نادي *nādi* (*pl.* نَوادي *nawādi*) (**country**) **club** (with swimming pool, tennis courts, etc)
تمْرين *tamrīn* (*pl.* تمارين *tamarīn*) **exercise**
خلّص *xállaṣ* [2s2] **to finish**
منطّ *manáṭṭ* **diving board**
حمّام سِباحة *ḫamām sibāḫa* **pool**
غطْس *ɣaṭs* **diving**; غِطِس *ɣíṭis* [1s4] **to dive**
دوْر *dōr* (*pl.* أدْوار *adwār*) **level; floor, story**

Rabab

لمّا كُنْت مخْطوبة كان بابا مانِعْني إنّي أخْرُج معَ جوْزي بسّ أنا كُنْت بخْرُج مِن وَراه عشان كان بِيوْحشْني و مِش بعْرف أشوفُه كْتير.

When I was engaged, my father forbade me from going out with my [now] husband, but I used to secretly go out because I missed him and I couldn't see him often.

مخْطوب *maxṭūb* **engaged** (of women); خاطِب *xāṭib* engaged (of men)
منع *mána3* [1s1] **to forbid, prohibit**
خرج *xárag* [1s3] **to go out**; **to exit**
جوْز *gōz* **husband**
مِن وَراه *min warā* **behind one's back**
وَحش *wáḫaš* [1s1] **to be missed by**

Tamer

أكْتر حاجة كانِت جِنان فِعْلاً لمّا دخلْت مُسْتشْفى و عملْت إنّي دُكْتور عشان
ناخُد وَرق مريض أبو واحِد صاحْبي و قعدْت أتْناقِش معَ الدّكاتْرة في حالْتُه.

The craziest thing I've ever done was when I went into a hospital and pretended to be a doctor in order to get the paperwork for a patient who was my friend's father, and I was discussing his health status with the doctors.

جِنان *ginān* **insanity, madness**
مُسْتشْفى *mustášfa* **hospital**
دُكْتور *duktūr* (*pl.* دكتْره *dakátra*) **doctor**
وَرق *wára?* (*coll.*) **paper(s), documents**
أبو *abū* **father of**; أبّ *abb* **father**
اِتْناقِش في *itnā?iš* [6s] *fi* **to discuss**
حالة *ħāla* **state, condition; case**

Shorouk

و أنا صْغيرّة كُنْت برْمي بيْض عَ النّاس و ساعات بنْفُخ بلالين ميّة و أرْميها عَ
العربِيّات و أجْري قبْل ما حدّ يمْسِكْني.

When I was young, I used to throw eggs at people, and sometimes I would fill up water balloons and throw them at cars and run away before anyone caught me.

رمى *ráma* [1d2] **to throw**
بيْض *bēḍ* (*coll.*) **eggs**
بلون *balōn* (*pl.* بلالين *balalīn*) **balloon**
عربية *3arabíyya* **car**
جري *gíri* [1d4] **to run**
قبْل ما *?ablᵊ ma* **before**
مِسِك *mísik* [1s5] **to catch**

Fouad

إنّي دخلْت في ماتْش تحدّي ضِدّ كابْتِن فريق الكونْج فو بِتاعي ظنّاً إنّي
هكْسبُه و لكِن اللي حصل إنّي خِسِرْت مِنُّه بعْد بِالظّبْط ١٠ ثَواني.

I entered a match against the captain of my kung fu team, thinking that I was going to win, but what really happened was that I lost against him after exactly ten seconds.

ماتْش *matš* **match, game, tournament**
تحدّي *taħáddi* **challenge**
ضِدّ *ḍidd* **against**
كابْتِن *kábtin* **captain**
فريق *farī?* (*pl.* فِرق *fira?*) **team**
كونْج فو *kung fū* **kung fu**
ظنّاً إنّ *ẓánnan inn* **thinking that...**
كِسِب *kísib* [1s4] **to win**
حصل *ħáṣal* [1s1] **to happen, occur**
خِسِر *xísir* [1s4] **to lose**
بِالظّبْط *bi-ẓẓábṭ* **exactly, precisely**
ثانْيَة *sánya* (*pl.* ثَواني *sawāni*) **second**

أيْه هِيَّ وظيفةْ أحْلامك؟

What is your dream job?

أيْه هِيَّ وظيفةْ أحْلامِك؟ ♀
وَظيفة *waẓīfa* **job, occupation**
حِلْم *ħilm* (*pl.* أحْلام *aħlām*) **dream**

شِرْكة *šírka* **company**

حقّق *ħáʔʔaʔ* [2s2] **to realize, make come true**
حِلِم *ħílim* [1s4] **to dream**
مِسِك *mísik* [1s5] **to be in charge of; to catch, get**

Yomna

حِلْمي إنيّ أكون بخْدِم النّاس و بساعِدْهُم. الحقيقة إنيّ نِفْسي يْكون عنْدي فْلوس كِتير و أعْمِل شِرْكة كْبيرة بِتْحلّ مشاكِل النّاس و بِتْحقّق أحْلامْهُم مهْما كانِت.

My dream is to serve people and help them. Actually, I would like to have a lot of money and to set up a big company that solves people's problems and makes all their dreams a reality, whatever they may be.

خدم *xádam* [1s2] **to serve, wait on**
ساعِد *sā3id* [3s] **to help**
الحقيقة *ilħaʔīʔa* **really, actually**
فِلوس *filūs* (*pl.*) **money**
حلّ *ħall* [1g3] **to solve**
مهْما *máhma* **no matter, regardless of**

Mohamed

أنا بحْلم يِكون عنْدي بيزْنِس خاصّ و أنا أديرُه بِنفْسي و أبْقى رجُل أعْمال ناجِح.

I dream of having my own business and running it myself and becoming a very successful businessman.

بيزْنِس *bíznis* **business**
خاصّ *xāṣṣ* **personal**, **special**; **one's own**
أدار *ʔadār* [4s] **to manage, administer, run**
رجُل اعْمال *rágul a3māl* **businessman** (from MSA)
ناجِح *nāgiḥ* **successful**

Dalia

طول عُمْري بحْلم أكون مُترْجِمة كْبيرة في مصْر و لمّا اشْتغلْت في شرِكِةْ التّرْجمة حسّيْت إنّ جُزْء مِن حِلْمي بدأ يِتْحقّق.

I'd always dreamed of becoming a great translator in Egypt. So when I started working at a translation company, I felt that part of my dream had begun to come true.

طول عُمْرُه *ṭūl 3úmru* **all one's life**
مُترْجِم *mutárgim* **translator**
ترْجمة *targáma* **translation, translating**
جُزْء *guzʔ* (*pl.* أجْزاء *agzāʔ*) **part**, **section**
بدأ *bádaʔ* [1s1] **to start, begin**

Andrew

إنّي أشْتغل في قِسْم التّسْويق و أكون ماسِك الشّرْق الأَوْسط مِش مصْر و بسّ و إنُّه يْكون لِيّا بصْمة و إسْم معْروف.

To work in the marketing department, and to be responsible not only for Egypt but for all the Middle East, and to leave my mark and a renowned name.

قِسْم *qism* (*pl.* أقْسام *aqsām*) **department**
تسْويق *taswīʔ* **marketing**
الشّرْق الأوْسط *iššárʔ ilʔáwsaṭ* **the Middle East**
و بسّ *wi bass* **and that's all**
ليه *lī* **to have** ('he has'); لِيّا *líyya* **I have**
بصْمة *báṣma* **mark**, **impression**, **print**
معْروف *ma3rūf* **(well-)known, famous**

وظيفةْ أحْلامي إنيّ أدبْلِج أفْلام و مُسلْسلات الكارْتون بِصوْتي. مِن زمان
بتْمنّى أشْتغلْها لإِنيّ بحِبّ أقلّد الأصْوات و رُدود الأفْعال.

Aya

My dream work is voicing movies and cartoons. I've been wanting to do this work for a long time now because I like imitating voices and reactions.

دبْلِج *dáblig* [11s] **to dub**, **do voice-overs**
فيلْم *film* (*pl.* أفْلام *aflām*) **movie**, **film**
كارْتون *kartūn* **cartoon**
صوْت *ṣōt* (*pl.* أصْوات *aṣwāt*) **voice**; **sound**, **noise**

اِتْمنّى *itmánna* [5d] **to hope**; **to wish**
قلّد *ʔállid* [2s1] **to imitate**
ردّ فِعْل *raddᵊ fi3l* (*pl.* رُدود أفْعال *rudūd af3āl*) **reaction**

إنيّ أشْتغل في جوجل و أمْسِك منْصب كِبير فيها و أكون مِن أحْسن الويب
ديفيلوبر في العالم.

Mahmoud

To work at Google and hold a significant position; and to become one of the best web developers in the world.

جوجل *gūgal* **Google**
منْصب *mánṣab* (*pl.* مناصِب *manāṣib*) **position**
أحْسن *áḫsan* **best**; **better**

ويب ديفيلوبر *web divilibar* **web developer**
عالم *3ālam* (*pl.* عَوالِم *3awālim*) **world**

كان نِفْسي أوي أشْتغل رائِدةْ فضا بسّ كان لازِم أسافِر عشان أحقّق الأُمْنية
دي و المُشْكِلة إنّ أهْلي مِتْعلّقين بِيّا أوي و أنا كمان.

Rabab

I wanted to become an astronaut, but I would have had to go abroad in order to realize my dream. But the problem is that my family and I are really co-dependent.

رائِد فضا *rāʔid fáḍa* **astronaut**; رائِد *rāʔid* **pioneer**;
فضا *fáḍa* **outer space**
سافِر *sāfir* [3s] **to** (**go**) **live abroad**; **to travel**
أُمْنية *umníyya* **ambition**, **aspiration**

أهْل *ahl* **family**
اِتْعلّق بِـ *it3állaʔ* [5s2] *bi-* **to be** (**emotionally**) **attached to**

Tamer

وظيفةْ أحْلامي إنّي أكون جيْم تسْتر (مُخْتبرِ ألْعاب) عشان أفْضل طول النّهار و اللّيْل ألْعب و كُلّ ما مْراتي تْقوليّ بِتِعْمِل أيْه أقولّها بشْتغل.

My dream job is to be a game tester so that I could play all day long, and whenever my wife would ask me what I was doing, I would tell her that I was working.

مُخْتبرِ ألْعاب *muxtábir al3āb* **game tester**; اِخْتبر *ixtábar* [8s1] **to put to the test, try out**; لِعْبة *lí3ba* (*pl.* ألْعاب *al3āb*) **game**; **toy**

فِضِل *fíḍil* [1s4] **to keep** (**doing**)

نهار *nahār* **daytime**

ليْل *lēl* **nighttime**

لِعِب *lí3ib* [1s4] **to play**

كُلّ ما *kull^a ma* **whenever**, **everytime that...**

مِراتُه *mirātu* **one's wife**

Shorouk

نِفْسي أبْقى مانْجا و كوْميك ميْكر عالمية عشان أنا بحِبّ الرّسْم جِدّاً و بِالذّات رسْم الكارْتون و الأنمِيْ و القِصص المُصوّرة.

I would like to be an international manga and comic creator because I really love drawing, especially cartoons, animé, and comic books.

مانْجا *mánga* **manga**

كوْميك *kōmik* **comics**

ميْكر *mēkar* **maker**, **creator** (from English)

عالمي *3ālami* **international**, **world-**

رسْم *rasm* **drawing**

كارْتون *kartūn* **cartoon**

قِصّة *ʔíṣṣa* (*pl.* قِصص *ʔíṣaṣ*) **story**

مُصوّر *muṣáwwar* **illustrated**

Fouad

إنّي أشْتغل عُموماً في حاجة بحِبّها، مِش شرْط يكون في حاجة مْعيّنة عايِزْها أوي دِلْوَقْتي لإِنّ ساعات الشّغف بِييجي بعْد الشُّغْل.

To work in something I love in general, but not necessarily doing something specific that I want now because sometimes passion follows the job.

شرْط *šarṭ* (*pl.* شُروط *šurūṭ*) **condition**, **stipulation**

مُعيّن *mu3áyyan* **certain**, **particular**

شغف *šáɣaf* **passion**, **zeal**

جِه *gih* [i1] **to come**

35

بِتْحِبّ الأطْفال و الحَيَوانات الأليفة؟

Do you like children or pets?

بِتْحِبّي الأطْفال و الحَيَوانات الأليفة؟ ♀
طِفْل *ṭifl* (*pl.* أطْفال *aṭfāl*) **child**
حَيَوان *ħayawān* **animal**
أليف *alīf* **tame, domesticated**

كلْب *kalb* (*pl.* كِلاب *kilāb*) **dog**
بِنْت *bint* (*pl.* بنات *banāt*) **girl; daughter**
قُطّة *ʔúṭṭa* (*pl.* قُطط *ʔúṭaṭ*) **cat**

خاف مِن *xāf* [1h4] *min* **to be afraid of**
ربّى *rábba* [2d] **to raise**

بريء *barīʔ* (*pl.* أبْرِياء *abriyāʔ*) **innocent**

Yomna

بحِبّ الأطْفال جِدّاً طول ما هُمّا لُطاف و بِيِضْحكوا أمّا العِياط و الزّنّ فا بيِزْعِجوني بْصراحة. الحَيَوانات الأليفة مُمْكِن أتْفرّج عليْها مِن بِعيد لكِن مِش بفضّل اِقْتِناءْها.

I like children as long as they are pleasant and laughing. However, the crying and whining annoy me, to be honest. As for pets, I might watch them from afar, but I wouldn't want to own one.

طول ما *ṭūl ma* **as long as**
لطيف *laṭīf* (*pl.* لُطاف *luṭāf*) **pleasant, charming**
ضِحِك *díħik* [1s4] **to laugh**
عِياط *3iyāṭ* **crying**; عيّط *3áyyaṭ* [2s2] **to cry**
زنّ *zann* **whining**; زنّ *zann* [1g3] **to whine**

زعج *zá3ag* [1s2] **to annoy, bother**
بِصراحة *bi-ṣarāħa* **frankly, to be honest**
مِن بِعيد *min bi3īd* **from a distance**
فضّل *fáḍḍal* [2s2] **to prefer**
اِقْتِناء *iqtināʔ* **ownership; owning, keeping**

Mohamed

أه بحِبُّهُم جِدّاً. أكْتر حَيَوان بحِبُّه الكِلاب و الحِصِنة و بحِبّ البنات الصُغيّرة العسولة البريئة.

Yes, I like them very much. My favorite pets are dogs and horses. And I love innocent, cute little girls.

حُصان *ɦuṣān* (*pl.* حِصِنة *ɦisína*) **horse**
عسول *3asūl* **cute**

Dalia

بحِبّ الأطْفال جِدّاً و خُصوصاً الوِلاد عن البنات لإِنّ الوِلاد عنْدُهُم طاقة و أشْقِيَة و بحِبّ الحَيَوانات الأليفة بسّ عُمْري ما ربّيْت و نِفْسي أربّي كلْب.

I like children so much, especially boys over girls, because they are energetic and active. I also like pets, but I've never had one. I would like to have a dog.

وَلد *wálad* (*pl.* وِلاد *wilād*, أَوْلاد *awlād*) **boy**; **child**
عن *3an* **over**, **in preference to**
طاقة *ţāqa* **energy**
شقي *šáʔi* (*pl.* أشْقِيَة *ašʔíya*) **naughty**, **mischievous**
عُمْرُه ما *3úmru ma* **never**

Andrew

الأطْفال طبْعاً أه لإِنُّهم أكْتر حاجة بِتْنسّيني هُموم الكِبار. أمّا الحَيَوانات لا لإِنّي بخاف مِن الكِلاب جِدّاً و القُطط مِش بحِبّها.

Children, of course, yes, because they make me forget about the troubles of adulthood. But pets, no, because I am afraid of dogs, and I don't like cats.

نسّى *nássa* [2d] **to make forget**
همّ *hamm* (*pl.* هُموم *humūm*) **worry**, **concern**
كِبير *kibīr* (*pl.* كِبار *kibār*) **adult**, **grown-up**

Aya

بحِبّ الأطْفال و بحِبّ أتْكلِّم و ألْعب معاهُم. الأطْفال أبْرِياء و صُراح جِدّاً.
مفيش التّكلُّف و التّصنُّع اللي بِيْكون في النّاس الكِبيرة. و في الحَيَوانات
الأليفة بحِبّ الكِلاب لإِنُّهم أَوْفِياء.

I love children, and I like talking and playing with them. They are so innocent and honest. They aren't pretentious or fake like grown-ups. And pets? I like dogs because they are loyal.

لِعِب *lí3ib* [1s4] **to play**
صُراح *ṣurāḥ* **pure**
تكلُّف *takálluf* **pretentiousness**
تصنُّع *taṣánnu3* **insincerity, fakeness**
وَفي *wáfi* (*pl.* أَوْفِياء *awfiyāʔ*) **loyal**

Mahmoud

بحِبّ الأطْفال جِدّاً خاصّةً لمّا يْكون سِنُّهُم مِن سنة إلى ٥ سِنين و مِن
الحَيَوانات الأليفة بحِبّ الكِلاب بسّ.

I like children, especially when they're between the ages of one to five. And among pets, I just like dogs.

خاصّةً *xaṣṣátan* **especially**
سِنّ *sinn* (*pl.* أَسْنان *asnān*) **age**

Rabab

جِدّاً جِدّاً! بحِبُّهُم جِدّاً بسّ مِش بعْرف أتْعامِل معَ الأطْفال أوي لكِن
الحَيَوانات بعْرف أتْعامِل معاهُم كُلُّهُم و مِش بخاف مِن أيّ حَيَوان مهْما
كان.

Very, very much! I like them, but I don't really know how to deal with children. However, I know how to handle all animals, and I'm not afraid of any of them, whatever they might be.

إتْعامِل معَ *it3āmil* [6s] *má3a* **to deal with, handle**
مهْما *máhma* **no matter, regardless of**

Tamer

طبْعاً بحِبّ الأطْفال و عنْدي طِفْلينْ مِجنِّنيني. أمّا الحَيَوانات الأليفة فا أنا بحِبّ الكِلاب و عنْدي كلْبي العزيز ماكْس و بحِبّ كمان البغْبغانات بسّ بكْره القُطط.

Of course, I love children, and I have two who are driving me crazy. Regarding pets, I like dogs, and I have my dear dog, Max. I also like parrots, but I hate cats.

جنِّن *gánnin* [2s1] **to drive crazy**
عزيز *3azīz* **dear, beloved**
بغْبغان *baɣbaɣān* **parrot**
كِرِهْ *kírih* [1s4] **to hate**

Shorouk

أه بحِبّها جِدّاً بِالذّات القُطط و نِفْسي يِبْقى عنْدي قُطّة بسّ لِلأسف البيْت عنْدي مَيِسْمحْش حالِيّاً إني أربيّ أيّ قُطّة.

Yes, I like them a lot, especially cats. I would like to have a cat, but unfortunately, my house doesn't allow me at the moment to have a cat.

لِلأسف *li-lʔásaf* **unforunately**
سمح *sámaħ* [1s1] **to allow**
حالِيّاً *ħalíyyan* **presently, currently**

Fouad

طبْعاً بِالذّات الحَيَوانات الأليفة لإِنّها حَيَوانات اِتْربِّت في وُجود إنْسان و ده بِيْدُلّ إنّ مِش شرْط يِبْقى حَيَوان شرِس يِفْضل طول عُمْرُه شرِس.

Of course! Especially domestic animals because they are animals raised in the presence of humans, and it's proof that a wild animal doesn't necessarily have to remain wild its entire life.

اِتْربّى *itrábba* [5d] **to be raised**
وُجود *wugūd* **presence**
إنْسان *insān* (*pl.* ناس *nās*) **person, human**
دلّ *dall* [1g3] **to indicate, show**
شرْط *šarṭ* (*pl.* شُروط *šurūṭ*) **condition, stipulation**
شرِس *šáris* **wild, vicious**
فِضِل *fíḍil* [1s4] **to remain, stay, continue (to be)**

تِحِبّ تِتْكلِّم معَ مين دِلْوَقْتي حالاً؟
و تْحِبّ تِقولُّه أيْه؟

Who would you like to talk to right now?
What would you say to them?

تِحِبّي تِتْكلِّمي معَ مين دِلْوَقْتي حالاً؟ و تِحِبّي تْقوليلُه أيْه؟ ♀
دِلْوَقْتي حالاً *dilwáʔti ħālan* **right now**

أُمّ *umm* (*pl.* أُمّهات *ummahāt*) **mother**
ربِّنا *rabbína* **God**; ربّ *rabb* **Lord**
بابا *bāba* **dad**

فِضِل *fíḍil* [1s4] **to keep** (doing); **to remain, stay**
وَحش *wáħaš* [1s1] **to be missed by**
اِسْتحْمِل *istáħmil* [10s1] **to put up with, endure**
حرم مِن *ħáram* [1s2] *min* **to deprive**
شاف *šāf* [1h1] **to see**

نِفْسي أقْعُد معَ أُمّي و أُخْتي قعْدة طَويلة و أفْضل أرْغي معاهُم بِراحِتْنا و مَيْكونْش وَرانا أيّ حاجة شاغْلانا أَوْ حدّ بِيْقاطِعْنا. نُقْعُد نِهزّر و نِضْحك كِتير.

Yomna

I would like to sit with my mother and sister and have a long talk with them without being pressed for time, or having something to do, or being interrupted. We'd have fun and laugh a lot.

أُخْت *uxt* (*pl.* إِخْوات بنات *ixwāt banāt*) **sister**
قعْدة *ʔá3da* **session**; **sitting**
طَويل *ṭawīl* **long**; **tall**
رغى *ráɣa* [1d2] **to chat**
بِراحْتُه *bi-ráħtu* **at one's leisure**; راحة *rāħa* **comfort, ease**

كان وَراه *kān* [1h1] *warā* (*lit.* behind one) **to have** (something, an obligation) **to do**
شاغِل *šāɣil* **occupying, keeping busy**; شغل *šáɣal* [1s1] **to occupy, keep busy**
قاطِع *ʔāṭi3* [3s] **to interrupt**
هزّر *házzar* [2s2] **to joke around, have a laugh**
ضِحِك *díħik* [1s4] **to laugh**

أحِبّ أتْكلِّم معَ جِدّي الله يِرْحمُه. و أقْعُد أحْكيلُه كُلّ حاجة حصلِت مِن ساعِةْ ما مات.

Mohamed

I would like to talk to my grandpa, may he rest in peace, and tell him about everything that has happened to me since he passed away.

جِدّ *gidd* (*pl.* جُدود *gudūd*) **grandfather**
الله يِرْحمُه *allāh yirḫámu* **R.I.P.**
حكى *ḫáka* [1d2] **to tell** (a story)
حصل *ḫáṣal* [1s1] **to happen, occur**
مِن ساعِةْ ما *min sā3it ma* **since**
مات *māt* [1h1] **to die**

أحِبّ أتْكلِّم معَ ماما دِلْوَقْتي و أقولّها إنُّه لوْلا وُجودْها في حَياتي مكُنْتِش هقْدر أبْقى مبْسوطة كِده و إنّها وِقْفِت جنْبي و اِسْتحْمِلِتْني كِتير و إنّي بحِبّها أوي.

Dalia

I would like to talk to my mom right now and tell her that, if it weren't for her being in my life, I couldn't be so happy; and that she has stood by my side and put up with me a lot; and that I love her so much.

ماما *māma* **mom**
لوْلا *lōla* **were it not for...**
وُجود *wugūd* **presence**
مبْسوط *mabsūṭ* **happy**
وِقِف *wíʔif* [i5] **to stand; to stop**

معَ بِنْت أُخْتي و أحِبّ أقولّها واحْشاني جِدّاً. بينّا مسافات كِبيرة باعْدانا عن بعْض لكِن إنْتي في قلْبي و فِكْري عَلى طول.

Andrew

With my niece. I'd like to tell her that I miss her so much. And, "Although we are separated by long distance, you remain always in my heart and mind."

بِنت أُخْت *bintᵊ ʔuxt* **niece** (*lit.* brother's daughter)
مسافة *masāfa* **distance**
بعد عن *bá3ad* [1s2] *3an* **to keep apart from**
على طول *3ála ṭūl* **always, constantly**
قلْب *ʔalb* (*pl.* قُلوب *ʔulūb*) **heart**
فِكْر *fikr* **thought(s), thinking**

Aya

أحِبّ أكلِّم حبيبي و أقولُّه إنُّه واحِشْني. و إنّ البُعْد ده صعْب أوي و نِفْسي الظُّروف اللي فرقِتْنا تْعدّي و تِخْلص.

I would like to talk to my boyfriend and tell him that I miss him; that being apart is really hard for me; and that I wish the circumstances that have separated us would pass and be over.

كلِّم *kállim* [2s1] **to talk to; to call, phone**
حبيب *ɦabīb* **boyfriend; darling**
بُعْد *bu3d* **distance**
صعْب *ṣa3b* **difficult**

ظرْف *ẓarf* (*pl.* ظُروف *ẓurūf*) **circumstance**
فرق *fára?* [1s2] **to separate, keep apart**
عدّى *3ádda* [2d] **to pass, go by**
خِلِص *xíliṣ* [1s4] **to end, be over**

Mahmoud

معَ أُمّي. أحِبّ أقولّها: ربِّنا يْخلّيكي لِيّا و متِحْرِمْش مِنّك أبداً و تِفْضلي عايْشة طول العُمر.

With my mother. I'd like to tell her, "May God bless you and keep you for me. May you have a long life."

خلّى *xálla* [2d] **to keep, preserve**
أبداً *ábadan* **never**

عاش *3āš* [1h2] **to live**
عُمر *3úmar* **life, lifespan**

Rabab

أحِبّ أتْكلِّم معَ بابا و أقولُّه إنُّ وَحشْني جِدّاً و كان نِفْسي أفرّحْه قبْل ما ربِّنا يِرْحِمْه و أقولُّه أنا بِجدّ آسْفة.

I would like to talk to my father and tell him that I have missed him so much; that I wish I could have made him happy before he passed away; and that I'm so sorry.

فرّح *fárraɦ* [2s2] **to make happy**
قبْل ما *?ablᵊ ma* **before**

بِجدّ *bi-gádd* **really; seriously**
آسِف *āsif* **sorry**

Tamer

أحِبّ أتْكلِّم معَ رئيس جُمْهوريِّةْ مصْر العربية و أقولُّه أرْحمْنا. البلد مِش
مِسْتحْمِلة الصّراحة و مِش ناقْصة مصايِب أكْتر مِن كِده.

I would like to talk to the president of the Arab Republic of Egypt* and tell him to show mercy to us. The country cannot take anymore, to be frank, and it has no shortage of calamities to bear.

رئيس *raʔīs* (*pl.* رُؤساء *ruʔasāʔ*) **president**
جُمْهورية *gumhurríyya* **republic**
عربي *3árabi* (*pl.* عرب *3árab*) **Arab; Arabic**
رحم *ráɦam* [1s1] **to have mercy on**
بلد *bálad* (*pl.* بِلاد *bilād*) **country**
الصّراحة *iṣṣarāɦa* **frankly, to be honest**
ناقِص *nāʔiṣ* **lacking**
مُصيبة *muṣība* (*pl.* مصايِب *maṣāyib*) **disaster, calamity**
*Egypt's official name

Shorouk

نِفْسي أتْكلِّم معَ بابا تاني و أقولُّه وَحشْتِني جِدّاً أصْل بابايا مُتَوَفّي و
مشُفْتوش بقالي فترْة عشان كان قاعِد في الإمارات بيِشْتغل و اِتْوَفّى هِناك.

I would like to talk to my father again and tell him, "I miss you so much," because my father has passed away. I hadn't seen him for a long time when he died because he had been working in the Emirates.

أصْل *aṣl* **since, as**
مُتوَفّي *mutawáffi* **deceased, gone**
بقالُه *baʔālu* (+ negative) **hasn't (done) for...**
فترْة *fátra* **while, period of time**
الإمارات *ilʔimarāt* **the Emirates**
اِتْوَفّى *itwáffa* [5d] **to pass away**

Fouad

أحِبّ أتْكلِّم معَ صديقي مِن أيّام الثّانَوية و أقولُّه إنُّه يِرْجع تاني لِرفْع
الحديد عشان وَزْنُه بيِزْيد كُلّ مرّة بشوفُه.

I would like to talk to my high school friend and tell him to get back to weightlifting because he's heavier and heavier every time I see him.

صديق *ṣadīq* (*pl.* أصْدِقاء *aṣdiqāʔ*) **friend**
ثانَوية *sanawíyya* **high school**
رِجِع *rígi3* [1s4] **to go back, return**
رفْع الحديد *raf3 ilɦadīd* **weightlifting**
وَزْن *wazn* **weight**
زاد *zād* [1h2] **to increase**

Appendix A: Pronunciation

The Sounds of Egyptian Colloquial Arabic

For those of you who are already familiar with MSA, the sounds of ECA will pose no great challenge. The quality of the vowels is largely the same, while only a few consonants are pronounced differently. The rules for stress and sound changes which are unique to ECA (i.e. set it apart from MSA) and give it its distinct sound are laid out on the following pages. Even if you prefer Arabic script over the phonemic transcription, a careful read through the pronunciation guide is essential in order to make any real use of this book.

Consonants

The following sounds are also found in English and should pose no difficulties for learners:

			examples
b	ب	[b] as in **b**ed	*bána* بنى *(build)*
d	د	[d̪] as in **d**og, but with the tongue touching the back of the upper teeth	*dáras* درس *(study)*
f	ف	[f] as in **f**our	*fāz* فاز *(win)*
g	ج	[g] as in **g**as	*gíri* جِري *(run)*
h	ه	[h] as in **h**ouse	*hágam* هجم *(attack)*
k	ك	[k] as in **k**id	*kal* كل *(eat)*
l	ل	[l] a light ***l*** as in **l**ove; but in the word الله [ɫ] a dark, velarized ***l*** as in ye**ll**.	*líbis* لِبس *(get dressed)*
m	م	[m] as in **m**oon	*māt* مات *(die)*
n	ن	[n] as in **n**ice	*nísi* نِسي *(forget)*
s	س ث	[s] as in **s**un	*sāb* ساب *(leave)*
š	ش	[ʃ] as in **sh**ow	*šakk* شكّ *(doubt)*
t	ت	[t̪] as in **t**ie, but with the tongue touching the back of the upper teeth	*taff* تفّ *(spit)*
w	و	[w] as in **w**ord	*wárra* وَرّى *(show)*
y	ي	[j] as in **y**es	*yíktib* يِكْتِب *(he writes)*
z	ز ذ	[z] as in **z**oo	*zār* زار *(visit)*
ž	ج	[ʒ] as in plea**s**ure and bei**g**e; used in foreign borrowings and sometimes written چ to distinguish it from ج [g].	*žim* جيم *(gym)*
v	ف	[v] (sometimes spelled ڤ) and [p] (پ)	*seven ap* سڤن أپ *(7 Up)*
p	ب	appear in some foreign borrowings, but may also be pronounced [f] and [b], respectively, by many speakers	

The following sounds have no equivalent in English and require special attention. However, some exist in other languages you may be familiar with.

r	ر	[ɾ] tapped (flapped) as in the Spanish ca**r**a, or the Scottish pronunciation of t**r**ee	*ráma* رمى *(throw)*
ɣ	غ	[ɣ] very similar to a guttural ***r*** as in the French Pa**r**is, or the German **r**ot	*ɣāb* غاب *(be absent)*
x	خ	[x] as in the German do**ch**, Spanish ro**j**o, or Scottish lo**ch**	*xad* خد *(take)*
q	ق	[q] like ***k*** but further back, almost in the throat, with the tongue touching the uvula	*qād* قاد *(lead)*
ħ	ح	[ħ] like a strong, breathy ***h***, as if you were trying to fog up a window	*ħáfar* حفر *(dig)*
3	ع	[ʕ] a voiced glottal stop, as if you had opened your mouth under water and constricted your throat to prevent choking and then released the constriction with a sigh	*3írif* عِرِف *(know)*
ʔ	ء ق	[ʔ] an unvoiced glottal stop, as [ʕ] above, but with a wispy, unvoiced sigh; or more simply put, like the constriction separating the vowels in uh-oh	*ʔíbil* قِبِل *(accept)* *ʔá3lan* أعْلن *(announce)*

The following sounds also have no equivalent in English but are emphatic versions of otherwise familiar sounds. An emphatic consonant is produced by pulling the tongue back toward the pharynx (throat), spreading the sides of the tongue wide as if you wanted to bite down on both sides of your tongue, and producing a good puff of air from the lungs.

ḑ	ض	[dˤ] emphatic ***d***	*ḑárab* ضرب *(hit)*
ş	ص	[sˤ] emphatic ***s***	*şamm* صمّ *(memorize)*
ţ	ط	[tˤ] emphatic ***t***	*ţáwa* طَوى *(fold)*
ẓ	ظ	[zˤ] emphatic ***z***	*ẓann* ظنّ *(believe)*

Vowels

			examples
a	ـَ	[æ] normally as in c**a**t (but with the jaw not quite as lowered as in English); [a] as in st**o**ck when in the same syllable with ***ḫ*** or ***3*** (with the tongue lower than [æ]); usually [ɑ] as in f**a**ther (but shorter) when in the same word as ***q***, ***ḍ***, ***ṣ***, ***ṭ***, ***ẓ***, or, in most cases, ***r***	*kátab* كتب *(write)* *ḫámla* همْلى *(I will fill)* *mabá3š* مباعْش *(he didn't sell)* *ḍárab* ضرب *(hit)* *ɣáṣab* غصب *(force)*
ā	ـا	[æ:] / [a:] / [ɑ:] as with ***a*** above but longer	*nām* نام *(sleep)* *gā3* جاع *(get hungry)* *qād* قاد *(lead)*
ē	ـيْ	[e:] as in pl**ay** (but without the glide to [j])	*malēt* مليْت *(I filled)*
ə		[ə] as in tick**e**t. In ECA, ᵊ is inserted to avoid three adjacent consonants.	*kúntᵊ hína* كُنْت هِنا *(I was here)*
i	ـِ	[ɪ] as in k**i**d; [ɛ] as in b**e**d when in the same syllable with ***ḫ*** or ***3***; when in the same word as ***q***, ***ḍ***, ***ṣ***, ***ṭ***, or ***ẓ***, [ɨ] with the tongue pulled back a bit	*3ílim* عِلِم *(know)* *biyíḫsib* بِيِحْسِب *(he calculates)* *itẓāhir* اِتْظاهِر *(protest)*
ī	ـي	[i:] as in sk**i**; [ɛ:] and [ɨ:] as with **i** above (but longer)	*biygīb* بِيْجيب *(he brings)* *biybī3* بِيْبيع *(he sells)* *3āqib* عاقِب *(punish)*
ō	ـوْ	[o:] as with **o** above but longer	*nōm* نوْم *(sleep)*
u	ـُ	[ʊ] as in b**oo**k; [o] as in kn**ow** (but shorter and without the glide to [w]) when in the same syllable with ***ḫ*** or ***3***	*yúṭlub* يُطْلُب *(he orders)* *inbā3u* اِنْباعوا *(they sold)*
ū	ـو	[u:] as in m**oo**n; [o:] as in kn**ow** (but without the glide to [w]) when in the same syllable with ***ḫ*** or ***3***	*bitšūf* بِتْشوف *(you see)* *maba3ūš* مباعوش *(they didn't sell)*

Appendix B: The Egyptian Arabic Texts

1

بتركب أيه في مشاويرك؟
بتركبي أيه في مشاويرك؟

يمنى: غالبا بروح المشاوير بعربيتي. زمان قبل ما أجيب عربية كنت بروح بالمواصلات و كنت بستغل الفرصة و أمشي كتير.

محمد: غالبا بركب عربيتي. بس ساعات أروح الشغل بالباص بتاع الشغل و ساعات بركب أوبر لما بكون مكسل أسوق.

داليا: أنا شغلي جنب البيت فا مش بركب حاجة و أنا رايحة لكن لما كنت بروح الجامعة كان لازم أركب ميكروباص لهناك و لو مع صحابي بتكون ميكروباص برضه.

أندرو: أغلبية الوقت الميكروباص لإنه سهل و سريع بغض النظر عن السواقة المتهورة، بس على الأقل بيوصل بسرعة و بيكون ليا كرسي.

آيه: بركب عربيتي. بحب أروح بيها كل مشاويري عشان أمان ليا محدش بيدايقني و هي أقل من تكاليف التاكسي.

محمود: بركب الميكروباص. هو أسرع و أرخص وسيلة مواصلات في مصر بس مشكلته إنه مش أمان.

رباب: لو هروح في حتة مع جوزي بركب عربيتنا و هو اللي بيسوق طبعا، و لو لوحدي بركب أوبر أو كريم (زي التاكسي بس مضمون.)

تامر: أنا بحب أريح نفسي و أركب مواصلات عشان مبحبش السواقة بس للأسف حتى المواصلات في مصر مقرفة برضه.

شروق: معظم مشاويري بتاخد ميكروباص و بعدين مترو و قليل أوي لما بستخدم الأتوبيس. أما التاكسي فا لو الوقت متأخر بركبه عشان بيوصلني لحد البيت.

فؤاد: غالبا بركب ميكروباص أو مترو و ساعات ممكن أركب مع أخويا لو رايح نفس المشوار في عربية ملاكي و لو مشوار بعيد أوي بركب أوبر.

2 بتدرس أو درست أيه في الجامعة؟ أو درست أيه بعد المدرسة؟ بتدرسي أو درستي أيه في الجامعة؟ أو درستي أيه بعد المدرسة؟

يمنى: درست الهندسة المعمارية في كلية الهندسة، جامعة القاهرة. و مؤخرا عملت بعض الدراسات الحرة في مجال التربية والتنمية البشرية.

محمد: أنا درست حاجات كتيرة منها الهندسة و التسويق و المحاسبة و الترجمة و كمبيوتر ساينس.

داليا: أنا درست في أداب إنجليش. كنت باخد مواد كتير زي الشعر و الدراما و الرواية و المقال و التاريخ الأمريكي و الأدب المقارن و كنت في جامعة القاهرة.

أندرو: أنا كنت في جامعة عين شمس و اتخرجت من كلية الأداب قسم الإعلام سنة ٢٠٠٨. درست خلال ٤ سنين كل ما هو ليه علاقة بالإذاعة و التليفزيون و الصحافة.

آيه: درست اقتصاد و علوم سياسية و إحصاء. و درسته في الجامعة. تخصصي كان في الإحصاء و اتعلمت فيه إزاي ممكن أجمع و أحلل و أشرح البيانات.

محمود: بعد ما خلصت ثانوية عامة دخلت جامعة حلوان و بدرس فيها هندسة قسم ميكانيكا تخصص ميكاترونكس.

رباب: درست في كلية هندسة قسم كهربا اتصالات. أنا درست مواد كتيرة أوي منها رياضة و دوائر كهربية و إشارات و شبكات.

تامر: أنا معايا بكالوريوس هندسة، علوم حاسب. و درست ثانوية عامة قبلها في مدرسة لغات و بعد الدراسة انشغلت بالشهادات بتاعة مجال شغلي في الشبكات و الحاسب.

شروق: درست إيطالي و يوناني و يوناني قديم و روماني. بس لما حولت من قسم حضارة أوروبية في الكلية لعلم اجتماع فا حاليا بدرس مشاكل المجتمع.

فؤاد: أنا كنت ثانوية عامة علمي رياضة و دخلت هندسة قسم عمارة و خلال دراستي بالكلية اتشديت أوي للرسم و خصوصا رسم الشخصيات لإن قسم عمارة أغلبه رسم.

3 بتحب تعمل أيه في وقتك الفاضي؟
بتحبي تعملي أيه في وقتك الفاضي؟

يمنى: حاليا وقتي الفاضي قليل أوي. بس لو أتيحلي وقت ممكن أقرا كتاب أو أعمل سكوبيدو أو أقعد أفكر أو أتصل بحد مكلمتوش من زمان.

محمد: غالبا وقتي الفاضي بيبقى ما بين إني بتفرج على فيلم أو إني بقرا كتاب أو بعزف ع الجيتار.

داليا: في وقتي الفاضي بحب أكلم صحابي و أخرج معاهم نتفسح شوية و بحب أقعد مع ماما نتكلم لإن هي كمان صاحبتي و أوقات بحب أقعد لوحدي أسمع أغاني.

أندرو: بكلم أصحابي و عيلتي اللي بقالي كتير مش بتواصل معاهم، و بلعب جيمز على الكمبيوتر و ساعات بقضيها فرجة على البرامج الكوميدية على اليوتيوب.

آيه: في وقتي الفاضي بحب أسمع الأغاني اللي بحبها أو بحب أتفرج على أفلام و كمان بحب ألون في كتب التلوين.

محمود: آخد كورسات من على النت. دي الحاجة اللي بتعرفني على مجالات جديدة و بتوسع الفكر.

رباب: معنديش وقت فاضي. وقتي كله للشغل و البيت و جوزي و أهلي. مش بلاقي وقت أعمل أي حاجة زيادة.

تامر: بحب ألعب مع ولادي و كمان بحب أتابع مسلسلات أمريكية جدا أو أتفرج على فيلم أجنبي جديد.

شروق: يا إما بحب ألعب جيمز أون لاين مع صحابي يا إما بتفرج على أنمي و ساعات بيبجيلي مزاج أقعد أرسم أو أشغل أغاني و أقعد أرقص عليها.

فؤاد: بحب ألعب لعبة أون لاين إسمها "دوتا" ... دي لعبة ناس في مصر كتير بيلعبوها هي و لعبة تانية إسمها "ليج أوف ليجندز."

4 عملت أيه إمبارح؟
عملتي أيه إمبارح؟

يمنى: إمبارح رحت شغلي و بعدين رحت عالجت أسناني. و بعدين رحت البيت، عملت حلة محشي صغيرة و اتغدينا. بعدها شفنا فيلم عن القرش الأبيض الكبير على ناشيونال جيوجرافيك.

محمد: إمبارح رحت الشغل الصبح. بعديها طلعت على الجيم و رحت أكلت حاجة خفيفة و نمت.

داليا: إمبارح كان يوم مليان جدا لإني رحت مع ماما للدكتور لإنها كانت تعبانة و بعدين خرجت معاها رحنا فطرنا في مطعم و اشترينا حاجات و روحت اشتغلت.

أندرو: إمبارح كان يوم التلات و ده نص الإسبوع و بيبقى أكتر يوم فيه شغل بس أكتر حاجة بسطتني لما رجعت البيت و لقيت بنت أخويا اللي عندها شهرين.

آيه: إمبارح رحت الشغل لكن تعبت فيه فا بعد ما رحت البيت أكلت كويس و نزلت أروح للدكتور. الجو اليومين دول متقلب و ناس كتير عيانة زيي.

محمود: رحت الكلية الصبح، بعدين روحت و نمت ساعة. بعدين صحيت و قعدت أذاكر. بعد كده نزلت التمرين.

رباب: إمبارح كان عيد ميلاد جوزي. احتفلت بيه و اتعشينا بره في باخرة على النيل. كان يوم جميل جدا.

تامر: إمبارح كان عندي عزومة. جيت بعد الشغل و مراتي كانت محتاسة في تحضير الأكل و زمايلي اللي أنا عازمهم جم الساعة ٧ و سهروا معايا شوية.

شروق: الصبح رحت تدريبي تبع الكلية. بعدين طلعت على مهرجان إسمه ميكرز فير بيتكلم عن كل حاجة بتتصنع سوا كانت إختراعات أو حاجات يدوية و عملت كوسبلاي.

فؤاد: فكيت الغرز اللي كانت معمولة لضرسي. و بعدها قابلت واحد صاحبي صدفة في الطريق و لقيت إنه اتغير للأحسن و دي حاجة بسطتني.

5 بتلاقي أيه في منطقتك؟

بتلاقي أيه في منطقتك؟

يمنى:

محمد: فيه قدام بيتي مسجد و جنبه بقالة و كافيه. من أجمل الحاجات إن بلكونتي بتطل على منطقة مزروعة شجر و نخل. بستمتع بالقعدة فيها لما بيكون الجو حلو.

داليا: الحمد لله المنطقة فيها كل حاجة. النادي بتاعي جنبي. و فيه كذا مدرسة و كذا سوبر ماركت.

أندرو: منطقتي فيها حاجات كتير أوي. فيها مساجد كتير و محلات. فيه مدرسة بس بعيد شوية و فيه كنيسة و فيه مصوراتي و فيه قهوة بلدي.

آيه: منطقتي علشان قديمة شوية موجود فيها كل حاجة منها المساجد و الكنايس و المدارس و البقالة و محلات الأكل بمختلف أنواعها و محلات اللبس و كل حاجة إنت محتاجها.

محمود: بلاقي في منطقتي أغلب الخدمات: مدرسة، محلات لبس و أكسسوارات و موبايلات، مسجد، بقال، خضرواتي، فكهاني، جزار، فرارجي. بحب منطقتي جدا عشان فيها خدمات كتير.

رباب: في منطقتي فيها كل حاجة زي مدرسة الحي السابع و موجود سنترين فيهم محلات سوبر ماركت و لبس و ٣ مساجد.

تامر: كل حاجة موجودة، مدارس و محلات هدوم و سوبر ماركت و مسجد و كنيسة و نوادي.

شروق: على أول شارعنا فيه جامع و جنبه على طول فيه قهوة. و جنب البيت عندي ورشة نجارة مصدعاني دايما بس مفيش مدارس قريبة للأسف.

فؤاد: جنبي فيه مدرسة حضانة و إبتدائي و ثانوي و فيها مسجد و علي أول الشارع مسجد تاني و قدامي مكتبة و في العمارة اللي جنبي بقالة.

6 أخبار العيلة أيه؟ عندك عيلة كبيرة؟

أخبار العيلة أيه؟ عندك عيلة كبيرة؟

يمنى: أسرتي مكونة مني أنا و جوزي و أولادي الاتنين. أنا عندي أخين و جوزي عنده ٣ إخوات. و لينا خلان و أعمام. يعني لو حسبنا العيلتين هتكون عيلة كبيرة فعلا.

محمد: مش أوي. يعني أنا ليا أخ واحد، بس بابا و ماما عندهم إخوات كتير و كده.

داليا: العيلة الأيام دي حزينة لإن الفترة اللي فاتت كان فيه حالة وفاة و خالي اتوفى و الحقيقة إني معنديش عيلة كبيرة لإني مليش غير أخ واحد بس.

أندرو: عيلتي صغيرة. عبارة عن أب و أم و أخ و أخت و أنا. حاليا علشان مش متجوز عايش مع بابا و ماما.

آيه: عندي عيلة كبيرة. أنا ليا ٥ إخوات بنات و منهم متجوزين و مخلفين فا ليا ولاد و بنات أخت. كمان ليا أعمام و عمات كتير.

محمود: كويسين الحمد لله. لا عيلتي متوسطة، مش كبيرة. معظم العيلات في مصر يتراوح عددها من ٥ إلى ٨ أفراد.

رباب: أه عندي عيلة كبيرة و كنا زمان على طول بنتجمع لحد ما جدتي و جدي اتوفوا. كله مبقاش فاضي يتجمع.

تامر: العيلة زي الفل، كلهم تمام. و عيلتي كبيرة. عندي ٥ أعمام. المفضل ليا الصغير و عندي ٦ خلان، خال منهم كان عايش معانا طول عمره.

شروق: عيلتي مش كبيرة أوي. عندي من ناحية بابا عمتين اتنين و ٥ أعمام منهم اتنين متوفيين مشفتهمش و من ناحية ماما خال و ٣ خالات و تيتة.

فؤاد: لو عيلتي أنا فا إحنا ٥ أفراد. والدتي و والدي و إخواتي الاتنين. والدي ليه ٣ إخوات و والدتي ليها ٦ إخوات و الواحد بيلاحظ إن مع كل جيل جديد عدد الأفراد بيقل.

7

بتحب السفر؟
بتحبي السفر؟

يمنى: بحب السفر جدا. روح المغامرة و اكتشاف مكان جديد بتستهويني. طبعا الموضوع بيكون مختلف شوية مع وجود أطفال معايا لكنه يظل ممتع جدا لينا كلنا.

محمد: بحب السفر جدا. لحد دلوقتي أنا سافرت أكتر من ٥ بلاد مختلفة و حلمي إني الف العالم كله.

داليا: بحب السفر جدا و نفسي أسافر دول كتير أوي. نفسي أسافر و أروح باريس و كوريا الجنوبية و الصين و ألمانيا و إسبانيا جزر المالديف و جزر البهاما و نفسي أروح ديزني لاند.

أندرو: أكيد بس للأسف مفيش فرصة أسافر بره لإن عادة الفيزا بتترفض و علشان كده بسافر جوه مصر بس و أحلى السفريات بتبقى في مدينة مرسى مطروح.

آيه: أه، بحب السفر جدا. في السفر، الواحد بيتعرف على أماكن و ثقافات و ناس جديدة و بيجرب أكل مختلف و بيغير روتين حياته.

محمود: أه، السفر هو اللي بيخليك تعرف ثقافات جديدة، تتعامل مع ناس جديدة، تشوف أماكن عمرك ما شفتها ولا حتى في الصور.

رباب: جدا. أنا سافرت تايلاند و هولاندا و تنزانيا و جوه مصر سافرت الجونة و الأقصر و أسوان.

تامر: أنا مش بحب الانتقال كتير و بالرغم من إني بحب تغيير الأماكن و الوشوش لكن لفترة بسيطة، أرجع بعدها لبيتي.

شروق: أه جدا. أصلا أنا كنت عايشة في الإمارات و بعدين جيت على مصر من ٩ سنين و نفسي أرجعلها تاني و يا سلام لو رحت اليابان.

فؤاد: أنا مسافرتش بره مصر بس دي حاجة هعملها قدام إن شاء الله. في مصر كنت بسافر للعين السخنة عشان لينا شاليه هناك.

8

عملت أيه الإسبوع ده؟
عملتي أيه الإسبوع ده؟

يمنى: خلال أيام الإسبوع مارست الروتين اليومي المعتاد. يوم الجمعة رحنا زرنا صاحب جوزي. مراته روسية. اتكلمت معاها عن حياتها في مصر و حبها للجلابيات و شغل الكروشيه.

محمد: الإسبوع ده كنت واخد أجازة في أوله. كان عندي شوية حوارات في إسكندرية و بعد كده رجعت تاني ع الشغل.

داليا: الإسبوع ده اتعلمت أكلات جديدة مكنتش بعرف أعملها و كمان بدأت أحمل كورسات صيني عشان أتعلم حاجة جديدة و اشتغلت طبعا و خرجت اشتريت هدية لماما و فرحت بيها.

أندرو: طبعا الوقت كله ضايع في الشغل بس مكمل كورس البرتغالي علشان أتعلمه بسرعة لإني متطوع في أولمبياد ريو دي جانيرو أغسطس الجاي.

آيه: الإسبوع ده رحت الشغل و خرجت مع أصحابي و إخواتي. كمان حضرت سبوع إبن صاحبتي مولود جديد. و خلصت مشاوير كتير.

محمود: الصبح كنت بروح الكلية و في نص اليوم بقعد أذاكر، بعدين بلليل بروح التمرين في النادي.

رباب: الإسبوع ده كله كنت بخطط إزاي أحتفل بعيد ميلاد جوزي و أجيبله أيه و أحس إنه فعلا عجبه.

تامر: الإسبوع ده حاولت بكل الطرق آخد أجازة من الشغل عشان أغير جو لكن مديري مرضيش و يمكن الإسبوع الجاي يوافق لإني محتاج أغير جو.

شروق: حضرت تدريبي و سلمت البحث تبع الكلية بتاعتي و خالتو جت من السفر فا كنت بروحلها كل يوم أقعد معاها شوية و حضرت مهرجان عملت فيه كوسبلاي.

فؤاد: خلعت ضرس للمرة التالتة. خرجت مع صحاب بقالي كتير مشفتهمشي. ساعدت أخويا في عمل أزياء تنكرية بتتسمى بالكوسبلاي.

9

إمتى آخر مرة رحت اتفرجت على فيلم؟
إمتى آخر مرة رحتي اتفرجتي على فيلم؟

يمنى: أنا مش من هواة السينما لإني بحب أتفرج على الفيلم براحتي في البيت. آخر فيلم شفته The Intern. عجبني أوي.

محمد: لسه من كام إسبوع كده رحت أنا و مراتي اتفرجنا على فيلم مقرف في السينما إسمه.The Boy

داليا: آخر مرة رحت اتفرجت على فيلم كان من سنة و كان فيلم "أنابيل" و نفسي أروح سينما تاني أتفرج على فيلم جديد بس يكون أكشن أو رومانسي.

أندرو: من حوالي ٥ سنين و كان فيلم "كابتن أميريكا" و كان وقت عيد. علشان كده قدرت ألاقي وقت إني أقابل أصحابي و ندخل سينما بعيد عن بيتنا بحوالي ٢٠ كيلومتر.

آيه: آخر مرة اتفرجت على فيلم كانت الإسبوع اللي فات في السينما. كان فيلم خيال علمي و ده أكتر نوع أفلام بحبه. و بحب برضه الأفلام الكوميدي و الرومانسية.

محمود: من سنة تقريبا. السينمات بتكون غالية في مصر و الخدمة سيئة. عشان كده مبروحش سينما كتير.

رباب: كان من ٣ أسابيع تقريبا و كان فيلم رعب بس أي كلام ع الآخر، مستمتعتش بيه خالص.

تامر: آخر مرة رحت اتفرجت على فيلم في السينما كانت مع مراتي اللي وقتها كانت خطيبتي لسه. و عزمتها على فيلم أجنبي من ييجي ٥ سنين مثلا.

شروق: من إسبوع تقريبا. فيلم "زوتوبيا" بيتكلم عن إزاي لو إن الحيوانات ليها حياة و بتعيش زينا. كان فيلم حلو أوي و استمتعت بيه جدا.

فؤاد: من إسبوع رحت شفت فيلم "زوتوبيا"، فيلم لذيذ جدا بيتكلم عن لو الحيوانات بقت تعيش زي الإنسان مع بعض.

10
بتحب تطبخ؟
بتحبي تطبخي؟

يمنى: الطبخ مش هوايتي لكن بحب أطبخ لأسرتي الأكل اللي بيحبوه و بنبسط أوي لما بيعجبهم. لكن الحقيقة إني نفسي حد يطبخلي أكل حلو و أنا بس آكل.

محمد: لا خالص. أنا بلاص كبير في المطبخ. مبعرفش حتى أعمل بيض و بسطرمة و بعمل شاي بالعافية.

داليا: بحب أطبخ جدا و من هواياتي أصلا الطبخ لإني بحب الأكل و بالنسبة لي متعة فا بحب أتعلم أكلات جديدة و أجربها و مؤخرا اتعلمت البيكاتا و بقيت بعملها حلو أوي.

أندرو: جدا و أكتر حاجة بحب أعملها الحلويات و خصوصا كيكة الشوكولاتة. و ساعات بحب أعمل بسكويت و في الصيف طبعا عصير البطيخ المميز.

آيه: أه بحب أطبخ خصوصا الأكلات اللي بحبها. الطبخ بيكون متعة لو الوقت مش مزنوق و الأدوات كلها بتساعد مش أدوات متعبة.

محمود: لا، مبحبش أقف في المطبخ و كمان مبعرفش أطبخ و جربت أعمل الأكل و اتحرق مني.

رباب: مش أوي بس بطبخ كويس بناء على رأي جوزي. بطبخ أكلات مصرية زي الملوخية و طاجن البامية.

تامر: ممكن أقول إني بحب أطبخ بس الأكيد إني مبعرفش و لو دخلت المطبخ بتبقى مأساة و مراتي بتصوت بعدها.

شروق: أه، بحب الطبخ بس مش إجباري. لازم يكون بمزاجي بالذات بقى إني أعمل حلويات و كيك و فطاير.

فؤاد: لو ليا مزاج. لكن بسيب الطبيخ للوالدة نظرا للمهارة الغير مسبوقة في الطبيخ. أنا دايما بحرق الرز أو أطلعه معجن. والدتي بقى البركة فيها.

11 بتجيب منين طلبات البيت؟
بتجيبي منين طلبات البيت؟

يمنى: الطلبات العاجلة بجيبها من أي محل جنب البيت. كل فترة بنروح نجيب طلبات الشهر من مراكز التسوق الكبيرة اللي بتكون بعيدة شوية.

محمد: أنا شخص كسلان . عشان كده أنا كل طلبات البيت بجيبها بالتليفون من السوبر ماركت. و ساعات بروح كارفور أجيب برضه.

داليا: أوقات كتير بجيب طلبات البيت من سوبر ماركت موجود في المنطقة بس أوقات مش بلاقي اللي عايزاه فا بروح أي سوبر ماركت في أي مول كبير.

أندرو: طبعا من البقالة و لو فيه حاجات كتير ممكن أروح سوبر أو هايبر ماركت علشان أشتري بسعر أرخص.

آيه: بجيب طلبات البيت من الهايبر ماركت مرة في أول الشهر. لو احتاجنا طلبات زيادة في باقي الشهر بجيبها من السوبر ماركت أو البقال جنب البيت.

محمود: من المحلات التجارية الكبيرة زي كارفور. في بداية كل شهر بروح أجيب منه كل طلبات البيت.

رباب: غالبا بجيبها من السوبر ماركت أو كارفور بس الخضار بجيبه من الخضري عشان أضمن من السوبر ماركت.

تامر: أكتر حاجة بتضايقني طلبات البيت اللي مبتخلصش و دايما مينفعش تجيب من مكان واحد، حاجات من السوق و حاجات من الماركت و حاجات من حتت تانية.

شروق: يا إما من السوبر ماركت اللي على أول الشارع عندنا أو لو مش قادرة أنزل بكلم البقالة اللي جنبنا تجيبلنا ديليفري و لو خضار فا من السوق جنبنا.

فؤاد: بجيبها من السوبر ماركت جنبي هنا في الرحاب و بيكون متوفر فيه كل حاجة و المسافة بيني و بينه ٥ دقايق مشي.

12 أيه أول شغلانة اشتغلتها؟ أيه أول شغلانة اشتغلتيها؟

يمنى: اشتغلت في مكتب معماري بتاع أستاذة كانت بتدرسلي في الكلية. كنت باخد خرايط وسط البلد و أنزل أصور المباني القديمة و أرجع أرسمها على الكمبيوتر و طبعنا كتاب.

محمد: أول شغلانة اشتغلتها عسكري في الجيش. و دي كانت شغلانة إجباري لازم أقضي سنة في الجيش.

داليا: أول شغلانة اشتغلتها في حياتي كانت تايبست و هي إني أكتب كلام من ملف PDF لوورد و كنت باخد مبلغ قليل أوي بس استفدت منها كتير في شغلي.

أندرو: أنا اشتغلت معد و مقدم برامج في راديو صوت الساقية و كان ليا ٣ برامج إعداد و منهم ٢ من تقديمي. كان أفضلهم المصطبة الرياضية.

آيه: أول شغلانة اشتغلتها هي محلل بحوث السوق. و هي نفس شغلانتي دلوقتي. بحلل فيها البيانات عشان نساعد أصحاب الشركات ياخدوا أحسن قرارات.

محمود: التسويق. كنت بشتغل في شركة بتدي كورسات تعليم لغة إنجليزية للطلاب و أنا كنت مدير قسم التسويق.

رباب: اشتغلت مهندسة نظم و معلومات في شركة محلية في إسكندرية. اتعلمت كتير أوي من الشغل ده.

تامر: اشتغلت و أنا في الثانوية العامة في سيبر و كانت شغلتي الكتابة على الوورد و الأبحاث على النت و من وقت للتاني تسطيب ويندوز لجهاز أو تصليح عطل.

شروق: أول شغلانة اشتغلتها و قبضت فيها فلوس كانت في عيادة جراحة و باطني و أطفال.

فؤاد: شغلانة في الهندسة المعمارية ببرنامج كنت بقعد أساعد ناس من كليات مختلفة (3ds Max) و من دفعات أكبر و أصغر مني في مشاريعهم.

13 أيه أكتر حاجة بتزعجك؟

أيه أكتر حاجة بتزعجك؟

يمنى: عدم احترام الأخرين. لما بلاقي أشخاص بيخالفوا القوانين أو بيعملوا أي حاجة بحجة إن دي حرية شخصية رغم إنهم بكده بيجوروا على حقوق و حرية الأخرين.

محمد: أكتر حاجة بتضايقني إني أكون مخطط لحاجة و متتنفذش. سوا الغلط مني أو من حد تاني.

داليا: أكتر حاجة بتزعجني الصوت العالي و الزحمة و بتضايق جدا لما بكون ماشية في الشارع و ألاقي زحمة كتير و دوشة كلاكسات العربيات و صوت الناس العالي.

أندرو: الخناقات لإنها بتعطل كل حاجة و في الغالب بتبقى على حاجات تافهة أو الهزار الرخم اللي بيقلب جد في الآخر و بيعمل مشاكل بين الناس.

آيه: أكتر حاجة بتزعجني إن يكون ورايا حاجات كتير جدا في وقت قصير و لازم كلها تخلص. و أنا مبحبش أعمل الحاجة أي كلام.

محمود: صوت العربيات في الشارع. لما بتكون نايم و تلاقي العربيات بتعدي من تحت البيت ده أكتر حاجة مزعجة.

رباب: الكدب و النفاق. دول أكتر حاجة بتزعجني و ممكن تخليني متكلمش مع الشخص ده تاني أبدا.

تامر: أكتر حاجة بتزعجني فعلا إن شخص يبقى عارف إنه غلط لكن مصر على غلطه و بيدافع عنه زيادة عن اللزوم.

شروق: إن حد يستغفلني أو إنه يتكلم من ورايا و يبقى قدامي عامل نفسه فيها صاحبي و بيحبني و الناس القماصة اللي بتزعل بسرعة على أي حاجة تافهة.

فؤاد: لما باجي أصحى على صوت تليفزيون عالي أو صوت عربية أو أي إزعاج لحاجة في الشارع تصحيني.

14

بتحب القراءة؟ ليه؟

بتحبي القراءة؟ ليه؟

يمنى: بحب القراءة جدا. السبب الأساسي في حبي ليها إني نشأت في بيت مليان كتب متنوعة و تشجيع على القراءة. الحقيقة القراءة بالنسبة لي مصدر للمتعة و المعلومات.

محمد: أه طبعا. أنا بحب القراية جدا عشان أنا بحس و أنا بقرا الكتاب إني بدخل عالم تاني.

داليا: بحب القراءة جدا و خصوصا الروايات لإني بحب القصص الرومانسية و لما بقرا رواية رومانسية و بندمج فيها بحس إن أنا البطلة و إني عايشة أحداث و تفاصيل الرواية.

أندرو: أيوه، علشان القراية بتكون حسب وقتك و ممكن ترجعلها في كل وقت. ده غير كمان إنها بتقوي ثقافة كل واحد فينا.

آيه: بحب القراية بس مش بانتظام و مش كتير. بحب قراية القصص لكتاب معينين و نوع قصص الخيال العلمي بالأخص. مش بحب أعيش في عالم خيالي وقت طويل.

محمود: أه، بحب القراءة بس الكتب الصغيرة اللي أقل من ١٠٠ صفحة و المقالات اللي بتضيف إلى معلوماتي.

رباب: أكيد بحبها. كنت و أنا صغيرة متعودة أقرا على طول بس مش عارفة ليه بطلت لما كبرت. محتاجة أرجع أقرا تاني.

تامر: من صغري و أنا بحب القراية أوي و كنت الأول بقرا قصص و مجلات أطفال. بعدها اتطور الموضوع وبقى روايات، و بحبها عشان بعيش في العالم الخيالي ده.

شروق: عشان بتفتح عقلي لأفاق و عوالم تانية بالذات الحاجات العلمية و التكنلوجية و القراءات اللي عن الطبيعة.

فؤاد: آه، بحبها لإنها بتفتح عينيا على حاجات كتير و بتكون عبارة عن ملخص خبرة شخص ما في شيء ما معمولة بصيغة بسيطة جدا و هي الكتابة.

15

شكلك أيه؟

شكلك أيه؟

يمنى: طولي ١٧٣ سم. في البلاد العربية بعتبر طويلة. بشرتي فاتحة و عينيا مايلة للون الأخضر. بسبب شكلي ده كان أحيانا بعض الناس بيظنوا إني مش مصرية.

محمد: أنا الحمد لله طويل و لوني قمحي. شعري إسود و أكرت على طول حلقة زلبطة... بس.

داليا: أنا طولي ١٦٧ سم و وزني حوالي ٨٠ كيلو أنا مليانة شوية يعني بس بعمل دايت الفترة دي لإني عايزة أوصل للوزن المثالي و بشرتي فاتحة وعينيا لونها بني غامق.

أندرو: أنا طولي ١٧٨ سنتيمتر وشعري إسود و قصير. عينيا سودا و واسعة و بشرتي قمحاوية زي أغلبية المصريين و رفيع حبتين علشان وزني ٦٥ كيلوجرام.

آيه: طولي ١٦٥ سنتيمتر. بشرتي قمحاوية، شعري بني فاتح و عيني برضه بني فاتح، و وزني مناسب لطولي.

محمود: طولي ١٧٥ سم. بشرتي لونها قمحي. شعري لونه إسود. عيني لونها بني فاتح. جسمي رفيع مش تخين.

رباب: طولي ١٧٠ سم و بشرتي بيضا و شعري إسود و عيني سودا و مش تخينة.

تامر: أنا طويل و عريض و مليان شوية أو يمكن كتير. لوني قمحي و شعري إسود و ناعم. عينيا عسلية أو بني غامق، مش بعرف أحدد لونها بالظبط.

شروق: أنا بيضا، مش طويلة أوي يعني طولي حوالي ١٦٢ تقريبا. و شعري لونه إسود، جاف شوية و نص ناعم. عيني لونها بني غامق واسعة و بلبس نظارة نظر.

فؤاد: طولي ١٨٢ سم ، وزني ٧٤ كيلو. بشرتي قمحية، لون عيني بني غامق، شعري إسود. غالبا الناس بتغلط في سني بسبب شكلي تحسه واحد صغير.

16 أيه أكتر مادة كنت بتحبها في المدرسة؟
أيه أكتر مادة كنتي بتحبيها في المدرسة؟

يمنى: كنت بحب الرياضيات جدا و خصوصا الهندسة. كنت بتفنن في حل المسائل بتاعتها و يمكن ده شجعني أختار كلية هندسة بعد كده. و كمان كنت بحب علم النفس.

محمد: طول عمري بحب الرياضيات أكتر حاجة أذاكرها. بحس إنها سهلة و لذيذة و مش محتاجة مجهود.

داليا: أكتر مادة كنت بحبها في المدرسة كانت الإنجليش لإن المدرس اللي كان بيديني كان شاطر أوي و مكانش تقليدي. كان كل همه إنه يعلمنا صح.

أندرو: الرياضة لإنها أكتر مادة مش بتحتاج مجهود في الحفظ و كل اللي بنعمله نحفظ المسألة و أروح الامتحان أحل.

آيه: أكتر مادة كنت بحبها في المدرسة هي الرياضيات. كلها تفكير و ذكاء و تحليل و بتطور مهارات الواحد. وكنت بستمتع بحل المسائل جدا.

محمود: الرياضيات. كنت بحس إني بحل ألغاز و بستمتع و أنا بذاكرها. أكن بلعب مش بذاكر.

رباب: كنت بحب النحو في اللغة العربية. كنت بحب أوي أعرب الكلمات عشان النطق يبقى واضح.

تامر: أكتر مادة حبيتها كانت الفيزيا و بعدها التاريخ. الأولى فهمتني حاجات كتير في قوانين دنيتنا و التانية كنت بشوف فيها حاجات بتتكرر بنفس الشكل بس باختلاف الأسماء.

شروق: الإنجليزي و العلوم و الرسم. العلوم بالذات كمان عشان كنت بحب الاختراعات و التجارب الكتير اللي كنا بنعملها و بستني نتايجها بفارغ الصبر.

فؤاد: مادة الرسم نظرا لإني كنت كويس فيها و كنت بستمتع بأكتر وقت فيها و كنت بحس إني مميز في حاجة مش أي حد يقدر يعملها.

17

إمتى آخر مرة كنت مطحون جامد في حاجة؟
إمتى آخر مرة كنتي مطحونة جامد في حاجة؟

يمنى: في ديسمبر اللي فات كان عندي في الشغل ضغط كبير. و في نفس الوقت كان معايا شغلانة بعملها بالليل في البيت، فا كانت فترة مفيهاش نوم تقريبا.

محمد: كان عندي مشروع تقيل قي الشغل من إسبوعين و أنا اللي كنت مسؤول إني أنفذه.

داليا: الفترة الأخيرة دي من حوالي إسبوع كنت مطحونة جدا في الشغل و كمان كان عندي مشاكل في البيت و ده اللي زود عليا الضغط النفسي و العملي.

أندرو: فترة الشغل و بالأخص في الشركة القديمة لما كنت بشتغل على أكتر من حملة لأكتر من منتج لإنه كانت بتيجي عليا أيام بشتغل أكتر من ٣٦ ساعة.

آيه: آخر مرة كنت مطحونة جامد من ٥ شهور. لما كنت بحضر الماجستير بتاعي و في نفس الوقت بدور على شغل و بعمل كل حاجة في البيت لوحدي.

محمود: في نص السنة. كنت مطحون في مسابقة كنا بنعمل مشروع لفصل الزيت عن المية عن طريق الروبوت.

رباب: في الشغل. كان عندنا شكاوي كتير على مشاكل في كذا مصنع و كان لازم تتحل في أسرع وقت.

تامر: في مصر الشغل دايما ماشي بالفهلوة و لإني مهندس شبكات بحاول دايما أقنع صاحب الشغل بالصح و مبيقتنعش و طبعا بيسيبني أنا أتفرم في تظبيط البلاوي اللي بيجيبها.

شروق: كنت في معسكر إسمه" تجارية "على مستوى الجمهورية بين جامعات مصر. من ضمن وفد بيمثل كلية تجارة عين شمس و كنت مسؤولة عن الركن الفني فيه.

فؤاد: لما كنت بعمل مشروع تخرج لبنت في هندسة عين شمس و ده كان مشروع ترم و كان مفروض أخلصه في ٣ أيام و فعلا تم وجابت جيد جدا كتقدير.

18

بتعمل أيه لما بتخرج إنت و أصحابك؟
بتعملي أيه لما بتخرجي إنتي و أصحابك؟

يمنى: بنقعد في بيت واحدة فينا و نرغي. و أحيانا بنخرج في نادي أو كافيه. عشان مش بنتقابل كتير فا بنقعد نحكي لبعض عن أحوالنا. زمان كنا بنطلع رحلات.

محمد: غالبا بنقعد على القهوة. و أحيانا لما بنكون فاضيين بنروح نسهر في بار أو ندخل سينما.

داليا: لما بخرج مع صحابي بنحب دايما نتمشى و نروح مول نتفرج على اللبس أو ناكل آيس كريم و ندخل سينما نتفرج على فيلم و نقعد سوا في كافيه.

أندرو: طول عمرنا بنحب نتمشى في الشارع و لو لسه قابضين عادة بنروح نقعد في مكان و ناكل أكلة حلوة.

آيه: لما بخرج أنا و أصحابي بنتمشى و نتناقش في المواضيع اللي مضايقانا أو مفرحانا و بنضحك سوا و ناخد كام صورة للذكرى.

محمود: على حسب الخروجة فين. لو في النادي بنلعب كورة أما لو في القهوة بنلعب كوتشينة.

رباب: بنحكي لبعض عن أحوالنا و ناخد رأي بعض في مشاكلنا و لو اتبقى وقت بنجيب في سيرة الناس.

تامر: في الغالب بنقعد على القهوة و نقول إننا مش هنتكلم في الشغل بس مبنعرفش و لما بنحب نغير بنخرج مع مراتاتنا و نحاول نخرج أولادنا و نفسحهم.

شروق: ساعات بنروح مول ناكل هناك و نتمشى و ندخل السينما يا إما لو جنب البيت بنتمشى ع الشارع و نعمل شوبينج أو نروح مطعم نتعشى فيه.

فؤاد: بنشوف فيلم سينما لحاجة بنحبها، أو ساعات بنعمل حاجة إسمها" لان بارتي "و ده بنجيب أجهزة لاب توب بتاعتنا و نلعب مع بعض ألعاب كمبيوتر.

19 أيه أكتر حاجة من حاجاتك حاسس إنها بتخدمك أوي؟
أيه أكتر حاجة من حاجاتك حاسة إنها بتخدمك أوي؟

يمنى: أدوات المطبخ الجيدة. عادة بدخل المطبخ أعمل الأكل و أنا مستعجلة، عشان كده بكن كل التقدير لأدواتي اللي بتساعدني أنجز المهمة بنجاح و سرعة: السكينة الحامية و الخلاط.

محمد: الموبايل! السمارت فونز دي اختراع رهيب. أيه الحلاوة دي، كل حاجة تقريبا ممكن أعملها بالموبايل.

داليا: من ضمن الحاجات اللي عندي و بتخدمني أوي اللاب. بجد من غير اللاب مكنتش هعرف أشتغل و اشتريت اللاب ده من مجهودي لإني كنت بشتغل و حوشت جبته.

أندرو: روح العمل و دي أكتر حاجة مديريني بيلاحظوها فيا و علشان كده كل ما يكون عندي مشكلة بيكونوا دايما في ضهري و واقفين جنبي.

آيه: أكتر حاجة من حاجتي بحس إنها بتخدمني هي تليفوني. بعرف أتواصل مع أي حد في أي مكان. بيسليني و أنا زهقانة. بشتغل عليه. و كمان بينظملي مواعيدي.

محمود: الموبايل، عشان عليه كل حاجة و بيكون معايا في أي مكان و بسجل عليه أي حاجة عايز أفتكرها.

رباب: اللاب توب، عليه كل حاجة تخصني فعلا، كل معلومة عني كل ذكرياتي، صوري و أفلامي المفضلة.

تامر: الحاجة اللي مبستغناش عنها أبدا الكمبيوتر و برغم إن الموبايل زادت إمكانياته بشكل كبير لسه مبقدرش أستغنى عن اللاب توب في أي وقت.

شروق: الموبايل عشان سهل يبقى معايا دايما و بقدر أكلم صحابي بسهولة و أتابع الأخبار و الشغل عن طريقه، أول بأول في أي وقت و أي مكان.

فؤاد: الموبايل الأندرويد بتاعي بيخليني مش محتاج أكون مرتبط بالجهاز علشان أعرف مين اللي كلمني و أيه الأفينتات اللي حواليا و غير كده بكون حاطط الشغل عليه.

20 أيه هو أحلى مكان رحته؟
أيه هو أحلى مكان رحتيه؟

يمنى: كل مكان بروحه بتعجبني فيه حاجة. أكتر مكان دخل قلبي هو أسوان. فيها طبيعة ساحرة، نيل و زرع و ناس طيبة.

محمد: أحلى مكان رحته هو لندن. دي كانت أول مدينة أزورها بره مصر في حياتي و ليا فيها ذكريات كتيرة.

داليا: أحلى مكان رحته في حياتي كان مرسى مطروح. المكان هناك فعلا ممتع و جذاب. الهوا و البحر و الشمس و الرمل! بنسى نفسي لما بروح هناك و بحس إني طايرة.

أندرو: القرية الفرعونية لإن فيها حاجات كتير مكنتش عارفها أو فاهمها زي صناعة البردي و المكان ده بيحكي من خلال جولة في النيل عن التاريخ الفرعوني.

آيه: أحلى مكان رحته كان في سويسرا، سان مورتز. مكان هادي فيه جبال عليها و خضرا و بحيرة صغيرة لونها فيروزي جميل جدا.

محمود: مدينة الشيخ زايد. ده أحلى مكان رحته في حياتي عشان فيه أماكن خروجات كتيرة جدا.

رباب: الجونة في مصر. كان أكتر مكان رائع فعلا. المكان كان هادي جدا و المناظر أكتر من خلابة.

تامر: أحلى مكان رحته شرم الشيخ. اشتغلت هناك ٦ شهور و بالرغم من إنها صغيرة بس فيها حاجات كتير. ممكن تعمل كل يوم حاجة مختلفة.

شروق: كانت رحلة تبع المدرسة لحديقة حيوانات مفتوحة و ملاهي في إمارة الشارقة في الإمارات. و كان فيها متاهة كبيرة جدا.

فؤاد: حديقة الحيوان اللي في طريق مصر إسكندرية. أنا من النوع اللي بحب جدا أشوف الحيوانات بتتصرف إزاي و بيتعاملوا مع بعض إزاي.

21 أيه هي الحاجة اللي بتاخدها معاك في كل حتة؟
أيه هي الحاجة اللي بتاخديها معاكي في كل حتة؟

يمنى: ساعتي و الخاتم بتاع جدتي. بحس بالانضباط طول ما أنا لابسة الساعة. أما خاتم جدتي الله يرحمها، فا كانت وصيتها ليا إني مقلعوش من إيدي أبدا.

محمد: باخد معايا سجاير في كل مكان بروحه عشان أنا مدخن للسجاير و مش بحب ميكونش معايا سجاير.

داليا: موبايلي. هو أكتر حاجة باخدها معايا في كل حتة و مبقدرش أسيبه لحظة من إيدي لدرجة بقيت أحس إنه إدمان للأسف بس اتعودت خلاص.

أندرو: التليفون طبعا. مقدرش أستغنى عنه لإني بتواصل فيه مع كل الناس و بتابع عليه كل شغلي و كمان بلعب عليه لما أكون زهقان.

آيه: الحاجة اللي باخدها معايا في كل حتة هي تليفوني علشان بكلم الناس و بيوريلي السكة لو رايحة مكان مش عارفاه.

محمود: الموبايل. دي الحاجة اللي بروح بيها كل حتة و بسجل عليها كل حاجة عايز أفتكرها.

رباب: الميك أب بتاعي و البرفيوم. دول حاجات لا يمكن أخرج من غيرهم. لازم أفضل طول الوقت جاهزة.

تامر: البطاقة! عندنا في مصر مينفعش تمشي من غيرها و إلا الحكومة تظبطك بس لو حاجة تانية فا أنا مبستغناش عن اللاب توب لإنه حياتي و شغلي كله عليه.

شروق: المناديل و الوايبس و المراية و الروج و نوت و قلم و الهاند فري. الحاجات دي بتتنقل من شنطة لشنطة أساسية عندي.

فؤاد: القصص المصورة اللي أنا عملتها و شاركت في عملها علشان أوريها على طول لأي حد مهتم بمجال الرسم و أوريله الشغل مطبوع قدامه.

22 أيه هو برنامجك المفضل في التليفزيون؟

أيه هو برنامجك المفضل في التليفزيون؟

يمنى: بصراحة مش بتابع التليفزيون كتير. لكن الأفلام الوثائقية و الكوميدية هي المفضلة عندي. زي برامج قناة" ناشيونال جيوجرافيك "و المسرحيات الكوميدية.

محمد: أنا مبحبش أتفرج على التليفزيون أوي. أكتر برنامج كنت بحبه كان بتاع باسم يوسف إسمه" البرنامج."

داليا: أنا بحب البرامج الترفيهية عموما مبحبش البرامج السياسة زي مثلا برنامج "من سيربح المليون "و زي برنامج" أبلة فاهيتا."

أندرو: برنامج" أسعد الله مساءكم "اللي بيقدمه المقدم الكوميدي أكرم حسني في شخصية كوميدية جدا إسمها أبو حفيظة و من خلالها بيقدم الشعب المصري بطريقة كوميدية.

آيه: برنامجي المفضل في التليفزيون هو" كاش أور سبلاش ."برامج المسابقات و اللي فيها أسئلة معلومات عامة بتكون مسلية و مليانة معلومات.

محمود: برنامج" البرنامج ."ده كان برنامج تلفزيوني ساخر للإعلامي باسم يوسف و لكنه اتوقف لظروف أمنية.

رباب: برنامج" من سيربح المليون ."بحب أوي أحاول أجاوب على الأسئلة و بتعلم من كل سؤال جديد.

تامر: كان برنامجي المفضل في التليفزيون برنامج" البرنامج "الكوميدي للمذيع باسم يوسف بس بعد ما منعوه مفيش حاجة بتشدني أتفرج عليها.

شروق: بصراحة مش بتفرج على تليفزيون إلا قليل بالصدفة مع العيلة. غير كده مش متابعة حاجة. بتفرج بقى ع اليوتيوب و أكتر قناة بحبه إسمها" أيش اللى."

فؤاد: مش بتفرج على التليفزيون و بتفرج على اليوتيوب و قناتي المفضلة إسمها Vsauce و دي قناة بتهتم أوي بالعلم و آخر التطورات في عالم التكنولوجيا.

23 بتفضل الكتب الخيالية ولا الواقعية؟ أيه نوع الكتب اللي بتفضله؟
بتفضلي الكتب الخيالية ولا الواقعية؟ أيه نوع الكتب اللي بتفضليه؟

يمنى: قريت كل أنواع الكتب والمجلات. ذوقي في القراية بيتغير حسب سني و حالتي المزاجية. و أنا صغيرة كنت بقرا الروايات الخيالية. دلوقتي بفضل كتب التربية و التنمية البشرية.

محمد: أنا بحب أقرا الروايات. أكتر حاجة بحبها الكتب اللي بتحكي تاريخ عن طريق الرواية الخيالية.

داليا: بحب الكتب الخيالية جدا لإنها بتخليني أعيش اللي مش قادرة أعيشه في الواقع و بفضل الكتب الرومانسية لإني مش بلاقي الرومانسية موجودة عندنا فا بعوضها بالكتب دي.

أندرو: الكتب الخيالية لإنها بتوديني لعالم تاني مش عايشه و بتفصلني عن وجع القلب اللي عايش فيه كل يوم.

آيه: بفضل الكتب الخيالية. لإنها بتفتح أفكار و أماكن جديدة في المخ. و بفضل كتب الخيال العلمي بالأخص.

محمود: الكتب الخيالية، لإنها بتصنع عالم مش موجود في الحقيقة و بيزود قوة الخيال و التركيز في التفاصيل.

رباب: الخيالية. بحب أوي الكتب اللي بتحكي عن معجزات و حاجات غريبة بتحصل في الدنيا و أيه تفسيراتها العلمية.

تامر: الكتب الخيالية هي اللي أنا بفضلها و اللي بترسم عوالم تانية يسرح فيها الواحد و يفكر لو هناك كان عمل أيه، و أكتر نوع الفانتازيا زي" مملكة الخواتم."

شروق: الكتب الخيالية زي مثلا الخيال العلمي و السحر و كتب الرعب و ممكن واقعية بتتكلم عن العلوم و التجارب و الفضا و الطبيعة.

فؤاد: بفضل الكتب اللي بتفيدني و تزيدني ثراء في معلومات بخصوص موضوع عاجبني. بفضل كتب علم النفس عشان ليها تأثير مباشر على حياتي.

24 أيه أكتر مطعم بتروحه؟
أيه أكتر مطعم بتروحيه؟

يمنى: أنا مش من رواد المطاعم. بس أكتر مكان باكل فيه بره البيت هو عند حماتي. بصراحة أكلها تحفة و أحلى من أي مطعم رحته.

محمد: أنا بحب المشويات أوي. أكتر مطعم بحب أروحه هو مطعم" بلبع "بتاع الكباب و الكفتة.

داليا: أكتر مطعم بروحه" تري بيان "و" جاد "و" أبو عمار السوري "لإن المطاعم دي فيها نوع الأكل اللي أنا بحبه زي الشيش طاووق والفلافل والشاورما.

أندرو: مطعم" على بركة الله "و ده واحد من أشهر المطاعم اللي بتعمل كبدة و سجق عندنا و بالرغم من إننا بناكل في الشارع إلا إننا بنكون مستمتعين بالأكل.

آيه: أكتر مطعم بحب أروحه هو" فابيانو ."بيعمل أحلى مكرونة و بيتزا إيطالي بمكونات دايما طازة و كل المكونات هما بيزرعوها بنفسهم أو بيجيبوها من أحسن الماركات.

محمود: فالح أبو العنبة، من المطاعم العراقية اللي موجودة في مدينة ٦ أكتوبر و أكله نضيف و رخيص.

رباب: أندريا. دي باخرة على النيل. أكلهم حلو أوي و القعدة كمان لذيذة جدا و الخدمة برضه كويسة.

تامر: المطعم اللي بروحه كتير هو مطعم صغير كده في العجمي إسمه" بامبو " بتاع كشري و مكرونات، و بيقدم سندويتشات كمان بس أنا مباكلش من عنده غير كشري.

شروق: ماكدونالدز. بحب البرجر بتاعه جدا و البطاطس الفرايز و بيسترو عشان بحب مكروناته و الباستا بتاعته بأنواعها و البيتزا كمان.

فؤاد: مطعم" كنتاكي ."من أكتر المطاعم اللي بتفكرني بذكريات جميلة ليا و أنا صغير. ده طبعا غير إن أكله حلو جدا.

25 ليك في الموضة؟ بتلبس أيه عادة؟ ليكي في الموضة؟ بتلبسي أيه عادة؟

يمنى: أنا بتابع الموضة و بحب أتفرج على عروض الأزياء جدا. لكن في لبسي بجيب اللي بحبه و اللي بيريحني. عادة بيكون لبس طويل و واسع و فيه ألوان كتير.

محمد: لا مش أوي يعني. مش بركز أوي في آخر صيحات الموضة. أنا بلبس سيمي كاجوال.

داليا: مليش في الموضة لإني مقتنعة إن مش كل الموضة تليق عليا فا بلبس اللي بيعجبني بس و لبسي كله عبارة عن بنطلون جينز و بلوزة و أوقات جيبة.

أندرو: بصراحة لا بس بهتم باللبس بتاعي علشان طبيعة شغلي في مجال التسويق و عادة لازم يكون منظري كويس.

آيه: ليا في الموضة بس مش بتشكل كل لبسي. بلبس اللي يريحني و يكون شكله مقبول و يعجب أغلب الناس.

محمود: لا مش أوي. أنا ليا الشكل المعين بتاعي في اللبس و مبحبش أمشي أوي تبع الموضة.

رباب: يعني، أنا شايفة إن الموضة هي الحاجة اللي تليق عليك و متبينش عيوب جسمك، تخليك شيك و مهندم.

تامر: موضوع الموضة عمره ما شغلني الصراحة. أنا عادة بحب أختار اللبس اللي يناسبني شكلا و مضمونا من غير ما أتقيد بالألوان أو الموضة اللي طالعة جديد.

شروق: ليا في الموضة بس مش بقلد تقليد أعمى و مش بحب اللبس المنتشر فا أنا عاملة لنفسي ستايل لبس خاص بيا مش أي حد يلبسه.

فؤاد: ليا شوية. بحب ألبس حاجات سادة و دايما لبسي بوديه للترزي يظبط مقاسه عليا و يكون ماسك شوية عليا و لكن مش ضيق أوي أو واسع أوي.

26

بتسهر كتير بعد ٣ الفجر؟

بتسهري كتير بعد ٣ الفجر؟

يمنى: كنت بسهر كتير زمان بس حاليا الأسرة كلها أصبح ليها روتين ثابت في النوم و الصحيان بدري عشان الشغل و المدارس. حتى يوم الأجازة السهر أخره واحدة.

محمد: لا. غالبا بنام على ١٢ عشان بصحى الصبح أروح الشغل على الساعة ٨ مثلا.

داليا: مينفعش أسهر كتير بعد الفجر لإني بيكون عندي شغل بدري فا لازم أنام كويس لكن في الأجازة أه ممكن أسهر كتير لبعد الفجر.

أندرو: مستحيل لإني لازم أصحى الساعة ٧ علشان أكون في الشغل الساعة ٨ أو ٩ بالكتير وعلشان اتعودت على كده لما بتيجي الأجازات كبيري أسهر لحد الساعة ١ أو ٢.

آيه: لا نادرا. لما بسهر بعد ٣ الفجر. لإني مش من محبين السهر لإنه بيضر الجسم و الصحة.

محمود: لا، قليل جدا لما بسهر عشان يومي كله مشغول و بيكون فيه تعب كتير فا مبقدرش أسهر.

رباب: لا خالص. أنا بحب أنام بدري و أصحى بدري. الشغل كمان عودني على كده. كده أحسن لصحة جسمي.

تامر: أنا بصحى بدري لشغلي بس عادي جدا أرجع أنام و أسهر لحد بعد الفجر و ممكن أطبق للصبح و أروح الشغل و لما أرجع أنام لإني كائن ليلي أصلا.

شروق: دايما تقريبا عشان معظم الوقت ببقى سهرانة مع أصحابي بنلعب" ليج أوف ليجندز "و دي لعبة أون لاين و أحيانا بيبقى ورايا شغل تبع الكلية أو شغل عموما.

فؤاد: ساعات لو فيه شغل متأخر لازم أسلمه بس بحاول قدر المستطاع إني أنظم يومي و أصحى دايما في نفس الميعاد.

27 تحب تبقى مشهور؟
تحبي تبقي مشهورة؟

يمنى: لو بعمل حاجة مفيدة للناس، أحب أكون مشهورة عشان أقدر أوصل لأكبر عدد ممكن منهم. لكن محبش أكون متراقبة طول الوقت بسبب الشهرة دي.

محمد: أه أكيد. كل الناس تحب تبقى مشاهير. بس أحب أبقى مشهور إني مثلا زي مارك زوكربيرج.

داليا: أي حد بيحب يبقى مشهور و أنا نفسي أكون مشهورة طبعا في مجال عملي و الناس كلها تعرف أد أيه أنا ناجحة في شغلي و إزاي أنا كافحت.

أندرو: أكيد بس في مجال التسويق لإنه بيعلي من الإسم بتاعي و ليه مكونش في يوم من الأيام زي كوتلر أو ستيف جوبز.

آيه: لا محبش أكون مشهور. الشهرة بتجيب مشاكل و غيره و بتلغي الخصوصية. كل حياتك و تصرفاتك بتكون متراقبة و الناس تستنى تغلط عشان ينتقدوك.

محمود: لا، الشهرة ليها جوانب سيئة كتير زي إني هخسر صحابي و مبحبش إن الناس تعرف عني كل حاجة.

رباب: أي إنسان يحب يبقى مشهور و كل الناس بتحبه و يقدر يعمل اللي هو عايزه و يسافر زي ما هو عايز.

تامر: معتقدش إن فيه حد ميحبش يبقى مشهور بس أنا ميتهيأليش هعرف أعيش في الشهرة. مش بحب العيون تبقى عليا و تبقى تصرفاتي كلها بحساب.

شروق: لا مش بحب الشهرة و إن يبقى عليا انتباه من الناس و مش بحب لفت الأنظار خالص فا خليني كده معروفة من بعيد لبعيد.

فؤاد: لا، أنا أفضل يكون عندي صحاب قريبين مني أفضل من إن يكون عندي ناس كتير بتحبني من بعيد و أنا معرفهمشي.

28

ممكن توصف مكان سكنك؟
ممكن توصفي مكان سكنك؟

يمنى: أنا ساكنة في شقة في الدور التالت مكونة من ٣ أوض، واحدة ليا و واحدة للولاد و واحدة مسمينها أوضة القراية و حاطين فيها كتب و قصص كتير.

محمد: أنا ساكن في شقة في عمارة فيها أوضتين و ريسبشن في آخر دور في العمارة.

داليا: أنا ساكنة في شقة في عمارة. ساكنة في الدور التاني. الشقة أوضتين و صالة بس الشقة كبيرة و نفسي نعزل نسكن في منطقة تانية و شقة أكبر.

أندرو: أنا عايش في شقة في الدور الرابع فيها ٣ أوض و حمام و مطبخ. هي الشقة مش كبيرة لكن مترتبة و متنظمة بطريقة كويسة جدا.

آيه: أنا ساكنة في شقة كبيرة في الدور الأول. فيها ٤ أوض نوم، مطبخ كبير، حمامين، برجولتين، صالة كبيرة، و أوضة سفرة.

محمود: ساكن في فيلا في كومبوند، بتتكون من دورين، فيها ٥ أوض، و الأوضة بتاعتي في الدور التاني.

رباب: أنا ساكنة في شقة في الدور الرابع مفيش أسانسير. الشقة أوضتين و ريسبشن كبير و حمام واحد.

تامر: أنا ساكن في بيت عيلة. شقتي في الدور الأول: ٣ أوض و صالة. أوضة منهم عاملها مكتب ليا و أوضة للأولاد و أوضة نوم.

شروق: عبارة عن شقة في الدور الخامس و للأسف مفيش أسانسير عشان هي عمارة قديمة شوية. فيها أوضتين و صالة و حمام و مطبخ.

فؤاد: شقة ١٢٠ متر. ٣ غرف، حمام، مطبخ، ريسبشن قطعتين. الدور الأول. في الرحاب بجوار مجمع المطاعم و مجمع البنوك. عندنا فيه حديقة حلوة أوي قدامنا.

29 إمتى بتكون في أسعد حالاتك؟
إمتى بتكوني في أسعد حالاتك؟

يمنى: لما بشوف اللي حواليا سعادة. في أي مكان و مع أي حد، مجرد إني أحس إن المجموعة اللي في المكان ده قاعدين مرتاحين و مندمجين مع بعض.

محمد: بكون في أسعد حالاتي و أنا بشوف تارجت من أحلامي بيتحقق قدامي زي مثلا ترقية أو فلوس.

داليا: بكون في أسعد حالاتي لما بنجح في شغلي و أسمع تقييم حلو. و لما باكل بيتزا و شوكولاتة و لما بحط ميكاب.

أندرو: لما بكون وسط أهلي كلهم أو وسط أصحابي و بنعمل مع بعض نشاط في الكنيسة لإن كلنا بنكون متجمعين و بنعيد الذكريات القديمة.

آيه: بكون في أسعد حالاتي لما أكون بعمل الحاجات اللي بحبها مع أقرب الناس عندي و بنضحك سوا و محدش فينا تعبان.

محمود: بكون في أسعد لحظات حياتي لما بحس إني قدرت أوصلي حاجة أنا عايزها أو حلم حققته.

رباب: لما بقعد على البحر. حقيقي بحب البحر، ريحته و شكله. لما تقعد تكلمه و إنت قاعد على شطه و تتأمل في جماله، فعلا إحساس رائع.

تامر: أسعد حالاتي لما بجيب لعبة لواحد من أولادي خصوصا الألعاب الحديثة شوية و اللي مكانتش موجودة على أيامي. ساعتها بفتح معاهم اللعبة و أقعد ألعب معاهم.

شروق: لما بكون محطوطة في منصب و عليا مسئولية ما و الناس حاطة أمال كتير عليا و أعملها و أكون قدها بحس بفخر و فرح كبير.

فؤاد: لما بكون حققت حاجة أنا مش عارف أوصلها من زمان أوي و بحس إن ده ثمار تعبي و إن فعلا اللي بيفرق شخص عن التاني هو المجهود.

30 بتعمل أيه أول ما بتصحى الصبح؟
بتعملي أيه أول ما بتصحي الصبح؟

يمنى: بصلي الصبح و أجهز السندويتشات و أصحى الأولاد. بعد ما ينزلوا، باخد دش و ألبس و أروح شغلي. أوقات بعمل شوية تمارين أو بجهز حاجات للغدا.

محمد: أول ما بصحى بدخل الحمام أستحمى و أتوضى و أصلي و بعدين أفطر و ألبس هدومي و أنزل.

داليا: أول ما بصحى الصبح بحب آخد شاور أول حاجة و بعد كده أفطر و أعمل شوية رياضة و أشتغل و وقت الشغل مش بحب أركز في أي حاجة تانية.

أندرو: كل اللي بقدر أعمله يادوب أغسل وشي و أنزل بسرعة علشان متأخرش على الشغل. و أنا نازل أبص على الموبايل و أشوف الإيميلات في السريع.

آيه: أول ما بصحى الصبح بصلي و أشكر ربنا على كل النعم اللي موجودة في حياتي. و بعدين بفطر كويس لإنه أهم وجبة في اليوم.

محمود: بغسل وشي بعدين أتوضى، بعد كده بصلي. بعدين أفطر، بعد كده بلبس عشان أروح الكلية.

رباب: باخد شاور و أصلي و أفطر و ألبس هدومي عشان أروح الشغل و بعدين أشرب النسكافيه أول ما أوصل عشان أبدأ شغلي.

تامر: أول حاجة لازم أعملها الصبح إني أشرب كوباية شاي و سيجارة و بالرغم من إنها عادة زبالة بس مش قادر أبطلها.

شروق: بدخل الحمام أغسل وشي و أتوضى و أروح أصلي بعدين أجهز الفطار و أفطر و أحيانا مش بفطر و ألبس و أنزل على طول لو عندي كلية.

فؤاد: بغسل وشي، بفطر، و بنزل. أتمشى شوية و بعد كده بطلع أكمل باقي الشغل اللي ورايا أو أشوف مشواري اليومية.

31

أيه هو مشروبك المفضل؟

أيه هو مشروبك المفضل؟

يمنى: عصير القصب. من أجمل المشروبات المصرية الأصيلة، و الكركديه والتمر هندي بالنسبة للمشروبات الساقعة. أما السخنة، فا البلح باللبن و الموغات و السحلب من ألذ المشروبات اللي ممكن تدوقها.

محمد: مشروبي المفضل هو الشاي. و ده أكتر مشروب بشربه. بشرب منه ٣-٤ كبايات في اليوم.

داليا: مشروبي المفضل هو الكاكاو. بحبه جدا و بحس إني دايبة في الشوكولاتة و أنا بشربه و بحب الميلك شيك فراولة و الفراولة تكون قليلة و الفانيليا كتير.

أندرو: عصير البطيخ و ده أكتر حاجة بتديني انتعاشة في جو الصيف المتعب و طبعا فيه الشاي والقهوة و الكابتشينو و دول بشربهم أغلبية الوقت.

آيه: مشروبي المفضل هو عصير البرتقان بالجزر، عصير مغزي و مليان فيتامين و منعش و سهل أعمله في البيت أو أشتريه من أي محل.

محمود: المانجة، من أكتر العصاير الطبيعية اللي بحبها عشان الملوحة الخفيفة اللي فيها و السكر المعدول.

رباب: كاكاو باللبن و الليمون بالنعناع. دول أكتر مشروبين بحبهم و ممكن أشرب منهم كل يوم و مزهقش.

تامر: مشروبي المفضل الشاي بالنعناع طبعا مستغناش عنه و كمان السحلب في الشتا و ممكن الحلبة لكن مش بحب القهوة الصراحة.

شروق: الشوكلاتة باللبن و عصير البرتقال الفريش البيور و أحيانا بحب أحط فيه سكر عشان بيبقى مر أوي و هو أكتر عصير بحس إنه بيروي عطشي.

فؤاد: مشروبي هو البرتقال الطازة. و بيكون مضاف ليه سكر عشان مش بستحمله من غير سكر. و بفضله أكتر من غير بذرة.

32 أيه هي أكتر صفة بتقدرها في اللي قدامك؟
أيه هي أكتر صفة بتقدريها في اللي قدامك؟

يمنى: الصدق و احترام الأخرين أكتر صفتين بيخللوني مطمنة و أنا بكلم الناس، لإني عارفة إنهم بيقولولي رأيهم الحقيقي و كمان هيسمعوا رأيي للآخر لغاية ما نوصل لنتيجة ترضينا.

محمد: أكتر صفة بقدرها هي الصدق عشان إحنا في زمن كل الناس بقت غشاشة و كدابة.

داليا: بحب دايما اللي قدامي إنه يكون صادق و محترم لإني مش بحب الكدب فا لما بلاقي شخص صادق بقدره جدا و بحترمه لإنه بقى نادر ألاقي شخص صادق.

أندرو: احترام الكلمة لإن الواحد قابل في حياته ناس كتير بس أكتر الناس مش بيحترموا كلامهم و ده خلاني أفقد الثقة في أغلبية الناس.

آيه: أكتر صفة بقدرها في اللي قدامي إنه يكون عنده زوق و إحساس. ميخلينيش أتضايق من طريقة كلامه و أسلوبه معايا.

محمود: الصدق، لو الشخص اللي قدامي صادق في كلامه معايا دي الحاجة اللي بتخليني أحترمه و أقدره.

رباب: الطيبة و الصدق. أنا مؤمنة إن الصفات دي لما تبقى موجودة في إنسان يبقى ده أكتر واحد لازم تثق فيه.

تامر: دايما بقدر الشخص اللي لو اختلفت معاه في الرأي ميغيرش رأيه الشخصي فيك، و اللي فاهم فعلا يعني أيه الاختلاف في الرأي لا يفسد للود قضية.

شروق: اللي بيبقى عايش سنه و مش متكبر أو فاكر نفسه أحسن من باقي الناس و الواقفين مبيضحكوش خالص و واخدين الحياة و كل حاجة جد.

فؤاد: إنه يكون صريح و مش بيكدب لإن الصراحة بيتبنى على أساسها الثقة و الثقة بتأدي بعد كده لعلاقة أقوى أيا كان بقى أيه نوع العلاقة دي.

33
أيه هي أكتر حاجة مجنونة عملتها في حياتك؟
أيه هي أكتر حاجة مجنونة عملتيها في حياتك؟

يمنى: مرة خدت صاحبتي من عند مترو السيدة زينب و مشينا نوزع بلح و مية على الناس في الشارع لحد ما وصلنا الزمالك. كان مشوار طويل و غريب و ممتع.

محمد: أكتر حاجة مجنونة لما نطيت سور الكلية و هربت من الأمن عشان أقابل بنت كنت بحبها.

داليا: مفيش حاجة مجنونة عملتها في حياتي لإن أحداث حياتي كانت محدودة أوي بين المدرسة و الجامعة و الشغل فا مكانش فيه فرصة إني أتجنن و يمكن لسه هتجنن.

أندرو: لما كلمت أصحابي علشان ننزل و واحد إقترح إننا نأجر عجل و نسوقه في الشارع بالرغم من إن بقالنا سنين مش بنسوق عجل.

آيه: أكتر حاجة مجنونة عملتها في حياتي إنني رحت الملاهي و لعبت كل الألعاب. ألعاب كتير كان شكلها يخوف لكن كانت ممتعة جدا.

محمود: كنت في النادي و عندي تمرين الصبح و بعد ما خلصت رحت عند منطات حمام سباحة بتا ع الغطس و نطيت من الدور الأخير.

رباب: لما كنت مخطوبة كان بابا مانعني إني أخرج مع جوزي بس أنا كنت بخرج من وراه عشان كان بيوحشني و مش بعرف أشوفه كتير.

تامر: أكتر حاجة كانت جنان فعلا لما دخلت مستشفى و عملت إني دكتور عشان ناخد ورق مريض أبو واحد صاحبي و قعدت أتناقش مع الدكاترة في حالته.

شروق: و أنا صغيرة كنت برمي بيض ع الناس و ساعات بنفخ بلالين مية و أرميها ع العربيات و أجري قبل ما حد يمسكني.

فؤاد: إني دخلت في ماتش تحدي ضد كابتن فريق الكونج فو بتاعي ظنا إني هكسبه و لكن اللي حصل إني خسرت منه بعد بالظبط ١٠ ثواني.

34

أيه هي وظيفة أحلامك؟
أيه هي وظيفة أحلامك؟

يمنى: حلمي إني أكون بخدم الناس و بساعدهم. الحقيقة إني نفسي يكون عندي فلوس كتير و أعمل شركة كبيرة بتحل مشاكل الناس و بتحقق أحلامهم مهما كانت.

محمد: أنا بحلم يكون عندي بيزنس خاص و أنا أديره بنفسي و أبقى رجل أعمال ناجح.

داليا: طول عمري بحلم أكون مترجمة كبيرة في مصر و لما اشتغلت في شركة الترجمة حسيت إن جزء من حلمي بدأ يتحقق.

أندرو: إني أشتغل في قسم التسويق و أكون ماسك الشرق الأوسط مش مصر و بس و إنه يكون ليا بصمة و إسم معروف.

آيه: وظيفة أحلامي إني أدبلج أفلام و مسلسلات الكارتون بصوتي. من زمان بتمنى أشتغلها لإني بحب أقلد الأصوات و ردود الأفعال.

محمود: إني أشتغل في جوجل و أمسك منصب كبير فيها و أكون من أحسن الويب ديفيلوبر في العالم.

رباب: كان نفسي أوي أشتغل رائدة فضا بس كان لازم أسافر عشان أحقق الأمنية دي و المشكلة إن أهلي متعلقين بيا أوي و أنا كمان.

تامر: وظيفة أحلامي إني أكون جيم تستر (مختبر ألعاب) عشان أفضل طول النهار و الليل ألعب و كل ما مراتي تقولي بتعمل أيه أقولها بشتغل.

شروق: نفسي أبقى مانجا و كوميك ميكر عالمية عشان أنا بحب الرسم جدا و بالذات رسم الكارتون و الأنمي و القصص المصورة.

فؤاد: إني أشتغل عموما في حاجة بحبها، مش شرط يكون في حاجة معينة عايزها أوي دلوقتي لإن ساعات الشغف بييجي بعد الشغل.

35
بتحب الأطفال و الحيوانات الأليفة؟
بتحبي الأطفال و الحيوانات الأليفة؟

يمنى: بحب الأطفال جدا طول ما هما لطاف و بيضحكوا أما العياط و الزن فا بيزعجوني بصراحة. الحيوانات الأليفة ممكن أتفرج عليها من بعيد لكن مش بفضل اقتناءها.

محمد: أه بحبهم جدا. أكتر حيوان بحبه الكلاب و الحصنة و بحب البنات الصغيرة العسولة البريئة.

داليا: بحب الأطفال جدا و خصوصا الولاد عن البنات لإن الولاد عندهم طاقة و أشقية و بحب الحيوانات الأليفة بس عمري ما ربيت و نفسي أربي كلب.

أندرو: الأطفال طبعا أه لإنهم أكتر حاجة بتنسيني هموم الكبار. أما الحيوانات لا لإني بخاف من الكلاب جدا و القطط مش بحبها.

آيه: بحب الأطفال و بحب أتكلم و ألعب معاهم. الأطفال أبرياء و صراح جدا. مفيش التكلف و التصنع اللي بيكون في الناس الكبيرة. و في الحيوانات الأليفة بحب الكلاب لإنهم أوفياء.

محمود: بحب الأطفال جدا خاصة لما يكون سنهم من سنة إلى ٥ سنين و من الحيوانات الأليفة بحب الكلاب بس.

رباب: جدا جدا! بحبهم جدا بس مش بعرف أتعامل مع الأطفال أوي لكن الحيوانات بعرف أتعامل معاهم كلهم و مش بخاف من أي حيوان مهما كان.

تامر: طبعا بحب الأطفال و عندي طفلين مجننيني. أما الحيوانات الأليفة فا أنا بحب الكلاب و عندي كلبي العزيز ماكس و بحب كمان البغبغانات بس بكره القطط.

شروق: أه بحبها جدا بالذات القطط و نفسي يبقى عندي قطة بس للأسف البيت عندي ميسمحش حاليا إني أربي أي قطة.

فؤاد: طبعا بالذات الحيوانات الأليفة لإنها حيوانات اتربت في وجود إنسان و ده بيدل إن مش شرط يبقى حيوان شرس يفضل طول عمره شرس.

36

تحب تتكلم مع مين دلوقتي حالا؟ و تحب تقوله أيه؟
تحبي تتكلمي مع مين دلوقتي حالا؟ و تحبي تقوليله أيه؟

يمنى: نفسي أقعد مع أمي و أختي قعدة طويلة و أفضل أرغي معاهم براحتنا و ميكونش ورانا أي حاجة شاغلانا أو حد بيقاطعنا. نقعد نهزر و نضحك كتير.

محمد: أحب أتكلم مع جدي الله يرحمه. و أقعد أحكيله كل حاجة حصلت من ساعة ما مات.

داليا: أحب أتكلم مع ماما دلوقتي و أقولها إنه لولا وجودها في حياتي مكنتش هقدر أبقى مبسوطة كده و إنها وقفت جنبي و استحملتني كتير و إني بحبها أوي.

أندرو: مع بنت أختي و أحب أقولها واحشاني جدا. بينا مسافات كبيرة باعدانا عن بعض لكن إنتي في قلبي و فكري على طول.

آيه: أحب أكلم حبيبي و أقوله إنه واحشني. و إن البعد ده صعب أوي و نفسي الظروف اللي فرقتنا تعدي و تخلص.

محمود: مع أمي. أحب أقولها: ربنا يخليكي ليا و متحرمش منك أبدا و تفضلي عايشة طول العمر.

رباب: أحب أتكلم مع بابا و أقوله إن وحشني جدا و كان نفسي أفرحه قبل ما ربنا يرحمه و أقوله أنا بجد آسفة.

تامر: أحب أتكلم مع رئيس جمهورية مصر العربية و أقوله أرحمنا. البلد مش مستحملة الصراحة و مش ناقصة مصايب أكتر من كده.

شروق: نفسي أتكلم مع بابا تاني و أقوله وحشتني جدا أصل بابايا متوفي و مشفتوش بقالي فترة عشان كان قاعد في الإمارات بيشتغل و اتوفى هناك.

فؤاد: أحب أتكلم مع صديقي من أيام الثانوية و أقوله إنه يرجع تاني لرفع الحديد عشان وزنه بيزيد كل مرة بشوفه.

Appendix C: Modern Standard Arabic Translations

1
MSA

ما هي وسيلة النّقل التي تستعملها؟

ما هي وسيلة النّقل التي تستعملينها؟

يمنى: في العادة أستعمل سيّارتي. في الماضي، وقبل أن أملك سيّارة، كنت أستعمل وسائل النّقل العموميّة وكنت أستغلّ الفرصة لأمشِيَ كثيرًا.

محمد: غالبًا أستعمل سيّارتي. ولكن أحيانًا أذهب إلى العمل بالحافلة التّابعة للشّغل. وأحيانًا أركب الأوبر عندما لا أريد أن أقود.

داليا: عملي بالقرب من البيت لذلك لا أستعمل أيّة وسيلة نقل. ولكن عندما كنت أذهب إلى الجامعة، كنت أركب الميكروباص وعندما أكون برفقة أصدقائي، كذلك أستعمل الميكروباص.

أندرو: غالبًا أستعمل الميكروباص لأنّه سهل وسريع بغضّ النّظر عن السّائقين المتهوّرين، ولكن على الأقلّ فإنّه يصل بسرعة وأستطيع إيجاد مقعد.

آيه: أستعمل سيّارتي، أحبّ التّنقّل بها لأقضي مهامّي، لأنّها آمنة ولا أحد يضايقني، كما أنّها أقلّ تكلفة من سيّارات الأجرة.

محمود: أستعمل الميكروباص، فهو أسرع وأرخص وسيلة نقل في مصر ولكن مشكلته أنّه غير آمن.

رباب: عندما أذهب لمكان ما مع زوجي، أستعمل سيّارتنا وهو الذي يقود بالطّبع، وعندما أكون لوحدي أركب الأوبر أو الكريم (يشبه التّاكسي ولكنّه مضمون).

تامر: أنا أحبّ أن أريح نفسي وأركب وسائل النّقل العموميّة لأنّني لا أحبّ السّياقة ولكن للأسف فحتّى وسائل النّقل العموميّة في مصر مقرفة أيضًا.

شروق: غالبًا أستعمل الميكروباص أو المترو، ونادرا ما أستقلّ الحافلة. أمّا عن سيّارة الأجرة، فأركبها عندما يكون الوقت متأخّرًا لتوصلني إلى البيت.

فؤاد: غالبًا أستعمل الميكروباص أو المترو، وأحيانًا أركب مع أخي في السيّارة إن كنت في طريقه، وعندما تكون مهامّي بعيدة، آخذ الأوبر.

2 MSA

ماذا تدرس أو ماذا درست في الجامعة؟ أو ماذا درست بعد المعهد؟

ماذا تدرسين أو ماذا درستِ في الجامعة؟ أو ماذا درستِ بعد المعهد؟

يمنى: درست الهندسة المعماريّة في كلّيّة الهندسة بجامعة القاهرة. ومؤخّرا قمت ببعض الدّراسات الحرّة في مجال التّربية والتّنمية البشريّة.

محمد: درست عدّة أشياء منها الهندسة والتّسويق والمحاسبة والتّرجمة والإعلاميّة.

داليا: درست الآداب الإنجليزيّة. درست موادًّا عديدة مثل الشّعر، والمسرح، والرّواية، والمقال، والتّاريخ الأمريكي، والأدب المقارن. كنت في جامعة القاهرة.

أندرو: كنت في جامعة عين الشّمس وتخرّجت سنة 2008 من كلّيّة الآداب، قسم الإعلام. درست خلال أربع سنوات كلّ ما يتعلّق بالإذاعة والتّلفزيون والصّحافة.

آيه: درست في الجامعة اقتصاد وعلوم سياسيّة وعلم الإحصاء. كان تخصّصي في الإحصاء وتعلّمت منه كيف أجمع وأحلّل وأشرح البيانات.

محمود: بعد أن أكملت الدراسة في المعهد، دخلت جامعة حلوان حيث أدرس هندسة في قسم الميكانيك، متخصّص قي الميكاترونيك.

رباب: درست في كلّيّة الهندسة قسم كهرباء الإتّصالات. درست العديد من الموادّ منها الرياضيات، المسالك الكهربائيّة، الإشارات والشّبكات.

تامر: تحصّلت على بكالوريا في الهندسة الإعلاميّة. ودرست قبل ذلك في الثّانويّة بمدرسة لغات. وبعد الدّراسة، انشغلت بالشّهادات التّابعة لمجال عملي؛ في الشّبكات والحواسيب.

شروق: درست اللغة الإيطاليّة واليونانيّة والإغريقيّة والرّومانيّة. لكن بعد ذلك غيّرت من قسم الحضارة الأوروبيّة إلى العلوم الإجتماعيّة وحاليّا أدرس مشاكل المجتمع.

فؤاد: في الثّانويّة كنت أدرس رياضيّات. ثمّ دخلت هندسة، في قسم الهندسة المعماريّة. وخلال فترة دراستي بالكلّيّة ولعت بالرّسم، خاصّة برسم الشّخصيّات لأنّ قسم الهندسة المعماريّة معظمه حول الرّسم.

3 MSA

ماذا تحبّ أن تفعل قي أوقات فراغك؟

ماذا تحبّين أن تفعلي قي أوقات فراغكِ؟

يمنى: حاليّا أوقات فراغي قليلة جدّا ولكن لو أُتيح لي بعض الوقت، من الممكن أن أطالع كتابا أو أصنع سكوبيدو أو أجلس وأفكّر أو أتّصل بشخص لم أتّصل به منذ زمن.

محمد: غالبا ما تكون أوقات فراغي بين مشاهدة فلم أو مطالعة كتاب أو العزف على القيثارة.

داليا: أحبّ الإتّصال بأصدقائي في أوقات فراغي وأخرج للتنّزّه معهم قليلا كما أحبّ الجلوس مع أُمّي والتّحدّث معها، فهي أيضا صديقتي، وأحيانا أحبّ المكوث لوحدي أستمع لأغاني.

أندرو: أتّصل بأصدقائي وعائلتي اللذين لم أتواصل معهم منذ فترة. وألعب على الحاسوب، وأحيانا أقضِي وقت فراغي في مشاهدة البرامج الكوميديّة على اليوتيوب.

آيه: أحبّ الإستماع إلى الأغاني اللتي أحبّها في أوقات فراغي أو مشاهدة أفلام وأيضا أحبّ التّلوين في كتب التّلوين.

محمود: أتلقّى دروسا على الإنترنت.فهذا يمكّنني من الإطّلاع على مجالات جديدة ومن تعزيز ثقافتي.

رباب: ليس لديّ أوقات فراغ.كلّ وقتي للعمل وللبيت ولزوجي وعائلتي. لا أَجِد الوقت للقيام بأيّ شيء آخر.

تامر: أحبّ اللّعب مع أطفالي كما أحبّ جدًّا متابعة المسلسلات الأمريكيّة أو مشاهدة فلم أجنبي جديد.

شروق: أحبّ إمّا اللّعب على الإنترنت مع أصدقائي أو مشاهدة أنيمي وأحيانا أشعر بالرّغبة في الرّسم أو أشغّل أغاني وأرقص عليها.

فؤاد: أحبّ لعب لعبة على الإنترنت إسمها دوتا. هذه اللّعبة يلعبها الكثيرون في مصر، هي ولعبة أخرى إسمها لييج أوف ليدجندز.

4 MSA

ماذا فعلت البارحة؟

ماذا فعلتِ البارحة؟

يمنى: ذهبت إلى العمل البارحة وبعد ذلك ذهبت لمعالجة أسناني، ثمّ عدت إلى المنزل وأعددت حُلّة محشي صغيرة وتناولنا الغداء، ثمّ شاهدنا فيلما عن القرش الأبيض الكبير على ناشيونال جوغرافيك.

محمد: ذهبت إلى العمل بالأمس في الصّباح ثمّ ذهبت لأمارس الرّياضة وأكلت أكلا خفيفا ثمّ نمت.

داليا: البارحة كان يوما حافلا جدًّا حيث ذهبت مع أُمّي إلى الطّبيب لأنّها كانت متعبة وبعد ذلك خرجت معها وذهبنا لنأكل في مطعم واشترينا أشياء ثمّ ذهبت إلى العمل.

أندرو: البارحة كان يوم الثّلاثاء وهذا يعني نصف الأسبوع فيكون أكثر يوم حافل. ولكن أكثر شيء أفرحني، حينما عدت إلى المنزل ووجدت ابنة أخي التي تبلغ من العمر شهرين.

آيه: ذهبت بالأمس إلى العمل ولكنّني تعبت فبعد العودة إلى المنزل، أكلت جيّدا ثمّ ذهبت إلى الطّبيب. الطّقس متقلّب هذه الأيّام وأناس كثيرون متعبون مثلي.

محمود: ذهبت إلى الكلّيّة في الصّباح ثمّ ذهبت للنّوم ساعة ثمّ استيقظت ومكثت أذاكر وبعد ذلك ذهبت للرّياضة.

رباب: يوم الأمس كان عيد ميلاد زوجي. احتفلت به وخرجنا تعشّينا على متن باخرة على النّيل. كان يوما جميلا جدًّا.

تامر: البارحة كان عندي لقاء مع زملائي بالمنزل.عدت بعد العمل فوجدت زوجتي منهمكة في إعداد الأكل. أتوا زملائي على السَّاعَة السّابعة وسهروا معنا قليلا.

شروق: ذهبت الصُّبْح إلى التّدريب في الكلّيّة، ثمّ رحت إلى مهرجان اسمه مايكر فار الذي يدور حول الأشياء المصنوعة سواء كانت اختراعات أو أعمال يدويّة، وصنعت كوزبلاي (زيّا تنكّريّا).

فؤاد: فككت الغرز التي كانت بضرسي، ثمّ قابلت صدفة في الطّريق صديقا لي. لاحظت أنّه تغيّر إلى الأفضل وهذا الشّيء أسعدني.

5 MSA

ماذا يوجد في منطقتكَ؟

ماذا يوجد في منطقتكِ؟

يمنى: يوجد مسجد أمام منزلي وبجانبه متجر ومقهى. ومن أجمل الأشياء أنّ شرفتي تطلّ على منطقة مزروعة أشجارا ونخيلا، أستمتع بالجلوس بها عندما يكون الطّقس جميلا.

محمد: الحمد لله يوجد كلّ شيء بالمنطقة. بجانبي يوجد النّادي. وتوجد أيضا مدارس ومتاجر.

داليا: في منطقتي أشياء كثيرة.هناك العديد من المساجد والمحلّات. توجد مدرسة ولكنّها بعيدة قليلا، وهناك كنيسة وستوديو تصوير ومقهى.

أندرو: يوجد بمنطقتي كلّ شيء لأنّها منطقة قديمة قليلا. فيها المساجد والكنائس والمدارس والمتاجر ومحلّات الأكل بمختلف أنواعه ومحلّات اللّباس وكلّ شيء آخر تحتاجه.

آيه: أَجِد في منطقتي معظم الخدمات: مدرسة، محلّات اللّباس، أكسسوارات وهواتف جوّالة، مسجد، متجر، بائع الخضر والفواكه، جزّار، دجّاج. أحبّ منطقتي كثيرا لأنّها توفّر خدمات كثيرة.

محمود: يوجد في منطقتي كلّ شيء كمدرسة الحيّ السّابع، ويوجد أيضا مركزين تجاريين فيهما متاجر، محلّات اللّباس وثلاث مساجد.

رباب: يوجد كلّ شيء، مدارس ومحلّات اللّباس ومتجر ومسجد وكنيسة ونوادي.

تامر: في أوّل شارعنا يوجد جامع وبجانبه مقهى.وبجانب المنزل توجد ورشة نجارة تزعجني دائمًا، ولكن للأسف ليس هناك مدارس قريبة.

شروق: بالقرب منّي توجد حضانة، مدرسة ابتدائيّة، ومدرسة ثانويّة.ويوجد مسجد وفي أوّل الشارع هناك مسجد ثاني، وأمامي مكتبة، وفي العمارة التي بقربي يوجد متجر.

فؤاد: في منطقتي يوجد مجمّع للبنوك ومجمّع للمطاعم ومركز طبّي. وبجانبي جامع ومركز تجاري والفضل يعود إلى الوالد في اختياره مكان مثاليّ للسّكن.

6 MSA

ما هي أخبار عائلتك؟ هل عائلتك كبيرة؟

ما هي أخبار عائلتِك؟ هل عائلتِك كبيرة؟

يمنى: تتكوّن أسرتي منّي أنا، وزوجي وأطفالي الاثنين. عندي أخوين وزوجي لديه ثلاث أخوات. ولنا كذلك خلّان وأعمام. يعني لو حسبنا العائلتين فستكون عائلة كبيرة فعلا.

محمد: ليس كثيرا، لي أخ واحد، ولكن لأُمّي وأبي العديد من الإخوة.

داليا: العائلة حزينة هذه الأيّام بسبب وفاة خالي؛ وفي الحقيقة ليس لديّ عائلة كبيرة لأنّني لا أملك غير أخ واحد.

أندرو: عائلتي صغيرة تتكوّن من أب وأمّ وأخ وأخت وأنا. حاليّا أعيش مع أبي وأُمّي لأنّي لم أتزوّج بعد.

آيه: عائلتي كبيرة. لديّ خمسة أخوات، من بينهنّ متزوّجات ولديهنّ أطفال، لذلك لديّ أيضا أولاد وبنات أخوات. ولي أعمام وعمّات كثيرون.

محمود: بخير الحمد لله. لا عائلتي متوسّطة ليست كبيرة. معظم العائلات في مصر يتراوح عدد أفرادها من خمسة إلى ثمانية.

رباب: نعم، عائلتي كبيرة. وكنّا في الماضي نجتمع إلى أن توفّيا جدّتي وجدّي، ولم يعد لأحدهم الوقت للإجتماع.

تامر: الأسرة ممتازة، كلّهم بخير. عائلتي كبيرة، لديّ خمس أعمام. المحبّب لي هو عمّي الأصغر. ولي ستّ خلّان، خال منهم عاش معنا كلّ حياته.

شروق: عائلتي ليست كبيرة جدًّا. لديّ من ناحية والدي عمّتين وخمس أعمام، من بينهم اثنان متوفّيان لم أرهما. أمّا من ناحية أُمّي، فلي خال وثلاثة خالات وجدّتي.

فؤاد: لو عن عائلتي، فنحن خمسة أفراد. والدتي ووالدي وأخويَّ. والدي له ثلاث إخوة ووالدتي لديها ستّة. ويمكن الملاحظة أنّه عدد الأفراد يتقلّص مع كلّ جيل جديد.

7
MSA

هل تحبّ السّفر؟

هل تحبّين السّفر؟

يمنى: أحبّ السّفر كثيرا.فروح المغامرة واكتشاف أمكنة جديدة يستهويني. طبعا هذا يختلف قليلا مع وجود الأطفال معي ولكنّه يظلّ ممتعا جدًّا لنا كلّنا.

محمد: أحبّ السّفر كثيرا. سافرت إلى حدّ الآن إلى أكثر من خمسة بلدان مختلفة وحلمي أن أجوب العالم كلّه.

داليا: أحبّ السّفر كثيرا وأريد زيارة دول عديدة. أريد السّفر إلى باريس وكوريا الجنوبيّة والصّين وألمانيا واسبانيا وجزر المالديف وجزر الباهاماس، كما أريد الذّهاب إلى ديزني لاند.

أندرو: طبعا، ولكن ليست هناك فرصة لكي أسافر لأنّه عادة ما يتمّ رفض طلب التّأشيرة ولذلك أسافر فقط داخل مصر.وتبقى أحلى الرّحلات إلى مدينة مرسى مطروح.

آيه: نعم، أحبّ السّفر كثيرا. السّفر يمكّن الإنسان من التّعرّف على أماكن وثقافات وأناس جديدة ومن تجربة أكلات مختلفة ومن تغيير روتين حياته.

محمود: نعم، فالسّفر هو الذي يعرّفك على ثقافات جديدة ويتيح لك فرصة التّعامل مع أناس جديدة ورؤية أماكن لم ترها حتّى في الصّور.

رباب: جدًّا. سافرت إلى تايلاندا وهولاندا وتنزانيا وو داخل مصر، سافرت إلى الجونة والأقصر وأسوان.

تامر: لا أحبّ التّنقّل كثيرا برغم حبّي لتغيير الأماكن والوجوه، ولكن فقط لفترة قصيرة ثمّ أعود بعدها لبيتي.

شروق: نعم جدًّا. أنا كنت أعيش في الإمارات ثمّ أتيت إلى مصر منذ تسع سنوات وأرغب في العودة ثانيا وآه لو ذهبت إلى اليابان!

فؤاد: لم أسافر خارج مصر ولكنّني سأسافر في المستقبل إن شاء اللّه.في مصر كنت أذهب إلى العين السّخنة حيث نملك شاليه.

8 MSA

ماذا فعلت خلال هذا الأسبوع؟

ماذا فعلتِ خلال هذا الأسبوع؟

يمنى: خلال الأسبوع مارست روتين العادة. وقمنا يوم الجمعة بزيارة صديق زوجي. تحدّثت مع زوجته الرّوسيّة عن حياتها في مصر وعن حبّها للجلابيّات وشغل الكروشيه.

محمد: كنت في إجازة هذا الأسبوع. في بدايته، كان لديّ بعض الحوارات في الاسكندرية، وبعد ذلك عدت إلى العمل.

داليا: تعلّمت هذا الأسبوع أكلات جديدة لم أكن أعرفها، كما بدأت تحميل دروس في الصّينيّة لأتعلّم الجديد، واشتغلت طبعا، كما خرجت اشتريت هديّة لأمّي فرحت بها.

أندرو: طبعا كلّ الوقت مضى في الشّغل ولكنّني أكملت دروس اللّغة البرتغاليّة كي أتعلّمها بسرعة حيث إنّي متطوّع في أولمبياد ريو دا جانيرو في أوت المقبل.

آيه: ذهبت هذا الأسبوع إلى العمل وخرجت مع أصدقائي وإخوتي. وذهبت أيضا إلى (الاحتفال سابع) ابن صديقتي؛ مولود جديد، وأنهيت العديد من الشّؤون.

محمود: في الصّباح كنت أذهب إلى الكلّيّة، وأجلس أذاكر في منتصف النّهار، وبعد ذلك في اللّيل أذهب لأمارس الرّياضة في النّادي.

رباب: كنت أخطّط كامل هذا الأسبوع كيف أحتفل بعيد ميلاد زوجي وماذا أحضر له، وأشعر أنّه فعلا أعجبه.

تامر: حاولت هذا الأسبوع أخذ إجازة بكلّ الطّرق لأنّنِي في حاجة إلى تغيير الجوّ، ولكنّ مديري لم يوافق. ربّما سيوافق الأسبوع المقبل لأنّنِي فعلا أحتاج إلى تغيير الجوّ.

شروق: ذهبت إلى التّدريب، وسلّمت بحثي إلى كلّيّتي. كما عادت خالتي من السّفر، فكنت أزورها كلّ يوم وأمكث عندها قليلا. وحضرت مهرجانا صنعت فيه أزياء تنكّريّة (كوزبلاي).

فؤاد: خلعت ضرسا للمرّة الثّالِثَة، وخرجت مع أصدقاء لي لم أرهم منذ زمن. وساعدت أخي في صنع أزياء تنكّريّة تُسمّى بالكوزبلاي.

9 MSA

متى آخر مرّة خرجت شاهدت فيها فيلمًا؟

متى آخر مرّة خرجتِ شاهدتِ فيها فيلمًا؟

يمنى: أنا لست من هواة السّينما لأنّني أفضّل مشاهدة الفيلم في راحتي بالمنزل. آخر فيلم شاهدته اسمه The Intern أعجبني كثيرا.

محمد: خرجت مع زوجتي منذ أسابيع شاهدنا فيلما مقرفا في السّينما اسمه The Boy.

داليا: آخر مرّة خرجت شاهدت فيها فيلما كانت منذ سنة، فيلم Annabelle وأريد الذّهاب مرّة أخرى إلى السّينما لمشاهدة فيلم جديد ولكن إمّا أن يكون أكشن أو رومانسيّ.

أندرو: كان ذلك في العيد، منذ حوالي خمس سنوات، فيلم كابتن أمريكا.لذلك استطعت إيجاد الوقت لأقابل أصدقائي ونذهب لسينما يبعد عن بيتنا حوالي عشرون كيلومترا.

آيه: آخر مرّة خرجت شاهدت فيها فيلما كانت الأسبوع الماضي في السّينما. كان فيلم خيال علمي وهذا أَحَبُّ الأفلام لديّ. كما أحبُّ أيضا الأفلام الكوميديّة والرّومانسيّة.

محمود: منذ سنة تقريبا. عادة السّينما يكون باهضا في مصر والخدمات سَيِّئَة. لذلك لا أذهب كثيرا.

رباب: كانت منذ ثلاث أسابيع تقريبا وكان فيلم رعب ولكن غير جدير بالمشاهدة.لم أستمتع به قَطّ.

تامر: آخر مرّة خرجت شاهدت فيها فيلما في السّينما كانت صحبة زوجتي، عندها كانت لا تزال خطيبتي ودعوتها لمشاهدة فيلم أجنبيّ منذ خمس سنوات تقريبا.

شروق: منذ أسبوع تقريبا.كان فيلم Zootopia يتحدّث عن كيف لو كانت الحيوانات تعيش مثلنا.كان فيلما جميلا جدًّا واستمتعت بمشاهدته للغاية.

فؤاد: منذ أسبوع، ذهبت لمشاهدة فيلم Zootopia. فيلم ممتع جدًّا يتحدّث عن كيف لو كانت الحيوانات تعيش مع بعض مثل البشر.

10 MSA

هل تحبّ أن تطبخ؟

هل تحبّين أن تطبخي؟

يمنى: الطّبخ ليس هوايتي ولكنّني أحبّ أن أطبخ لعائلتي الأكل الَّذِي يحبّونه وأفرح كثيرا عندما يعجبهم. ولكن في الحقيقة أريد أن يطبخ لي أحدهم أكلا لذيذا وأنا فقط آكل.

محمد: لا أبدا. أنا فوضويّ كبير في المطبخ. لا أعرف حتّى إعداد بيضة أو بسطرمة، وبالكاد أستطيع إعداد شاي.

داليا: أحبّ الطّبخ جدًّا وهو من هواياتي. وذلك لأَنَّنِي أحبّ الأكل وهو متعة بالنّسبة لي. لذا، أحبّ تعلّم أكلات جديدة وتجربتها. مؤخّرا تعلّمت البيكاتا، وأصبحت أُتقنها جدًّا.

أندرو: جدًّا.وأكثر شيء أحبّ فعله هي الحلويّات وخاصّة المرطّبات بالشّوكولاطة. وأحيانا أعدّ البسكويت وفي الصّيف طبعا عصير البطّيخ المميّز.

آيه: نعم، أحبّ أن أطبخ خاصّة الأكلات التي أحبّها. يكون الطّبخ ممتعا عندما يكون الوقت مُتاحا والأدوات كلّها مساعدة وليست بالمتعبة.

محمود: لا، لا أحبّ الوقوف في المطبخ، كما لا أُجيد الطّبخ، وجرّبت إعداد الأكل فأحرقته.

رباب: ليس كثيرا ولكن بناء على رأي زوجي فأنا أطبخ جيّدا. أطبخ أكلات مصريّة مثل الملوخيّة وطاجن البامية.

تامر: أستطيع أن أقول أنّني أحبّ الطّبخ ولكن أكيد أنّني لا أعرف ولو دخلت إلى المطبخ فستكون الكارثة وزوجتي ستجنّ.

شروق: نعم، أحبّ الطّبخ ولكنّه ليس إجباريًا، حيث يجب أن يكون بمزاجي خاصّة عند إعداد الحلويّات والمرطّبات والفطائر.

فؤاد: يتعلّق بمزاجي.ولكن أترك الطّبخ للوالدة نظرا لمهاراتها غير المسبوقة في الطّبخ. أنا دائما ما أحرق الأرزّ أو أطبخه معجّنا.بارك الله في والدتي.

11 MSA

من أين تقتني متطلّبات المنزل؟
من أين تقتنين متطلّبات المنزل؟

يمنى: المتطلّبات المستعجلة أقتنيها من أيّ محلّ بالقرب من المنزل. وكلّ فترة نذهب لشراء متطلّبات شهر كامل من المراكز التّجاريّة الكبيرة التي تكون بعيدة قليلا.

محمد: أنا إنسان كسول.لذلك أحضر كلّ المستلزمات من المحلّ التّجاريّ عبر الهاتف. وأحيانا أذهب إلى كارفور أيضا.

داليا: أوقاتا كثيرة أقتني متطلّبات المنزل من محلّ تجاريّ موجود بالمنطقة ولكن أحيانا لا أَجِد ما أحتاجه فأذهب إلى أيّ محلّ تجاريّ بأيّ مركز تجاريّ كبير.

أندرو: من البقالة طبعا. وإن كانت المتطلّبات كثيرة، أذهب إلى سوبرماركت أو الهايبر ماركت في أيّ مركز تجاريّ حيث أشتري بسعر أقلّ.

آيه: أقتني متطلّبات المنزل من الهايبر ماركت مرّة كلّ شهر.لو احتجنا إلى المزيد من الشّؤون في بقيّة الشّهر، فإنّي أحضرها من السوبرماركت أو من البقالة المجاورة.

محمود: من المحلّات التّجاريّة الكبيرة مثل كارفور. في بِداية كُلّ شهْر أقتني مِنه كُلّ متطلّبات البيْت.

رباب: غالِبًا أقتنيها مِن المحلّ التّجاري أوْ من كارْفور، أمّا الخضر، فأحضرها من الخضّار لأنّه أكثر ضمانا من السّوبرماركت.

تامر: أكثر شيء يزعجني هي متطلّبات المنزل التي لا نهاية لها. ولا يمكن إحضارها من مكان واحد فقط: أشياء من السّوق، وأشياء من المحلّ وأشياء من أماكن أخرى.

شروق: إمّا من السوبرماركت، في بداية شارعنا أو اأتّصل بالبقالة التي بجانبنا لتسليمي الطّلبات عندما لا يسعني أن أنزل، أمّا الخضر فمن السّوق المجاور لنا.

فؤاد: أقتنيها من السوبرماركت هنا بالقرب منّي في الرّحاب، كلّ شيء متوفّر فيه ويبعد عنّي خمسة دقائق مشيا.

12 ما هو أوّل عمل اشتغلته؟

MSA ما هو أوّل عمل اشتغلتِه؟

يمنى: اشتغلت في مكتب معماريّ لأستاذة كانت تدرّسني في الكلّيّة. كنت آخذ خرائط وسط المدينة وأنزل لتصوير المباني القديمة ثمّ أعود لرسمها على الحاسوب. وطبعنا كتابا.

محمد: أوّل عمل اشتغلته جنديّ بالجيش. وهذا كان عملا إجباريّا، حيث يجب قضاء سنة في الجيش.

داليا: أوّل عمل اشتغلته كان الكتابة على الحاسوب ويتمثّل في نقل كلام من ملفّ pdf إلى ملفّ Wordوكنت أقبض القليل ولكنّني استفدت منه الكثير في عملي.

أندرو: اشتغلت معدّ ومقدّم برامج في راديو صوت السّاقية، وكان لديّ ثلاث برامج إعداد ومنهم اثنان من تقديمي، وأفضلهم كان المصطبة الرّياضيّة.

آيه: أوّل عمل اشتغلته كان محلّل بحوث السّوق وهو عملي الحاليّ ويتمثّل في تحليل البيانات من أجل مساعدة أصحاب الشّركات في اتّخاذ أحسن القرارات.

محمود: التّسويق. كنت أشتغل في شركة توفّر للطلّاب دروسا في اللّغة الإنجليزيّة وأنا كنت مدير قسم التّسويق.

رباب: اشتغلت مهندسة نظم ومعلومات بشركة محلّيّة في الاسكندرية. تعلّمت الكثير من عملي هذا.

تامر: اشتغلت وأنا أدرس في الثّانويّة في مقهى إنترنت وكان عملي يتمثّل في الكتابة على Word والإبحاث على الإنترنت وأحيانا تنزيل الويندوز على جهاز أو إصلاح عطب ما.

شروق: أوّل عمل اشتغلته وقبضْت فيه نقودا كان في عيادة جراحة وأمراض باطنيّة والأطفال.

فؤاد: اشتغلت في الهندسة المعماريّة ببرنامج "3D Max" وكنت أساعد الكثير في مشاريعهم، من كليّات مختلفة ومن دفعات أكبر وأصغر منّي.

13
MSA

ما أكثر شيء يزعجك؟
ما أكثر شيء يزعجكِ؟

يمنى: عدم احترام الآخرين. عندما تجد أشخاصا يخالفون القوانين أو يتصرّفون بحجّة حرّيتهم الشّخصيّة ولكنّهم في الحقيقة يعتدون على حقوق وحرّيات الآخرين.

محمد: أكثر شيء يضايقني عندما أكون مخطّطا لشيء ولا يُنَفَّذُ، سواء إن كان الخطأ منّي أو من غيري.

داليا: أكثر شيء يزعجني هو الصّوت العالي والزّحام. أتضايق جدًّا عندما أمشي في الشّارع وأَجِد زحمة وأبواق السّيّارات وأصوات الناس العالية.

أندرو: المشادّات لأنّها تعطّل كلّ شيء ومعظمًا ما تكون جرّاء أسباب تافهة.أو المزاح الثّقيل الذي سرعان ما ينقلب إلى الجدّ ويتسبّب في مشاكل بين النّاس.

آيه: أكثر شيء يزعجني هو أن تكون لديّ الكثير من الشّؤون التي يجب إتمامها وفي وقت قصير. وأنا لا أحبّ التّقصير في العمل.

محمود: صوت السّيارات في الشّارع. عندما تكون نائما وتمرّ السّيّارات من تحت المنزل فهذا أكثر شيء مزعج.

رباب: الكذب والنِّفَاق هما أكثر ما يزعجني وبسببهما يمكن ألّا أتحدَّث مجدّدا مع الشّخص المعنيّ بهما.

تامر: أكثر شيء يزعجني فعلا هو عندما يكون شخص ما يعرف أنّه مخطأ ورغم ذلك يظلّ مصرّا على خطئه ويدافع عنه زيادة عن اللّزوم.

شروق: أن يخدعني أحدهم أو يستغيبني ثمّ يتظاهر أمامي أنّه صديقي ويحبّني. وأيضا الأشخاص العابسة الذين يغضبون بسرعة لأسباب تافهة.

فؤاد: عندما أستيقظ على صوت التلفاز العالي أو صوت السّيّارات أو أيّ إزعاج في الشّارع يوقظني.

14
MSA

هل تحبّ المطالعة؟ لماذا؟

هل تحبّين المطالعة؟ لماذا؟

يمنى: أحبّ المطالعة جدًّا. السّبب الرّئيسي لحبّي لها هو أنّني نشأت في بيت مليء بالكتب المتنوّعة وبالتّشجيع على المطالعة. فعلا المطالعة بالنّسبة لي هي مصدر للمتعة وللمعلومات.

محمد: نعم طبعا. أحبّ المطالعة جدًّا لأنَّنِي أشعر وأنا أطالع كتابا كأنّني دخلت عالما آخر.

داليا: أحبّ المطالعة جدًّا وخاصّة الرّوايات لأنَّنِي أحبّ القصص الرّومانسيّة. وعندما أقرأ رواية رومانسيّة وأندمج فيها، أشعر كأنّني أنا البطلة وأعيش أحداثها وتفاصيلها.

أندرو: نعم، لأنّ المطالعة تكون حسب وقتك ويمكن العودة إليها في أيّ وقت كما أنّها تغذّي ثقافتنا.

آيه: أحبّ المطالعة ولكن ليس بانتظام وليس كثيرا. أحبّ مطالعة كتب لمؤلّفين معيّنين، خاصّة كتب الخيال العلمي. لا أحبّ العيش في عالم خيالي لوقت طويل.

محمود: نعم، أحبّ المطالعة لكن لكتب صغيرة التي لا تتجاوز المائة صفحة؛ والمقالات التي يمكن أن تضيف إلى معلوماتي.

رباب: أكيد أحبّها. كنت وأنا صغيرة متعوّدة على المطالعة دائما ولكن لا أعرف لماذا توقّفت عنها عندما كبرت. أحتاج أن أعود إليها ثانيا.

تامر: أحبّ المطالعة جدًّا منذ طفولتي. حيث كنت في الأوّل أطالع قصص ومجلّات للأطفال. بعد ذلك تطوّر الأمر إلى الرّوايات وأحبّها لأنَّنِي أعيش في هذا العالم الخيالي.

شروق: لأنّها تنوّر عقلي وتفتحه لآفاق وعوالم جديدة، خاصّة كلّ ما له علاقة بالعلوم والتّكنولوجية والعلوم الطّبيعيّة.

فؤاد: نعم أحبّها، لأنّها تفتح عيناي على أشياء جديدة وهي عبارة عن ملخّص لخبرة شخص ما في ميدان ما، مُعَبَّرٌ عنها بصيغة بسيطة جدًّا ألا وهي الكتابة.

15 صِفْ مظهرك.

MSA صِفْ مظهرِك.

يمنى: طولي 173 سم، وأُعتبَر طويلا في البلدان العربيّة. بشرتي فاتحة وعيناي مُخضرّتان.وبسبب مظهري هذا، كان بعض النّاس أحيانا يظنُّون أنَّني لست مصريّة.

محمد: أنا الحمد لله طويل وقمحيُّ اللّون. شعري أسود ومجعّد ومحلوق كلّه.

داليا: طولي 167سم، ووزني حوالي 80 كغ. أنا بدينة قليلا ولكنّني أتابع حِمية غذائيّة هذه الفترة كي أصل إلى الوزن المثاليّ. وبشرتي فاتحة ولون عيناي بنّي غامق.

أندرو: طولي 178 سم، وشعري أسود وقصير. عيناي واسعتان ولونهما أسود وبشرتي قمحيّة مثل معظم المصريّين ونحيل قليلا لأنّ وزني 65 كغ.

آيه: طولي 165 سم ، بشرتي قمحيّة وشعري بنّي فاتح وعيناي أيضا لونهما بنّي فاتح ووزني متناسق مع طولي.

محمود: طولي 175 سم ، بشرتي قمحيّة وشعري أسود وعيناي لونهما بنّي فاتح. جسمي نحيل ليس بدينا.

رباب: طولي 170 سم ، بشرتي بيضاء وشعري أسود وعيناي لونهما أسود ولست بدينة.

تامر: أنا طويل وعريض وبدين قليلا، وممكن كثيرا حتّى.لوني قمحيّ وشعري أسود وناعم. عيناي عسليّتان أو بنّي داكن، لا أعرف تحديد لونهما.

شروق: أنا بيضاء ولست طويلة جدًّا، يعني طولي حوالي 163 سم. شعري أسود جافّ قليلا ونصف ناعم. لون عيناي بنّي داكن وواسعتان، وأرتدي نظّارات.

فؤاد: طولي 182 سم ، ووزني 74 كغ. بشرتي قمحيّة ولون عيناي بنّي داكن وشعري أسود.غالبا ما يخطأ النّاس في سنّي بسبب شكلي اللّذي يظهرني صغير.

16 MSA

ما هي مادّتك المفضّلة عندما كنت بالمدرسة؟

ما هي مادّتكِ المفضّلة عندما كنتِ بالمدرسة؟

يمنى: كنت أحبّ الرِياضيّات خاصّة الهندسة. كنت أتفنّن في حلّ المسائل الرّياضيّة وهذا ما شجّعني لاحقا في اختيار كلّيّة الهندسة. كنت أحبّ أيضا علم النَّفْس.

محمد: كنت دائما أحبّ الرِياضيّات، أكثر مادّة أذاكرها. أشعر أنّها سهلة وممتعة ولا تستحقّ مجهودا.

داليا: كانت مادّتي المفضّلة في المدرسة هي الإنجليزيّة لأنّ الأستاذ كان ممتازا جدًّا ولم يكن كسائر الأساتذة، كان كلّ همّه تعليمنا بالطّريقة الصّحيحة.

أندرو: الرياضيّات لأنّها أكثر مادّة لا تحتاج إلى مجهود في الحفظ. كلّ ما أفعله هو حفظ المسألة ثمّ أذهب إلى الإمتحان لحلّها.

آيه: كانت مادّتي المفضّلة في المدرسة هي الرّياضيّات. كلّها تفكير وذكاء وتحليل وتطوّر مهارات الإنسان. وكنت أستمتع بحلّ المسائل كثيرا.

محمود: الرّياضيّات. كنت أشعر بأنّني أحلّ ألغازا وأستمتع عندما أذاكرها وكأنّني ألعب ولست أذاكر.

رباب: كنت أحبّ النّحو في اللّغة العربيّة. وكنت أحبّ كثيرا إعراب الكلمات كي يكون النّطق واضحا.

تامر: كانت مادّتي المفضّلة هي الفيزياء وبعدها التّاريخ. الأولى أوضحتلي الكثير في قوانين عالمنا. ومن خلال المادّة الثّانية رأيت العديد من الأحداث تتكرّر بنفس الشّكل ولكن مع اختلاف الأسماء.

شروق: الإنجليزيّة والعلوم والرّسم. ولكن خاصّة العلوم لأنّني كنت مولعا بالإختراعات والتّجارب الكثيرة التي كنّا نقوم بها وننتظر نتائجها بفارغ الصّبر.

فؤاد: مادّة الرّسم لأنّني كنت جيّدا فيها، وكنت أستمتع كثيرا فيهاو كنت أشعر أنّني مميّز في شيء ليس باستطاعة أيّ شخص أن يتقنه.

17 MSA

متى آخر مرّة كنت منغمسًا جدًّا في العمل؟

متى آخر مرّة كنتِ منغمسة جدًّا في العمل؟

يمنى: في ديسمبر الماضي، كان هناك الكثير من الضّغط في شغلي وفي نفس الوقت كان عندي شغل في المنزل باللّيل. كانت فترة لم أعرف فيها النّوم تقريبا.

محمد: منذ أسبوعين كان لديّ مشروع مهمّ في الشّغل وأنا كنت المسؤول في تنفيذه.

داليا: هذه الفترة الأخيرة ومنذ حوالي أسبوع كنت منغمسة جدًّا في العمل وكانت عندي مشاكل في البيت أيضا وهذا ما زوّد ضغطي النّفسي والمهني.

أندرو: فترة الشّغل خاصّة في الشّركة القديمة عندما كنت أشتغل على أكثر من حملة لأكثر من منتج حيث كنت أشتغل أيّاما أكثر من 36 ساعة.

آيه: آخر مرّة كنت منغمسا فيها جدًّا في العمل كانت منذ 5 أشهر، عندما كنت أحضّر للماجستير وفي نفس الحين كنت أبحث عن عمل وأقوم بأعمال البيت لوحدي.

محمود: في نصف السّنة، كنت منشغلا في مسابقة. كنّا نقوم بمشروع لفصل الزّيت عن الماء وذلك عن طريق الرّوبوت.

رباب: في الشّغل. كانت عندنا العديد من الشّكايات في خصوص مشاكل ببضع المصانع وكان يجب أن تُحلّ في أسرع وقت ممكن.

تامر: في مصر العمل دائما يكون فوضوي وبما أنَّني مهندس شبكات، فأحاول دائما إقناع صاحب الشّغل بالصّواب ولكن بدون جدوى وثمّ طبعا يتركني منغمسا في ظبط المشاكل التي يأتي بها.

شروق: كُنْت فى مُعسْكر إسْمُه تِجاريه علَى مُسْتَوَى الجُمْهوريّة، بيْن جامعات مصْر، مِن ضِمْن وَفْد يمثّل كُلّيِّة تِجارة عيْن الشمس وكُنْت المسْؤولة عن الرُّكْن الفنّي فيه.

فؤاد: لمّا كُنْت أحضّر مشْروع تخرُّج لِفتاة تدرس هنْدسة في عيْن الشّمس وكان للمشْروع آخر أجل، حيث كان يجب عليّ إتمامه في 3 أيّام، وفِعْلًا تمّ وتحصّلت على ملاحظة جيِّد جِدًّا كتقدير.

18 MSA

ماذا تفعل عندما تخرج مع أصدقائك؟

ماذا تفعلين عندما تخرجين مع أصدقائكِ؟

يمنى: نجتمع في بيْت واحدة فينا وندردش. وأحيانًا نذهب إلى إحدى النّوادي أو المقاهي. ولأنّنا لا نلتقي كثيرا، فنظلّ نحكي لِبعْضنا البعض عن أحْوالنا. وفي الماضي كُنّا نذهب في رحلات.

محمد: غالِبًا نجلس بمقهى. وأحْيانًا عندما لا نكون مشغولين، نذهب لنسهر في حانة أو ندخُل إلى السّينما.

داليا: عندما أخرج معَ أصدقائي، نحبّ دائما أن نتمشّى ونذهب إلى مركز تجاري لنتفرّج على اللّباس أوْ نأكُل مثلّجات وندخُل إلى السّينما نشاهد فيلْما ونجلس في مقهى.

أندرو: نحبّ دائما أن نتمشّى في الشّارِع ولَمّا نكون قد قبضنا الرّواتب، عادةً ما نذهب للجلوس فى مكان ما ونأكُل أكلا لذيذا.

آيه: عندما أخرج معَ أصدقائي، نتمشّى ونتناقِش في مختلف المَواضيع اللّتي تضايقنا أوْ تسعدنا، ونضْحك مع بعض ونأخذ صورا لِلذِّكْرَى.

محمود: علَى حسب مكان الخروج. فلَوْ خرجنا إلى النّادي نلعب كرة أمّا لَوْ جلسنا في المقهى، فنلعب الورق.

رباب: نتحدّث مع بعضنا البعْض عن أحْوالنا ونأخُذ آراء بعضنا في مشاكِلنا ولَوْ بقي لنا الوَقْت نتحدّث في سير النّاس.

تامر: في الغالب نجلس في مقهى ونقول أنّنا لن نتحدّث عن العمل ولكن بدون جدوى.وعندما نريد التّغيير، نخرج معَ نسائنا ونحاول أيضا أن نخرج أولادنا ونفسّحهم.

شروق: أحيانا نذهب إلى مركز تجاري ونأكل هنالك ونتمشّى وندخل إلى السّينِما. أمّا إذا كنّا قرب المنزل، نتمشّى في الشّارِع ونتسوّق أو نذهب إلى مطْعم لنتعشّى.

فؤاد: نشاهد فيلما نحبّه في السّينِما. وأحيانا نقوم بما يُسمّى لان بارْتي وهذا يعني أن نجلب حواسيبنا المحمولة ونلعب معَ بعْض ألعابا على الحواسيب.

19
MSA

ما هو أكثر شيء تملكه يخدمك؟

ما هو أكثر شيء تملكينه يخدمكِ؟

يمنى: أدَوات المطْبخ الجيّدة. عادةً ما أطبخ الأكْل وأنا مسْتعْجِلة، لذلك أكنّ كُلّ الإهتمام لِأدَواتي اللّتي تساعِدني في إنجاز المُهِمّة بِنجاح وسُرْعة: السِّكّين الحادّ والخلّاط.

محمد: الهاتف الجوَّال! الهواتف الذّكيّة هذه اِخْتِراع عظيم. يالها من متعة! يمكنني تقريبا فعل كُلّ شيء بالهاتف الجوَّال.

داليا: مِن ضمْن الأشياء التي أملكها وتخْدِمني كثيرا هي الحاسوب المحمول، حقًّا من دونه ما كنت لأعرف أشتغل، واِشْتريْته مِن مجْهودي حيث كُنْت أعمل فادّخرت واشتريته.

أندرو: روح العمل وهذا أكثر شيء يلاحظونه المديرين فيّا، ولذلك في كُلّ مرّة أواجه مُشْكِلة، يظلّون دائمًا معي وواقفين إلى جانبي.

آيه: أكثر شيء أملكه وأشعر أنّه يخدمني هو هاتفي الجوَّال. يمكّنني من التّواصل معَ أيّ شخص وفي أيّ مكان. يسلّيني عندما أملّ. أشْتغل عليْه. وأيضا ينظّم لي مَواعيدي.

محمود: الهاتف الجوَّال، لأنّه يحتوي كلّ شيء ودائما معي في أيّ مكان وأسجّل عليْه أيّ شيء أريد تذكّره.

رباب: الحاسوب المحمول، فيه كُلّ شيء يخصّني فِعْلًا، كُلّ المعْلومات عنّي، كُلّ ذِكْرَياتي، صُوَري، وأفلامي المفضّلة.

تامر: الشّيء الذي لا يمكنني الإستغناء عنه أبدًا هو الحاسوب وبرغم أنّ اِمْكانيّات الهواتف الجوّالة قد ازدادت بِشكْل كِبير، لازالت لا أقدر الإستغناء عن الحاسوب المحمول في أيّ وَقْت.

شروق: الهاتف الجوَّال لأنّه من السّهل إبقائه معي دائما ويمكّنني من الإتّصال بأصدقائي بِسُهولة وأتابِع الأخْبار والعمل عن طريقه لحظة بلحظة في أيّ وَقْت وفي أيّ مكان.

فؤاد: هاتفي الجوَّال الأنْدِرويْد الذي بفضله لست موجبا على الإرتباط بِالجِهاز كي أعْرف من اتّصل بي وكلّ ما يجري حولي وأيضا فهو يحمل شغلي فيه.

20 MSA

ما هو أجمل مكان ذهبت إليه؟

ما هو أجمل مكان ذهبتِ إليه؟

يمنى: كُلّ مكان أذهب إليه أَجِد فيه شيئا يعجبني. أكثر مكان دخل قلْبي هُو أسْوان.فيها طبيعة ساحِرة، نيل وزرْع وأناس طيِّبين.

محمد: أجمل مكان ذهبت إليه هُوَ لنْدن. فهي أوَّل مدينة في حَياتي أزورها خارج مصْر ولي فيها ذِكْرَيات كثيرة.

داليا: أجمل مكان ذهبت إليه في حَياتي هُوَ مرْسَى مطْروح. المكان فِعْلًا رائع وجذّاب. الهَواء والبحْر والشّمْس والرّمْل! أنسى نفْسي عندما أذهب هنالك وأشعر وكأنّني أطير.

أندرو: القرْيَة الفرْعونيّة لأنّها تحتوي أشياء كثيرة كنت أجهلها مثل صِناعة البردي، وهذا المكان يحكي عن التّاريخ الفرْعوْني مِن خِلال جَوْلة على النّيل.

آيه: أجمل مكان ذهبت إليه كان في سويسرا، سان مورْتْز. مكان هادئ وفيه جبال وخضار وبُحيْرة صغيرة لونها فيروزي جميل جِدًّا.

محمود: مدينِة الشّيْخ زايِد. هذا أجمل مكان ذهبت إليه في حَياتي حيث توجد فيه العديد من الأماكِن للتّفسّح.

رباب: الجونة في مصْر. كان أكْثر مكان روعة فِعْلًا.المكان هادئ جِدًّا والمناظِر أكثر مِن خلّابة.

تامر: أجمل مكان ذهبت إليه كان شرْم الشّيْخ.اِشْتغلْت هنالك سِتّة أشهر وبِالرّغْم مِن أنّها منطقة صغيرة، إلّا أنّها تحتوي أشياء كثيرة.يمكن القيام بشيء مختلف كُلّ يوْم.

شروق: كانت رِحْلة تابعة للمدْرسة لِحديقِة حَيَوانات مفْتوحة وملاهي فى إمارِة الشّارْقة بالإمارات. وكانت فيها متاهة كِبيرة جِدًّا.

فؤاد: حديقِة الحَيَوانات اللّتي توجد في طريق مصْر اسكندريّة. أنا أحبّ جِدًّا مشاهدة كيفيّة تصرّف الحَيَوانات معَ بعْضها البعض.

21 MSA

ما هو الشّيء اللّذي تأخذه معك أينما ذهبت؟

ما هو الشّيء اللّذي تأخذينه معكِ أينما ذهبتِ؟

يمنى: ساعتي وخاتِم جدّتي. أشعر بِالانْضِباط عندما ألبس السّاعة.امّا عن خاتِم جدّتي رحمها الله ، فقد أوصتني ألّا أنزعه من يدي أبدا.

محمد: آخذ معي سجائري أينما أذهب لأنّني مدخّن لِلسّجائر ولا أريد البقاء بدونها.

داليا: هاتفي الجوّال.وهو أكثر شيء أحتاج أخذه معي أينما ذهبت ولا أستطيع التّخلّي عنه ولو للحظة لِدرجِة أنّني أصبحت أشعر أنّه إدْمان لِلأسف، ولكنّني قد تعوّدت.

أندرو: الهاتف طبْعًا. لا أستطيع الإسْتغْنَاء عنه لأنّني أتواصل من خلاله معَ كُلّ النّاس وأتابِع عليْه كُلّ عملي وأيضا ألعب به عندما أشعر بالضّجر.

آيه: الشّيء اللّذي أحمله معي أينما ذهبت هو هاتفي لأتّصل بالنّاس وليوريني الطّريق إن كنت ذاهبا لمكان لا أعرفه.

محمود: هاتفي الجوّال. أكثر شيء أحمله معي أينما ذهبت وأسجّل عليْه كُلّ شيء أريد تذكّره.

رباب: مساحيق التّجميل وعطري. هذه أكثر أشياء لا يِمْكِنني أن أخْرُج مِن دونها.يجب أن أكون جاهزة دائما.

تامر: بطاقة التّعريف! هنا في مصْر لا يمكن الخروج مِن غيْرها وإلّا فسيظبطك الأمن. والشّيء الثّاني اللذي لا أستطيع الإسْتغْنَاء عنه فهو حاسوبي المحمول حيث يتضمّن كلّ حَياتي وشُغْلي.

شروق: المناديل والمِرآة وأحمر الشّفاه وكنّش وقلم والسّمّاعات. هذه الأشياء ضروريّة لي وأنقلها من حقيبة إلى أخرى.

فؤاد: القِصص المصوّرة اللّتي رسمتها بنفسي وشارِكْت في رسمها لأستطيع أن أوريها دائما لمن هو مهتمّ بِمجال الرّسْم وأستظهر بالعمل مطْبوع أمامه.

22 MSA

ما هو برْنامجك المُفضّل في التِّلفاز؟

ما هو برْنامجكِ المُفضّل في التِّلفاز؟

يمنى: بِصراحة لا أتابِع التِّلفاز كثيرا. لكِنّ الأفلام الوَثائِقيّة والكوميديّة هِي المُفضّلة لديّ. مثل برامِج قناة ناشْيونال جيوجْرافيك والمسْرحِيّات الكوميديّة.

محمد: أنا لا أحبّ مشاهدة التِّلفاز كثيرا. برْنامجي المُفضّل كان برْنامج باسِم يوسف وإسْمه البِرْنامِج.

داليا: أنا أحبّ البرامِج التّرْفيهيّة عُمومًا ولا أحبّ البرامِج السِّياسيّة، مثلًا برْنامج" مَن سَيَرْبح المليو وبرْنامج ابْله فاهيتا.

أندرو: برْنامج" أسْعد اللهُ مساءكم اللّذي يقدِّمُه المُقدِّم الكوميدي أكْرم حُسْني منتحلا شخصيّة هزليّة جِدًّا تُدعى أبو حفيظة ويقدِّم مِن خِلالها الشّعْب المصْري بِطريقة كوميديّة.

آيه: برنامجي المُفضّل في التِّلفاز هُوَ كاش أوْر سْبْلاش، برامِج المسابقات والأسئِلة عن المعْلومات العامّة تكون مسلّية وثريّة بالمعْلومات.

محمود: برْنامج البِرْنامِج. هذا كان برْنامجا تلفزيًا ساخِرا لِلإعْلامي باسِم يوسف ولكِنّه توقّف لِظُروف أمنيّة.

رباب: برْنامج مَن سَيَرْبح المليون. أحبّ جدًّا أن أحاوِل الإجابة علَى الأسئِلة وأن أتعلّم مِن كُلّ سُؤال جديد.

تامر: كان برنامجي المُفضّل في التِّلفاز هُوَ البِرْنامِج الكوميدي لِلمُذيع باسِم يوسف ولكن لم أَجِد بعد منعه شيئا يشدّ انتباهي لأشاهده.

شروق: بِصراحة لا أشاهد التِّلفاز كثيرا، إلّا عن طريق الصّدفة معَ العائلة، غيْر ذلك فأنا لا أتابع شيئا بل أتفرّج علَى اليوتْيوب وأكثر قناة أحبّها إِسْمها أيْش اللّي.

فؤاد: لا أتابِع التِّلفاز بل أتفرّج علَى اليوتْيوب وقناتي المُفضّلة إِسْمه Vsauce وهي قناة تهْتمّ كثيرا بِالعِلْم وآخِر التّطوّرات فى عالم التِّكْنولوجْيا.

23
MSA

هل تفضّل الكُتُب الخَياليّة أم الواقِعيّة؟ ما نوْع الكُتُب اللّتي تفضّلُها؟

هل تفضّلين الكُتُب الخَياليّة أم الواقِعيّة؟ ما نوْع الكُتُب اللّتي تفضّلينها؟

يمنى: قرأت كُلّ أنواع الكُتُب والمجلّات. اختياري في المطالعة يتغيّر حسب سِنّي ومزاجي. عندما كنت صغيرة، كُنْت أطالع الرِّوايات الخَياليّة. الآن أفضّل كُتُب التّرْبية والتّنمية البشريّة.

محمد: أنا أحِبّ مطالعة الرِّوايات. أكثر شيء أهواه هي الكُتُب اللّتي تسرد التّاريخ عن طريق الرِّوايَة الخَياليّة.

داليا: أحِبّ جِدًّا الكُتُب الخَياليّة لأنّها تمنحني فرصة لأعيش ما لا أستطيع عيشه في أرض الواقِع وأفضّل الكُتُب الرّومانْسيّة لأنّني أفتقد إلى الرّومانْسيّة هنا عنْدنا فأعوّضها بِالكُتُب.

أندرو: الكُتُب الخَياليّة لأنّها تحملني إلى عالم آخر لا أعيش فيه وتريحني من وَجع القلْب اللّذي أعيشه كُلّ يوْم.

آيه: أفضّل الكُتُب الخَياليّة لأنّها تفتح العقل على أفْكار وأماكِن جديدة.وأفضّل كُتُب الخَيال العِلْمي خاصّة.

محمود: الكُتُب الخَياليّة لأنّها تصْنع عالما غير مَوْجود في الحقيقة وتغذّي الخَيال والتّرْكيز في التّفاصيل.

رباب: الخَياليّة.أحِبّ كثيرا الكُتُب اللّتي تتحدّث عن المُعْجِزات وعن الغرائب اللّتي تحْصل في الدُّنْيا وتفْسيراتها العِلْميّة.

تامر: الكُتُب الخَياليّة هِي المفضّلة لديّ واللّتي ترْسم عَوالِم أخرى يتوه الإنسان فيها ويتسائل ما كان لِيفعل إن تواجَدَ هنالك. وأكثر نوْع أُحبّه الفانْتازْيا مثل ممْلكة الخَواتِم.

شروق: الكُتُب الخَياليّة مثل الخَيال العِلْمي والسِّحْر وكُتُب الرُّعْب وربّما أيضا الكُتُب الواقعيّة اللّتي تتحدّث عن العُلوم والتّجارِب والفضاء والطّبيعة.

فؤاد: أفضّل الكُتُب اللّتي تفيدني وتثري معْلوماتي في مَوْضوع يعجبني.أفضّل كُتُب عِلْم النّفْس حيث لها تأْثير مُباشِر علَى حَياتي.

24 ما هو مطعمك المفضّل؟
MSA ما هو مطعمكِ المفضّل؟

يمنى: أنا لست من محِبّي المطاعِم. لكن أكثر مكان آكل فيه خارج البيْت هُوَ بيت حماتي. بِصراحة، أكْلها رائع جدًّا وألذّ مِن أيّ مطْعم ذهبت إليه.

محمد: أنا أحِبّ المشاوي كثيرا. أكثر مطْعم أحِبّه هو مطْعم بلبع للكباب والكُفْتة.

داليا: مطعمي المفضّل هو تْرا بِيان وجاد وابو عمَّار السّوري حيث توفّر هذه المطاعِم كلّ أنواع المأكولات اللّتي أحِبّها كالشّيش طاووق والفلافِل والشّاوَرْما.

أندرو: مطْعم علَى برْكِة الله وهذا واحِد مِن أشهر المطاعِم المعروفة بالكِبْدة والسّجق عنْدنا وبِالرّغْم مِن أنّنا نأكل في الشّارِع إلّا أنّنا نسْتمْتِع بالأكل.

آيه: مطعمي المفضّل هو فابيانو.فيه ألذّ مقرونة وبيتْزا اِيطاليّة بِمكوِّنات طازجة دائما. كُلّ المِكوِّنات هم يقومون بزْرعها بأنفسهم أو يجلبونها مِن أحْسن المارْكات.

محمود: فالِح ابو العنْبه، مِن المطاعِم العِراقيّة المَوْجودة فى مدينِة 6 أُكْتوبر وأكله نظيف ورخيص.

رباب: أنْدريا.وهذه باخِرة علَى النّيل. أكلهم لذيذ جدًّا والجلوس فيها جميل جِدًّا أيضا والخِدْمة أيضا جيّدة.

تامر: المطْعم اللّذي أذهب إليه كثيرا هو مطْعم صغير في العجمي اِسْمه بامْبو ويمتاز بالكُشري والمقرونة، ويقدّم أيضا سنْدويتْشات ولكنّني لا آكل مِن عنْده غيْر الكُشري.

شروق: ماكْدونالْدز.أحِبّ فيه الهمبورجر والبطاطا المقليّة وبيسْترو لأنّني أحِبّ فيه المقرونة بِأنْواعها والبيتْزا أيضا.

فؤاد: مطْعم كنْتاكي.مِن أكثر المطاعِم اللّتي تذكّرني بِذِكْرَيات جميلة لِيّا وأنا صغير.هذا طبْعًا إلى جانب أنّ أكله لذيذ جِدًّا.

25 MSA

هل تهتم بالموضة؟ ماذا ترتدي عادة؟

هل تهتمين بالموضة؟ ماذا ترتدين عادة؟

يمنى: أتابِع الموضة وأحِبّ جِدًّامشاهدة عُروض الأزْياء. لكِن في ما يخصّ ثيابي فأشتري اللّذي أحِبُّه واللّذي يريحني، عادةً يكون لباسا طَويلا وواسِعا وفيه ألْوان كثيرة.

محمد: لا ليس كثيرا.لا أركِّز كثيرا في آخِر صيحات الموضة، وألبِس ثيابا لا تكون عابرة جدًّا ولا رسميّة جدًّا.

داليا: لا أهتمّ بالموضة لأنّني مُقْتنِعة أنّ ليس كلّ ما هو موضة بالضّرورة يليق بي، فلذلك أرتدي ما يحلو لي فقط ولِباسي كُلُّه يُختزل في سروال دجينْز وقميص وأحيانا تنّورة.

أندرو: بِصراحة لا، لكنّني أهْتمّ بِلباسي وذلك لطبيعة شُغْلي في مجال التّسْويق وعادةً يجب أن يِكون مظهري لائق.

آيه: أهتمّ بالموضة لكن لا تظهر في كُلّ ثيابي.أرتدي ما يريحني وما يكون شكْلُه مقْبولا ويُعجب معظم النّاس.

محمود: لا ليس كثيرا.لديّ شكلا معيَّنا في اللِّبْس ولا أحِبّ متابعة الموضة كثيرا.

رباب: يَعْنِي...أنا أرى أنّ الموضة هي الشّيء اللّذي يليق بك ولا يظهر عُيوب جِسْمك، وتجعلك أنيقا ومهنْدِما.

تامر: مَوْضوع الموضة لم يشغلني أبدا صراحة، فعادةً أحِبّ اِخْتيار اللّباس اللّذي يناسِبني شكْلًا ومضْمونًا دون أن أتقيّد بالألْوان أو بالموضة الجديدة.

شروق: أهتمّ بالموضة ولكنّني لا أقلِّد تقْليدا أعْمَى ولا أحِبّ اللِّباس المُنْتشِر فلي شكل لِبْاس خاصّ بِي لا أحد سواي يلبسه.

فؤاد: أهتمّ قليلا. أحِبّ الثّياب بلون واحد ودائما أرتدي قميصا يِظْبُط مقاسُه عليّ الخيّاط ويِكون مقاسه مناسبا ولكِن ليس ضيّقا كثيرا ولا واسِعا كثيرا.

26 MSA

هل تسهر كثيرا بعد الثَّالِثَة صباحا؟

هل تسهرين كثيرا بعد الثَّالِثَة صباحا؟

يمنى: كُنْت في الماضي أسهر كثيرا ولكن حالِيًّا كلّ العائلة أصْبح لديها نمطا ثابِتا في النّوْم للإستيقاظ باكرا من أجل العمل والمدرسة. حتّى في أيّام العُطل يكون السّهر آخره السَّاعَة الواحدة.

محمد: لا. غالِبًا أنام علَى السَّاعَة الواحدة أو الثّانية، وذلك لأنّني أستيقظ باكرا لأذهب إلى الشُّغْل علَى السَّاعَة الثّامنة.

داليا: لا أستطيع السّهر كثيرا بعد الفجْر لأنّني أشتغل باكرا فيجب أن أنام جيّدا ولكِن فى فترة الإجازة، نعم يمكنني أن أسهر كثيرا حتّى لِبعْد الفجْر.

أندرو: مُسْتحيل، لأنّني أستيقظ على السَّاعَة 7 لأكون في الشُّغْل السَّاعَة 8 أو 9 كحدٍّ أقصى وبما أنَّني تعوّدت علَى ذلك، فحتّى في العُطل الطّويلة أسهر لِحدّ السَّاعَة 1 أو 2 فقط.

آيه: لا نادِرًا ما أسْهر لبعْد 3 فجْرا، لأنّني لست مِن مِحبّي السّهر حيث أنّه يضُرّ بالجِسْم وبالصِّحّة.

محمود: لا، نادرا ما أسْهر لأنّ أيّامي كلّها حافلة وتكون مليئة بالتّعب فلا أستطيع السّهر.

رباب: لا أبدا.أنا أحِبّ أن أنام باكرا وأستيقظ باكرا. أيضا الشُّغْل عوّدني على ذلك وهذا أحسن لِصِحّتي.

تامر: أنا أستيقظ باكرا للعمل ولكن عادي أن أعود لأنام ثمّ أسهر إلى بعْد الفجر أو حتّى إلى الصّباح ثمّ أذهب إلى الشُّغْل وعندما أعود أنام، لأنّني كائِن ليْليّ أصلا.

شروق: دائمًا تقْريبًا لأنّني أسهر مُعْظم الوَقْت معَ أصدقائي نلْعب League of Legends وهي لعبة على الإنترنت وأحْيانًا يكون لديّ عمل تابع للكُلّية أو عمل آخر.

فؤاد: أحْيانًا عندما يكون لديّ عمل متأخّر يجب تسليمه، ولكنّني أحاوِل قدر المُسْتطاع أن أنظّم يوْمي وأستيقظ دائمًا في نفْس الوقت.

27 MSA

هل تريد أن تصبح مشْهورا؟
هل تريدين أن تصبحي مشْهورة؟

يمنى: فقط لَوْ أنَّني أقدر على فعل شيئ مُفيد لِلنّاس، أريد أن أكون مشْهورة لأصل إلى أكبر عدد مُمْكِن مِنْهُم. لكِن لا أحِبّ أن أكون مُراقَبة طول الوَقْت بِسبب الشُّهْرة هذه.

محمد: نعم، أكيد. كُلّ النّاس تريد أن تصبح مشْهورة. ولكن أحِبّ أن أكون مشْهورا مثل مارْك زوكرْبيرْج.

داليا: كلّ النَّاس تريد أن تكون مشْهورة. وأنا أريد أن أكون مشْهورة طبْعًا في مجال عملي، وكلّ النّاس تعْرف كم أنا ناجحة في شُغْلي وكم كافحت.

أندرو: أكيد ولكن في مجال التّسْويق لأنّه سيُلمّع إسْمي ولم لا أكون في يوْم مِن الأيّام مثل كوتْلر أو سْتيف دجوبْز!

آيه: لا أريد أن أكون مشْهورا. الشُّهْرة تسبّب مشاكِل وأيضا تُلغي الخُصوصيّة. وتصبح كُلّ حَياتك وتصرُّفاتك مُراقَبة والنّاس تنتظرك حتّى تخطأ ليتمكّنوا من انتقادك.

محمود: لا، الشُّهْره لها الكثير من الجَوانِب السّيّئة مثل أنَّني سأخْسر أصدقائي وأيضا لا أحِبّ أن يعرف النّاس عنّي كُلّ شيء.

رباب: كلّ النَّاس تريد أن تكون مشْهورة وكلّ واحد يحبّ الشّهرة وأن يفعل ما يريد ويسافر حيث ما يشتهي.

تامر: لا أظنّ أنّ هناك من لا يحبّ الشّهرة، ولكن لا أعتقد أنّني سأستطيع العيش في الشّهرة. فأنا لا أحِبّ أكون محطّ اهتمام الآخرين ولا أن تكون كلّ تصرُّفاتي مُراقَبة.

شروق: لا أحِبّ الشُّهْرة، ولا أن أكون مركز اهتمام النّاس ولا أحِبّ لفْت الأنْظار بتاتا، فلأظلّ هكذا معْروفة مِن بعيد لِبعيد فقط.

فؤاد: لا... أنا أفضّل أن يكون لديّ أصدقاء مقرّبين أفْضل لي مِن أن يكون لديّ الكثير من النَّاس اللّتي تحبّني مِن بعيد من دون أن أعرفهم.

28 MSA

هل بإمكانك أن تصف مكان سكنك؟

هل بإمكانكِ أن تصفي مكان سكنكِ؟

يمنى: أنا أسكن في شُقّة في الدّوْر الثّالث، تتكوّن مِن ثلاث غرف، واحدة لِي وواحدة للأطفال والأخرى سمّيناها غرفة المطالعة، ووضعنا فيها كُتُبا وقِصصا عديدة.

محمد: أنا أسكن في شُقّة في عِمارة، فيها غرفتين وغرفة جلوس، في آخِر دوْر في العِمارة.

داليا: أنا أسكن في شُقّة في عِمارة، في الطّابق الثّاني، فيها غرفتين وصالون ولكنّها شُقّة كبيرة وأريد السّكن في مِنْطقة أخرى وفي شُقّة أكبر.

أندرو: أنا أعيش في شُقّة في الدّوْر الرّابِع، فيها ثلاث غرف وحمّام ومطْبخ. الشُّقّة ليست كبيرة ولكِن مُرتّبة ومنظّمة بشكل جميل جِدًّا.

آيه: أنا أسكن في شُقّة كبيرة في الدّوْر الأوّل. فيها 4 غرف نوْم، مطْبخ كبير، حمّاميْن، شرفتين، صالون كبير، وغرفة أكل.

محمود: أسكن في فيلّا في مركّب، تتكوّن مِن طابقين، فيها 5 غرف، وتوجد غرفتي في الطّابق الثّاني.

رباب: أنا أسكن في شُقّة في الدّوْر الرّابِع وليس هناك مصعد. تتكوّن الشُّقّة من غرفتين وصالون كبير وحمّام واحِد.

تامر: أنا أعيش في بيْت عائلة. شُقّتي في الدّوْر الأوّل، تتكوّن من ثلاث غرف وصالون. وغرفة مِنْهُم جعلتها مكْتب لي وغرفة للأطفال وغرفة نوْم.

شروق: هي عِبارة عن شُقّة في الطّابق الخامِس وللأسف لا يوجد مصعد لأنّها عِمَارَة قديمة قليلا، فيها غرفتين وصالون وحمّام ومطْبخ.

فؤاد: شُقّة 120 مِتْرا - 3 غُرف - حمّام - مطْبخ - صالون مقسّم إلى قطعتين، في الدّوْر الأوّل - في الرِّحاب - بجوار مُجمّع المطاعِم ومُجمّع البُنوك. ولدينا حديقة جميلة جدًّا أمامنا.

29 MSA

متى تكون في أسْعد حالاتك؟

متى تكونين في أسْعد حالاتكِ؟

يمنى: عندما يكون من هم حولي سعداء. في أيّ مكان ومعَ أيّ إنسان، يكفي أنَّني أشعر أنّ المجْموعة الجالسة هناك، مرْتاحين ومنْدمِجين معَ بعْضهم البعض.

محمد: أكون في أسْعد حالاتي عندما أرى أهدافا مِن أحلامي تتحقّق أمامي كالتّرقية أو النّقود مثلًا.

داليا: أكون في أسْعد حالاتي عندما أنجح في عملي وأسمع تقْييما جيّدا وعندما آكُل بيتْزا وشوكولاته وعندما أضع مساحيق التّجميل.

أندرو: عندما أكون بين أهلي كُلُّهُم أو أصدقائي ونقوم معَ بعْض بنشاط في الكنيسة حيث نجتمع كلّنا ونسترجع الذِّكْرَيات القديمة.

آيه: أكون في أسْعد حالاتي عندما أقوم بالأشياء اللّتي أحبّها معَ أقْرب النّاس لي ونضحك سَوِيًّا ولا أحد فينا متعب.

محمود: أكون في أسْعد لحظات حياتي عندما أشعر أنَّني نجحت في الوصول إلى شيء أطمح له أو حقّقت حلما.

رباب: عندما أجلس علَى البحْر. حقيقة أنا أحِبّ البحْر، رائحته وشكْلُه. عندما تجلس تكلِّمُه وأنت علَى شطّه تتأمّل في جماله، فِعْلًا إحْساس رائِع.

تامر: أكون في أسْعد حالاتي عندما آتي بلعبة لإحدى أولادي خاصّة واحدة من الألعاب الحديثة واللّتي لم تكن مَوْجودة في طفولتي، وأفتح معهم اللّعْبة وألعب معهم.

شروق: عندما أكون في منْصب ولديّ مسْؤوليّة ما والنّاس تضع آمالها في وأنجح فيها وأكون في المستوى، فأشعر بِفخْر وفرح كبيران.

فؤاد: عندما أحقّق شيئا كنت أطمح له منذ مدّة ولم أستطع إدراكه، فأشعر أنّ هذه ثمار تعبي وأنّه فِعْلًا ما يُحدث فرقا بين شخْصا وآخرا هو المجْهود.

30 MSA

ماذا تفعل عندما تستيقظ في الصّباح؟

ماذا تفعلين عندما تستيقظين في الصّباح؟

يمنى: أصلّي الصُّبْح وأجهّز السّنْدويتْشات وأوقظ الأطفال. بعْد أن يغادروا، أستحمّ وأرتدي ثيابي وأذهب إلى العمل. أحيانا أقوم ببعض التّمارين أو أعدّ الغداء.

محمد: عندما أستيقظ، أدخُل الحمّام وأستحمّ وأتوضّأ لأصلّي وبعد ذلك أتناول الفطور وأرتدي ثيابي وأغادر.

داليا: عندما أستيقظ في الصّباح، أحِبّ أن أستحمّ في الأوّل ثمّ أتناول الفطور وأمارس القليل من الرّياضة وأشْتغل وفي أوقات العمل، لا أحِبّ التّركيز في أيّ شيء آخر.

أندرو: كُلّ ما أستطيع فعله هو بالكاد أن أغسِل وجهي وأغادر المنزل بِسُرْعة كي لا أتأخّر علَى العمل. وأنا خارج، ألقي نظرة على هاتفي الجوّال لأتفقّد بسرعة الإِيميْلات.

آيه: عندما أستيقظ في الصّباح أصلّي وأشْكُر الله علَى كُلّ النِّعم الموْجودة في حَياتي. وبعد ذلك أتناول الفطور جيّدا لأنّه أهمّ وَجْبة في اليوْم.

محمود: أغسِل وجهي ثمّ أتوضّأ وأصلّي وبعد ذلك أتناول الفطور ومن ثمّ أرتدي ثيابي لأذهب إلى الكُلّيّة.

رباب: أستحمّ وأصلّي، وبعد ذلك أتناول الفطور وأرتدي ثيابي لأذهب إلى العمل وأتناول القهوة سرعان ما أصل لأبْدأ في العمل.

تامر: أوّل شيء أفعله في الصّباح هو شرب فنجان شاي مع سيجارة وبِالرّغْم مِن أنّها عادة سَيِّئَة إِلّا أنّني غير قادِر عن إقلاعها.

شروق: أغسِل وجهي في الحمّام وأتوضّأ وأصلّي ثمّ أعدّ الفطور وأتناوله وأحْيانًا لا أفطر، ثمّ أرتدي ثيابي وأغادر إلى الكُلّيّة.

فؤاد: أغسِل وجهي، أفطر، وأغادر المنزل. أتمشّى قليلا وبعْد ذلك أعود لأُكمل باقي الشُّغْل اللّذي لديّ أو أتفقّد مشاويري اليَوْميّة.

31 MSA

ما هو مشْروبكَ المُفضّل؟

ما هو مشْروبكِ المُفضّل؟

يمنى: عصير القصب. مِن أروع المشْروبات المصْريّة الأصيلة، والكرْكدية والتّمر الهِنْدِي بِالنِّسْبة لِلمشْروبات الباردة. أمّا السّاخنة، فيوجد البلح بالحليب والموغات والسّحْلب، فهي مِن ألذّ المشْروبات اللّتي يمكن أن تذوقها.

محمد: مشْروبي المُفضّل هُوَ الشّاي، وهو أكثر مشْروب أشربه. أشرب منه ثلاث أو أربع كؤوس في اليوْم.

داليا: مشْروبي المُفضّل هُوَ الكاكاو، أحِبُّه جِدًّا وأشعر أنَّني أذوب في الشّوكولاتة وأنا أشربه. كما أحِبُّ الميلْك شيْك بالفراوْلة ويكون فيه القليل من الفراوْلة والكثير من الفانيليا.

أندرو: عصير البطّيخ وهو أكثر مشروب ينعشني في جَوّ الصّيْف المتْعب وطبْعًا هذا إلى جانب الشّاي والقهْوَة والكابُتْشينو، أشربهم معظم الوَقْت.

آيه: مشْروبي المُفضّل هُوَ عصير البُرْتُقال بِالجزر، وهو عصير مُغذّي ومليء بالفيتامينات ومُنْعِش وسهْل، أعدّه في البيْت أو أشترِيه مِن أيّ محلّ.

محمود: عصير المانْجه، مِن أكثر العصائر الطّبيعيّة اللّتي أحِبّها لأنّ الملوحة فيه خفيفة والسُّكر معتدل.

رباب: مشروب الكاكاو بالحليب وعصير اللّيمون بِالنّعْناع. هذه مشروباتي المفضّلة وأستطيع أن أشرب مِنْها كُلّ يوْم ولا أكلّ.

تامر: مشْروبي المُفضّل هُوَ الشّاي بِالنّعْناع طبْعًا لا أستغنى عنه وأيضا السّحْلب خلال الشِّتاء ومُمْكِن الحِلْبة أيضا ولكِنّني لا أحِبّ القهْوَة بصراحه.

شروق: الشّوكُلاتة بالحليب وعصير البُرْتُقال الطّازج والنّقيّ وأحْيانًا أضيف له السّكّر بسبب المرارة وهو أكثر عصير يروي عطشي.

فؤاد: مشْروبي المُفضّل هُوَ البُرْتُقال الطّازج.وأضيف له السّكّر لأنّني لا أتحمّله مِن غيْر سُكّر.وأفضّله مِن غيْر بذور.

32 MSA

ما هي أكثر صِفة تقدّرها في الشّخص اللّذي أمامك؟

ما هي أكثر صِفة تقدّرينها في الشّخص اللّذي أمامكِ؟

يمنى: الصِّدْق واِحْتِرام الآخرين، صِفتان تتركاني مطمئنّة وأنا أتحدَّث مع النّاس، لأنِّي أعلم أنّهم يقولون لي رأْيهم الحقيقي كما سيستمعون إلى رأْيي إلى الآخر إلى أن نتوصّل لِنتيجة ترْضينا.

محمد: أكثر صِفة أقدّرها هي الصِّدْق لأنّنا في زمن أصبح فيه الكلّ يغشّ ويكذب.

داليا: أحِبّ دائما أن يكون الشّخص اللّذي أمامي صادِقا ومحترما لأنِّي أكره الكذب، فعندما أجد شخْصا صادِقا، أقدّره جِدًّا وأحترمه، فمن النّادر أن أجد إنسانا صادِقا.

أندرو: احترام الوعود، حيث يقابل الإنسان في حياته الكثير من النَّاس ولكن معظمهم لا يحترمون وعودهم وهذا ما جعلني أفقد الثّقة في أغلبهم.

آيه: أكثر صِفة أقدّرها في الشّخص اللّذي أمامي هو أن يكون له أسلوب جيّد وإحساس، فلا يضايقني بطريقِة كلامه أو بأسْلوبه معي.

محمود: الصِّدْق، فعندما يكون الشّخْص اللّذي أمامي صادِقا في كلامه، أحْترمه وأقدّرُه.

رباب: الطّيبة والصِّدْق. أنا أؤمِن أنّ هذه الصِّفات عندما تكون مَوْجودة في شخص ما، فهو أكثر إنسان جدير بالثِقة.

تامر: أقدّر دائما الشّخْص اللّذي ولَوْ اِختلفْت معه في الرّأْي، لا يغيّر رأْيه الشّخْصي فيك، ومن يفهم فِعْلًا معنى الإختِلاف في الرّأْي، لا يفسد بسببه علاقاته مع الآخرين.

شروق: من يعيشون سنّهم وليس أولئك المتكبّرين أو اللذين يظنّون أنفسهم أفضل مِن بقيّة النّاس أو أولئك اللذين لا يضحكون أبدا ويأخذون الحَياة وكُلّ شيء آخر على محمل الجدّ.

فؤاد: أن يكون صريحا ولا يكذب لأنّ الصّراحة تبني علَى أساسها الثِّقة والثِّقة تُمتّن بعْد ذلك العلاقة بقطع النَّظر عن نوْع العلاقة هذه.

33 MSA

ما هو أكثر شيء مجْنون قمت به في حَياتك؟

ما هو أكثر شيء مجْنون قمتِ به في حَياتكِ؟

يمنى: مررت على صديقتي عنْد مِترو السّيِّدة زيْنب ورحنا نوَزّع التّمر والماء علَى النّاس في الشّارِع إلى أن وصلنا إلى الزّمالِك. كان مِشْوارا طَويلا وغريبا ومُمْتِعا.

محمد: أكثر شيء مجْنون قمت به لمّا قفزت من سور الكُلّيّة وهربت مِن الأمن لأقابِل بنتا كُنْت أحِبّها.

داليا: لا يوجد أيّ شيء مجْنون قمت به في حَياتي اللّتي كلّ أحْداثها كانت محْدودة جدًّا بيْن المدْرسة والجامعة والعمل، فلم تتسنّ لي الفُرْصة للجنون ولكن ربّما سأفعل في المستقبل.

أندرو: عندما اتّصلت بأصدقائي لنخرج واقْترح واحِد منّا استئجار درّاجات وقيادتها في الشّارِع بِالرّغْم مِن أنّنا لم نقد درّاجات منذ سنوات.

آيه: أكثر شيء مجْنون قمت به في حَياتي هو أنّني ذهبت إلى الملاهي ولعِبْت في كُلّ الألْعاب. ألْعاب كثيرة كانت تبدو مخيفة ولكِن كانت مُمْتِعة جِدًّا.

محمود: كُنْت في النّادي، لديّ تمْرين الصُّبْح وبعْد أن أنهيته، ذهبت إلى منطّات الغطْس عند المسبح وقفزت مِن الدّوْر الأخير.

رباب: لمّا كُنْت مخْطوبة كان والدي يمنعني من الخروج معَ زوجي ولكنّني كُنْت أخْرُج خلسة لأنّني كنت أفتقده كثيرا ولا أقدر على ملاقاته كثيرا.

تامر: أكثر شيء كان جنونا فِعْلًا عندما دخلْت مُسْتشْفَى وتظاهرت بأنّني طبيب كي آخذ أوراق والد صديقي المريض وجلست أتناقش معَ الأطبّاء في حالته.

شروق: و أنا صغيرة، كُنْت أرمي النّاس بالبيْض وأحيانا أنفُخ بالونات أملأها بالماء ثمّ أرْميها عَلى السّيّارات وأهرب قبْل أن يمسكني أحدهم.

فؤاد: دخلْت في مباريات تحدّي ضِدّ كابْتِن فريقي في الكونْج فو، ظانّا أنّي سأربحه ولكِن النّتيجة كانت خسارتي أمامه بعْد 10 ثَواني تحديدا.

34 MSA

ما هي وظيفة أحْلامك؟

ما هي وظيفة أحْلامكِ؟

يمنى: حلمي أن أخْدِم النّاس وأساعِدهم.في الحقيقة، أريد أن أملك نقودا كثيرة وأفتح شركة كبيرة تختصّ في حلّ مشاكِل النّاس وفي تحقيق أحْلامهم مهْما كانت.

محمد: أحْلم أن أملك تجارة خاصّة أديرُها بِنفْسي وأن أصبح رجُل أعْمال ناجِح.

داليا: دائما أحْلم أن أشْتغل مُترْجِمة وأن أصير مُترْجِمة كبيرة في مصْر فعندما اِشْتغلْت ضمن شركة التّرْجمة، شعرت أنّ جُزْءا مِن حلمي بدأ يتحقّق.

أندرو: أن أشْتغل في قِسْم التّسْويق وأن أكون مسؤولا على كامل الشّرْق الأوْسط ليس على مصْر فحسب، وأن أترك بصْمة واِسْما معْروفا.

آيه: وظيفة أحْلامي أن أدبْلج أفْلام ومُسلْسلات الكارْتون بِصوْتي. منذ زمن أتمنَّى هذه الوظيفة لأنّني أحِبّ تقليد الأصْوات ورُدود الأفعال.

محمود: أن أشْتغل في جوجل وأحتلّ منْصب مهمّ فيه، وأن أكون مِن أفضل المبرمجين الويب في العالم.

رباب: كنت أحِبّ أن أصبح رائِدة فضاء ولكن كان يجب عليّ أن أسافِر لأحقّق هذه الأمْنية والمُشْكِلة أنّ عائلتي متعلّقين بي كثيرا وأنا بهم أيضا.

تامر: وظيفة أحْلامي أن أصبح مُخْتبر ألْعاب، حيث أظلّ ألعب طوال اللّيْل والنّهار وإن سألتني زوجتي ماذا أفعل، أردّ بأنّي أشْتغل.

شروق: أريد أن أصبح رسّامة مانْجا وكوْميك عالميّة نظرا لحبّي الشَّدِيد للرّسْم وخاصّة رسْم الكارْتون والأنمى والقِصص المصوَّرة.

فؤاد: أن أشْتغل شيئا أُحبّه عُمومًا وليس شرْطا أن يكون هنالك شيئا مُعيّنا أريده حالًا، حيث يأتي الشّغف أحيانا بعْد الشُّغْل.

35 MSA

هل تحبّ الأطْفال والحَيَوانات الأليفة؟

هل تحبّين الأطْفال والحَيَوانات الأليفة؟

يمنى: أحِبّ جِدًّا الأطْفال اللّطفاء واللّذين يضحكون، أمّا أولئك اللّذين يبكون ويصرخون فيزعجونني بِصراحة.أمّا عن الحَيَوانات الأليفة، فيمكن أن أتفرّج عليْها مِن بعيد لكِن لا أقتنيها.

محمد: نعم أحِبّهم جِدًّا.وأكثر حَيَوانات أحِبّها هي الكِلاب والأحصنة وأحِبّ الفتيات الصّغيرات الظّريفات البريئات.

داليا: أحِبّ الأطْفال جِدًّا وخاصّة الذّكور لأنّهم يملكون طاقة وشقاوة، وأحِبّ الحَيَوانات الأليفة ولكن لم أربّ أيًّا منها وأريد أن أربّي كلْبا.

أندرو: الأطْفال طبْعًا نعم لأنّهم ينسونني هُموم الكِبار. أمّا الحَيَوانات لا لأنِّي أخاف مِن الكِلاب جِدًّا والقطط لا أحِبّها.

آيه: أحِبّ الأطْفال وأحِبّ الحديث واللّعب معهم.فالأطْفال أبْرِياء وصريحين جِدًّا ولا يتقنون التّكلُّف والتّصنُّع الموجود لدى الكبار.وفي الحَيَوانات الأليفة أحِبّ الكِلاب لأنّهم أوْفِياء.

محمود: أحِبّ الأطْفال جِدًّا خاصّةً عندما يِكون سِنُّهُم يتراوح مِن سنة إلى 5 سنوات، ومِن الحَيَوانات الأليفة أحِبّ الكِلاب فقط.

رباب: جِدًّا جِدًّا! أحِبّهم جِدًّا ولكن لا أتقن كثيرا التّعامل مَعَهُم، ولكِن أجيد التّعامل مع الحَيَوانات كُلّها ولا أخاف مِن أيّ حَيَوان مهما كان.

تامر: طبعا،أحِبّ الأطْفال ولديّ طِفْلان أكاد أجنّ منهما. أمّا الحَيَوانات الأليفة فأحِبّ الكِلاب وأملك كلْبي العزيز ماكْس وأحِبّ أيضا الببّغاءات ولكن أكره القِطط.

شروق: نعم، أحِبّها جِدًّا خاصّة القطط وأريد امتلاك قطّه ولكن بيتي حالِيًّا لا يسمح لي للأسف أن أربّي قطّة.

فؤاد: طبْعًا، خاصّة الحَيَوانات الأليفة لأنّها حَيَوانات تربّت في ظلّ وُجود الإنْسان وهذا يدُلّ أنّه ليس شرْطا أن يبقَى الحَيَوان شرِسا إلى الأبد.

36 MSA

مع من تريد أن تتحدّث في الوقت الحالي؟ وماذا تريد أن تقول له/لها؟

معَ من تريدين أن تتحدّثي في الوقت الحالي؟ وماذا تريدين أن تقولي له/لها؟

يمنى: أريد الجلوس معَ أُمّي وأختي طَويلا ونتحدّث في راحتنا وليس ورائنا ما يشغلنا أو من يقاطِعنا، نظلّ نمزح ونضْحك كثيرا.

محمد: أحِبّ أن أتكلّم معَ جدّي رحمه الله. وأحْكي له كُلّ شيء حصل معي منذ وفاته.

داليا: أحبّ أن أتحدَّث مع أُمّي الآن وأن أقول لها أنّه لولا وجودها في حَياتي لما كنت سعيدة هكذا، وأنّها وقفت إلى جانبي واحْتملتني كثيرا، وأنّي أحِبّها جدًّا.

أندرو: معَ ابنة أختي وأريد أن أقول لها أنّي أفتقدها جِدًّا. بيننا مسافات طويلة تبعدنا عن بعْضنا البعض ولكِنّك دائما في قلْبي وفِكْري.

آيه: أحِبّ أن أتحدّث معَ حبيبي وأقولُ له أنّي أفتقده. وأنّ هذا البُعْد صعْبا عليّ كثيرا وليت الظُّروف اللّتي فرّقتنا عن بعض تنتهي وتولّي.

محمود: معَ أُمّي. أريد أن أقول لها ليحفظك الله لي وأن لا أحرم منك أبدًا وأن يطول عمرك.

رباب: أحِبّ أن أتحدّث معَ بابا وأقولُ له أنّي أفتقده جِدًّا وأنّي كنت أتمنّى أن أفْرحُه قبْل أن يتوفّى وأقولُ له أنّي آسفة جدّا.

تامر: أريد أن أتحدّث معَ رئيس جُمْهوريّة مصْر العربيّة وأن أقولُ له ارْحمْنا، البلاد بِصراحة لا تحتمل أكثر، ولا هي ناقصة مصائب أخرى أكثر من هكذا.

شروق: أريد أن أتحدّث ثانيا مع بابا وأن أقولُ له أنّي أفتقده جِدًّا، فهو متوَفّى ولم أره منذ فتْرة لأنّه كان في الإمارات يشتغل وتوفّي هنالك.

فؤاد: أريد أن أتحدّث معَ صديقي منذ أيّام الثّانَويّة وأقولُ له أن يعود للتّمارين ولرفع الحديد لأنّ وَزْنُه يزداد في كُلّ مرّة أقابله.

Appendix D: Glossary

اِتْفرّج على *itfárrag 3ála v.* [5s2] **watch**

اِتْكلّم *itkállam v.* [5s1] **talk**

أحْلى *áħla adj.* **nicer, nicest**

أخد *áxad v.* [i3] **take**

آخِر *āxir adj.* **last**

إزّاي *izzāy adv.* **how**

إسْبوع *isbū3 n.* (*pl.* أسابيع *asābi3*) **week**

إسْم **ism** *n.* (*pl.* أسامى *asāmi*; أسْماء *asmāʔ*) **name**

اِشْتغل *ištáɣal v.* [8s2] **work**

أكْتر *áktar adv.* **more, most**

أكل *ákal v.* [i3] **eat**

أكْل *akl n.* (*pl.* أكلات *akalāt*) **food**

اللي *ílli pron.* **that, which, who**

أمّا *ámma conj.* **as for...; but**

إمْبارِح *imbāriħ adv.* **yesterday**

إنّ *inn conj.* **that...**

أنا *ána pron.* **I**

أه *ah interj.* **ah!, oh!; yes, yeah**

أوْ *aw conj.* **or**

أوِّل *áwwil adj.* **first**

أوى *áwi adv.* **very, really; a lot, very much**

أيّ *ayy determ.* **any**

أيْه *ʔē pron.* **what**

بابا *bāba n.* **dad, father**

بِالذّات *bi-zzāt adv.* **especially**

بِتاع *bitā3* **of**

برْضُه *bárḍu adv.* **also, too**

بسّ *bass conj.* **but; adv. only**

بعْد *ba3d prep.* **after**

بعْديْن *ba3dēn adv.* **afterward, then**

بعْض *ba3ḍ determ.* **some**; *pron.* **each other**

بِعيد *bi3īd adj.* **far**

بقى *báʔa v.* [1d1] **become; start to**; *adv.* **then**

بيْت *bēt n.* (*pl.* بِيوت *biyūt*) **house**

بيْن *bēn prep.* **between, among**

تاني *tāni adj.* **another, second**; *adv.* **again**

تقْريباً *taʔrīban adv.* **approximately, about, around, more or less**

تلاتة *talāta num.* **three**

جِدّاً *gíddan adv.* **very (much)**

جِديد *gidīd adj.* **new**

جنْب *gamb prep.* **next to**

جوْز *gōz n.* **husband**

حاجة *ħāga n.* **thing**; *pron.* **something**

حبّ *ħabb v.* [1g3] **like; love**

حدّ *ħadd pron.* **someone**

حسّ *ħass v.* [1g3] **feel**

حِلْو *ħilw adj.* **nice; sweet**

حَياة *ħáya n.* **life**

خد *xad v.* [i3] **take**

خُصوصاً *xuṣūṣan adv.* **especially**

خمْسة *xámsa num.* **five**

دايمْاً *dāyman adv.* **always**

دخل *dáxal* [1s3] **enter, go into**

درس *dáras v.* [1s2] **study**

دِلوَقْتي *dilawáʔti adv.* **now**

ده *da pron.* **this, that; he**

دوْل *dōl pron.* **these, those; they**

دي *di pron.* **this, that, these, those; she, they**

راح *rāħ v.* [1h1] **go**

رِكِب *ríkib v.* [1s4] **ride, get on**

زمان *zamān n.* **time**; *adv.* **long ago**

زيّ *zayy prep.* **like, as**

ساعات *sa3āt adv.* **sometimes**

ساعة *sā3a n.* **hour, o'clock; clock, watch**

سفر *sáfar n.* **travel(ing)**

سنة *sána n.* (*pl.* سِنين *sinīn*) **year**

شارِع *šāri3 n.* (*pl.* شَوارِع *šawāri3*) **street, road**

شخْص *šaxṣ n.* (*pl.* أشْخاص *ašxāṣ*) **person, individual**

شُغْل *šuɣl n.* **work, job**

شْوَيّة *šuwáyya adv.* **a little, a bit; somewhat**

صاحِب *ṣāħib n.* (*pl.* صُحاب *ṣuħāb*, أصْحاب *aṣħāb*) **friend; boss**

صُبْح *ṣubħ n.* **morning**

صُغيّر *ṣuɣáyyar adj.* **small, little; young**

طبْعاً *ṭáb3an adv.* **of course**

طول *ṭūl n.* **height, length**; على طول *3ála ṭūl* **always**

عَ *3a prep.* (+ definite article) **on**

عادةً *3ādatan adv.* **usually**

عايِز *3āyiz* **want(ing)**

عِرِف *3írif v.* [1s4] **know; be able to**

عشان *3ašān conj.* **because; so that**

علشان *3alašān conj.* **because**; **so that**

على *3ála prep.* **on**; عليّا *3aláyya* **on me**

عمل *3ámal v.* [1s2] **do**

عن *3an prep.* **about**, **concerning**; **from**

عنْده *3ándu* **have**

غالباً *ɣālíban adv.* **usually**

غيْر *ɣēr prep.* **except**; **without**; **besides**

فا *fa conj.* **so**

فضّل *fáḍḍal v.* [2s2] **prefer**

فِعْلاً *fí3lan adv.* **really**

في *fi prep.* **in**

فيه *fī* **there is, there are**

قُدّام *ʔuddām prep.* **in front of**; **across (the street) from**

قِدِر *ʔídir* [1s2] **be able to, manage to**

قديم *ʔadīm* **old**, **ancient**

قعد *ʔá3ad v.* [1s3] **sit**; **continue** (+ imperfect)

كان *kān v.* [1h1] **be**

كِبير *kibīr adj.* **big, large**; **great**

كِتاب *kitāb n.* (*pl.*) **book**

كِتير *kitīr adv.* **a lot**; *adj.* **a lot, much, many**

كِده *kída adv.* **thus, like that**; **that**

كُلّ *kull determ.* **all, every**

كُلّيّة *kullíyya n.* **college**; **(university) faculty**

كمان *kamān adv.* **also, too**; **more**

كُويِّس *kuwáyyis adj.* **good**; *adv.* **well**

لا *laʔ interj.* **no**

لازِم *lāzim adv.* **need, in need of**; (+ imperfect) **need to**

لاقى *lāʔa v.* [i4] **find**

لِإنّ *li-ínn conj.* **because**

لِحدّ *li-ɦádd prep.* **until**; لِحدّ ما *li-ɦádda ma conj.* **until**

لِعِب *lí3ib v.* [1s4] **play**

لكِن *lākin conj.* **but, however**

لمّا *lámma conj.* **when**

لَوْ *law conj.* **if**

ليه *lī* **have**; **to it**

ليْه *lē adv.* **why**

ما *ma part.* (forms conjunctions)

ماما *māma n.* **mom, mother**

مثلاً *másalan adv.* **for example**; (filler, usually untranslated)

مرّة *márra n.* **time**; *adv.* **once**

مِش *miš adv.* **not**; **am/is/are not**

مُشْكِلة *muškíla n.* (*pl.* مشاكِل *mašākil*) **problem**

مصْر *maṣr n.* **Egypt**

مصْري *máṣri adj.* **Egyptian**

مطْعم *máṭ3am n.* (*pl.* مطاعِم *maṭā3im*) **restaurant**

معَ *má3a prep.* **with**

مُفضّل *mufáḍḍal adj.* **favorite**

مفيش *ma-fīš* **there is not, there are not**

مكان *makān n.* (*pl.* أماكِن *amākin*) **place**

مُمْكِن *múmkin adv.* **possibly**; (+ imperfect) **may, might**

مِن *min prep.* **from**; **ago**

منْطِقة *manṭíʔa n.* (*pl.* مناطِق *manāṭiʔ*) **neighborhood**; **region, area**

مَوْجود *mawgūd* **present, existing**

ناس *nās n.* (*pl.*) **people**

نِزِل *nízil* [1s4] **go (out of the house)**

نفْسُه *náfsu* **oneself**

نِفْسُه *nífsu* (+ imperfect) **want to**

نوْع *nō3 n.* (*pl.* أنْواع *anwā3*) **kind, type**

هِناك *hināk adv.* **there**

هُوَّ *húwwa pron.* **he**; **it**

هِيَّ *híyya pron.* **she**; **it**

و *w(i) conj.* **and**

واحِد *wāɦid num.* **one**; *pron.* (impersonal) **one, you**

وَقْت *waʔt n.* (*pl.* أَوْقات *awʔāt*) **time**

يَعْني *yá3ni adv.* **that is, you know, I mean...**

يوْم *yōm n.* (*pl.* أيّام *ayyām*) **day**

www.ingramcontent.com/pod-product-compliance
Lightning Source LLC
Chambersburg PA
CBHW060455300426
44113CB00016B/2594
9780998641157